地域政策の
経済学

林 宜嗣・山鹿久木・林 亮輔・林 勇貴

日本評論社

はしがき

　過去、日本の地域はいく度かの大転換期を経験しました。地方から都市への国民大移動と呼ばれるほどの人口移動が起こった「都市化の時代」、大都市の終焉(しゅうえん)さえささやかれた「地方の時代」、そして現在は、さしずめ「東京一極集中と地方衰退の時代」とでも呼ぶことができるでしょう。

　地域間格差はこれまでにも問題とされ、「国土の均衡ある発展」をスローガンに政策が進められてきたことは事実です。しかし、経済が成長し、地域に関係なく国民の生活水準が向上した時代においては、地域間格差は「相対的」なもの、つまり豊かな社会の中での格差問題としてとらえられ、事後的な再分配政策によって格差是正それ自体が国土政策、地域政策の柱となってきました。

　ところが現在の地域間格差は単なる相対的な問題としてとらえることができなくなっています。出生率の低下による少子化、高齢化による買い物難民や医療弱者と呼ばれる人びとの増加、経済活動の衰退、国や地方の財政状況の悪化、東京一極集中といった社会経済環境の変化の中で、持続可能性すら危ぶまれる地域が出てきたのです。つまり、地域間格差は「絶対的」な問題としてとらえなければならなくなっています。

　日本という一国の経済は地域の経済活動を集計したものであって、国のマクロ経済活動を分解したものが地域経済ではありません。また、グローバルにビジネスを展開する巨大企業も、オフィスや工場等の各事業所は地域を基盤に活動しています。人や企業の活動基盤である地域が衰退すれば日本のマクロ経済は縮小せざるを得ないのです。そうなると、現在、他の地域から人や企業を吸引して成長している東京も、いずれは力を弱めていくことになるでしょう。すでに、東京でも高齢化が急速に進んだり、経済成長率が低くなったりといった、成長鈍化の兆候が見え始めています。

　これまでにも地域経済の活性化は公共政策の重要な柱に位置づけられ、さまざまな政策が提案され、実行されてきました。最近では、政府は2014年年11月に「まち・ひと・しごと創生法」を成立させました。しかし、地域政策の多くは、

iii

その目標が抽象的であったり、あるいは思いつきの政策メニューの羅列であったりというものでした。そのため、財政に大きく依存しなくても自立できる体力を身につけることができないどころか、持続可能性を失いつつある地域が数多く存在する結果となっています。

　地域政策が十分な効果を発揮してこなかった理由は、地域経済の盛衰がどのようなメカニズムで発生しているのかを踏まえた政策になっていないことにあります。地域経済の主役は企業や家計といった民間の経済主体であり、そうした経済主体の市場での動きによって地域経済の盛衰は決まります。地域は民間経済主体が活動する「容れ物」です。活動と容れ物との間にミスマッチが発生すると、人や企業は新たな容れ物を求めて移動します。これが市場メカニズムです。せっかく補助金を出して誘致したにもかかわらず、他に有利な場所があれば操業を縮小したり停止したりする工場が出現しているのも、利潤を追求する企業としては当然の行動と言えます。こうした企業行動を前提とした引き留め策を講じることなく、工場誘致をゴールと考えた自治体に甘さがあったことは否定できません。市場メカニズムの強い力を踏まえなければ地域政策は失敗に終わります。

　戦略実行の迅速化も重要です。民間の経済活動が市場メカニズムを通じて、社会経済環境の変化に即時に反応するのに対して、容れ物を作るための公共政策は制度的要因や政治メカニズムに左右されるため、市場の動きに迅速かつ適切に対応できない可能性があります。対応できない地域は衰退します。以上のように、地域が成長したり衰退したりするメカニズムを十分に理解し、メカニズムを味方に付けることができなければ、政策に多くのお金を使っても成果は得られない可能性は大きいのです。過去の地域政策はこのようなものであったと言えます。

　一方で市場メカニズムが万能でないことも知られています。市場の失敗を是正し、望ましい方向に誘導することも地域政策の重要な役割です。いずれにせよ、市場メカニズムによって地域の経済活動がどのように動くかを理解することが、政策立案において何よりも大切なのです。

　以上の問題意識を踏まえ、本書は、①地域経済の現状を多面的に検証し、②現状がどのようなメカニズムで発生したのかを明らかにした上で、③地域問題解決のために行われてきたこれまでの政策を検証し、④今後の政策を提示することを目的としています。つまり、本書は地域活性化のための解説書です。しかし同時に本書は、読者が地域問題への関心を深め、知識を習得し、地域の諸現象を引き

起こすメカニズムを学び、論理的に地域課題の解決策を考え、読者自ら研究を進める力を養うという、アクティブ・ラーニングの要素を取り入れたガイドブックでもあります。

そのために本書はいくつかの工夫を施しました。第1は、地域の現状と課題を各種データによって検証し、地域において何が問題なのかを多面的に解説していることです。すべての問題は相互に関連していますが、読者はその中から、最も関心の大きいテーマを見いだし、地域問題をより深く追究するヒントを手に入れることができるでしょう。

第2は、地域で発生している現象や問題を理論で解説することを重視していることです。地域の現状と課題をより深く知り解決策を見いだすためには、背後にあるメカニズムやあるべき姿を十分に理解する必要があるからです。本書が重視しているのは、「理論を学ぶ」ことではなく、「理論で考える」ことです。理論はそれを学ぶことが目的なのではなく、問題を解決するためのものだからです。

第3は、通常の地域経済学のテキストと比べて、政策面にも重きを置いていることです。とくに、地域政策が地域にどのような影響を与えるかを経済学というツールを用いて解き明かすとともに、データ分析を加えることによって現実の政策を評価し、あるべき政策への裏付けを提供します。そして、あるべき政策を提示するだけでなく、効果の大きい政策を実行するための戦略マネジメントについても取り上げています。

第4は、本書で随所に利用されている実証分析の方法を紹介し、分析のポイントを解説していることです。地域政策を単なる思いつきの提示にしないためには、上で述べた理論とともに、データ分析に裏付けられた客観性が不可欠です。地域問題に関心のある読者には科学的な政策論の展開を期待しています。それはまさにアクティブ・ラーニングの最終ステップである「行動する」に直結するのです。

第5は、キーワード（Key word）やコラム（Column）を適宜載せていることです。これらは、本書を読み進める上で重要な情報を与えることになるはずです。

本書は Part 1 から Part 5 に分かれています。Part 1 はイントロダクションです。地域経済学が家計や企業の立地選択の経済学と呼ばれるように、さまざまな問題は経済主体の立地選択と密接に結びつくとともに、多くの問題は相互に関連性を持っています。地域において発生している経済問題をデータによって概観するとともに、地域経済問題の全体像を俯瞰することによって、地域の活性化を

考える際のポイントを明らかにします。Part 2では地域経済の成長と衰退のメカニズムと成長戦略をとりあげます。地方の経済はなぜ脆弱なのかを明らかにした上で、地域経済の盛衰メカニズムを代表的な理論を紹介しながら学びます。その上で、地域の活性化を実現するための戦略はいかにあるべきかを考えます。

　人や企業の移動は2種類のものに分けることができます。1つはPart 2で取り上げた全国的な移動であり、東京一極集中と地方の衰退がこれに当てはまります。いま1つは、都市圏のような一定の地域内での移動です。Part 3では、都市圏において住宅立地の郊外化や人口の都心回帰といった都市空間構造がどのようなメカニズムで変化するかを明らかにした上で、都市圏内で発生している格差問題や都市再生のための戦略について取りあげています。Part 4では、地域における政策課題を解決するための公共部門のあり方を考えます。そこでは限られた資源を有効かつ効率的に活用するために必要な条件を明らかにした上で、地域の活性化を実現するためのマネジメント戦略を提示します。

　Part 1からPart 4では、地域政策のあり方の客観性を高めるためにデータを用いた実証分析を用いています。Part 5では地域経済分析の方法と分析に際して重視すべきポイントを提示しています。

　東京一極集中に歯止めがかからない中で進んでいく地方の衰退。こうした実態を踏まえ、地域経済の構造とその変化を理論的、実証的に解き明かした上で、地域再生のための政策を提示するとともに、「知る。学ぶ。考える。行動する。」というアクティブ・ラーニングの要素を取り入れた「新しい地域経済学の本を作りたい」という思いから、本書の企画が持ち上がりました。しかし、新しいスタイルの本にするという困難さがあったとはいえ、刊行に至るまでに2年を費やしてしまいました。原稿の完成を辛抱強く待ってくださった日本評論社第2編集部の斎藤博氏には心より御礼申し上げたいと思います。

　本書が、地域の活性化と、活性化のための人材の育成に少しでも貢献できるなら、執筆者にとってこれに勝る喜びはありません。

2018年4月

執筆者代表　林　宜嗣

目　　次

はしがき　iii

本書の構成　xv

アクティブ・ラーニングの構図　xix

Part 1　地域経済問題を知る

第1章　データで読み解く地域の実態 ―――――――――――― 2

　1　地域をどの範囲でとらえればよいか？　2

　2　検証―地域の実態―　3

　2.1　人口から見た地域の実態　3

　2.2　経済から見た地域の実態　7

　2.3　賃金と雇用から見た地域の実態　9

　2.4　貧困から見た地域の実態　12

　2.5　財政力から見た地域の実態　14

　3　地域力の総合ランキング　15

第2章　地域経済の見方・考え方 ――――――――――――― 19

　1　地域経済の決定要因　19

　2　地域経済の成長と衰退の鳥瞰図　21

　2.1　地域経済衰退のメカニズム　21

　2.2　地方経済で起こっている「負の連鎖」　28

　3　地域政策の2つの課題　30

Part 2　地域経済の衰退と活性化戦略

第3章　地方経済の構造問題 ──────────────── 34

1　地方の経済はなぜ脆弱なのか？　34
　1.1　地方の産業構造　34
　1.2　財政依存型の経済　35
2　公共投資依存型経済の限界　37
　2.1　公共投資の配分と地域間格差　37
　2.2　公共投資はなぜ地方経済を強化できないのか？　40
3　若者はなぜ地方から出ていくのか？　43
　3.1　古典的モデル　43
　3.2　現実の社会　45
　3.3　地域経済における累積的衰退　46
4　東京一極集中は最適な資源配分を実現するのか？　49
　4.1　東京一極集中の非市場的要因　49
　4.2　東京一極集中と市場の失敗　51

第4章　地域経済の成長と衰退のメカニズム ──────── 55

1　シフト・シェア分析　55
2　需要主導型の成長・衰退メカニズム　58
　2.1　地域経済における域外市場の重要性　58
　2.2　経済基盤説　59
　2.3　基盤産業に対する需要の変動が地域経済に及ぼす影響　61
　2.4　地域経済に及ぼす影響の違い　63
　2.5　需要主導型メカニズム（経済基盤説）から得られる地域政策の目標　66
3　供給主導型の成長・衰退メカニズム　67
　3.1　新古典派経済成長理論　67
　3.2　人口減少時代における労働生産性向上の重要性　70
　3.3　労働生産性格差は収束するという考え　73
　3.4　労働生産性格差は収束しているのか？　74
　3.5　技術進歩と労働生産性格差　76
　3.6　集積の経済と労働生産性格差　78
　　3.6.1　集積の経済とは　78
　　3.6.2　地域間で集積の経済の大きさは異なるのか？　81

viii

目　次

第5章　地域経済成長戦略の展開 ――――――――――――― 85

1　わが国における地域政策の変遷　85
1.1　高度経済成長期（1960年代〜1970年代前半）　85
1.2　安定成長期（1970年代後半〜1980年代）　87
1.3　低成長期（1990年代〜）　88
1.4　これまでの地域政策のまとめ　89
2　地域政策におけるパラダイム・シフト　90
2.1　外来型開発の問題点①―誘致をゴールと位置付けた企業誘致政策―　90
2.2　外来型開発の問題点②―景気対策に重点を置いた公共投資政策―　92
2.3　地域政策におけるパラダイム・シフト　94
3　地域発展戦略　96
3.1　総合的発展プロジェクト　96
3.2　クラスター戦略　98

Part 3　都市の衰退と再生

第6章　都市構造の変化とそのメカニズム ――――――――― 106

1　都市空間構造の変化　106
1.1　都市化の進行と沈静化　106
1.2　郊外への分散から都心回帰へ　108
2　郊外化や都心回帰はなぜ起こったのか？　111
2.1　都市構造の変化のメカニズム　111
2.2　所得階層の違い　115
3　大阪に見る都市構造の変化　117
3.1　業務地区の住宅地化―業務機能の衰退―　117
3.2　地価で見る大阪市の空間構造　119
4　インナーシティ問題　124
4.1　インナーシティとは　124
4.2　日本におけるインナーシティの実態―大阪市の事例―　125
4.2.1　高齢化の進行　125
4.2.2　産業活動の停滞　126
4.2.3　住宅事情　129

ix

第7章　都市の再開発 ——————————————————————— 133

1　都市再開発の経済学　133
　1.1　民間再開発の収支計算　133
　1.2　再開発を阻むその他の要因　136
2　再開発の推進と政府の役割　141
　2.1　防災対策としての再開発　141
　2.2　「差の差」の手法による政策の評価　142
3　都市の縮小　144
　3.1　コンパクトシティ　144
　3.2　コンパクト化のための支援制度　145

Part 4　公共部門の役割とあり方

第8章　地域政策効果の最大化とその条件 ——————————— 148

1　配分の効率性　148
　1.1　公共サービスの最適規模　148
　1.2　配分の効率性とオーツの分権化定理　150
　1.3　地域空間を考慮した最適化　152
　1.4　準公共サービスの最適化　156
2　生産の効率性　159
3　最小の経費で最大の効果を生み出す政策プロセス　163
　3.1　政策形成のプロセス　163
　3.2　アウトカムの計測の必要性　164
　3.3　便益の内容　166
　3.4　費用対効果（コスト・パフォーマンス）の改善　168
4　便益の評価と計測　169
　4.1　便益の計測方法　169
　4.2　便益の評価—事例研究—　171

第9章　地域政策におけるガバナンスとマネジメント ——————— 174

1　地域活性化と地方分権　174
　1.1　地方分権のメリット　174

目　次

　1.2　国と地方の連携　177
2　政策効果を最大にするためのマネジメント改革　179
　2.1　政策効果を高める―マネジメントサイクルの活用―　179
　2.2　SMART ターゲット　181
　2.3　バランスト・スコアカード―複数の視点を考慮したマネジメント戦略―
　　　182
3　広域連携による地域活性化　183
　3.1　広域連携と地域政策　183
　3.2　大都市圏域における広域連携　185
　3.3　日本の広域連携制度　188
　3.4　新時代の広域連携―技術的連携から政治的連携へ―　190
4　地域政策と公民連携　192
　4.1　インフラ整備と公民連携　192
　4.2　PPP のメリット　194

Part 5　地域経済分析の手引き

第10章　地域経済の実態を把握しよう―正しい政策を立案するための第一歩―
198

1　回帰分析を使う―地域で発生している問題の背景（決定要因）を探る―
　　198
　（1）回帰分析の手法　198
　（2）決定要因の分解　203
2　主成分分析を使う―地域の総合力と特性を知る―　204
　（1）主成分分析とは　205
　（2）主成分分析の仕組み　205
3　シフト・シェア分析を使う―地域経済構造の特徴を知る―　209
4　SWOT 分析を使う―地域の強みと弱みを知る―　210
5　地域経済の将来を予測する　213
　（1）長期予測の重要性　213
　（2）モデルの設計　214
　（3）データを集める　215
　（4）推計と政策シミュレーション　216

第11章　産業連関表で経済波及効果を計測しよう
218

1　産業連関分析の基本的仕組み　218

xi

（1）イベントの経済効果　218
（2）経済波及効果の計算過程　219
（3）取引基本表　220
（4）投入係数表　221
（5）逆行列係数表　221
（6）移入と輸入の存在　223
（7）産業連関分析の限界　223

2　産業連関分析の事例―観光のケース―　224
（1）経済波及効果計算のプロセス　224
　①　観光客数の予測　224
　②　最終需要の計算　226
　③　産業連関分析の実施　227
（2）観光政策の費用対効果　227

第12章　政策の効果を計測しよう ——————— 228

1　仮想評価法で直接便益を計測する　228
2　ヘドニック・アプローチで外部性を計測する　231
（1）ヘドニック・アプローチとは　231
（2）実際の推計　233
3　「差の差」の手法を使う　235

第13章　正しい政策を選択しよう―政策の効果を高めるために― ——— 237

1　費用・便益分析を利用する　237
2　包絡分析（DEA）―生産の効率性を実現するために―　239
（1）DEA とは　239
（2）分析のプロセス　241
　①　アウトプットとインプットの設定　241
　②　DEA による効率値の計測　242
　③　非裁量要因の調整　243
3　バランスト・スコアカード―多角的視点を考慮したマネジメント戦略―
　244
（1）バランスト・スコアカード作成の手順　244
（2）公共部門に導入する際の注意点　248

第14章　都市・地域経済分析のための情報（データ）収集 ——————— 250

1　空間データ　250
2　GIS で用いるデータはどこにあるのか　251

（1）国土数値情報ダウンロードサービス　252
　　　（2）位置参照情報ダウンロードサービス　252
　　　（3）国土情報ウェブマッピングサービス　253
　　　（4）その他の空間データ　254
　　3　GIS ソフトウエア　254
　　4　RESAS　254

参考文献　257
索　引　261
執筆者一覧　266

●理論で考える
　労働需要減少のインパクト　23
　ケインズ・モデルと公共投資　41
　人口の地域間移動と労働市場　44
　地域経済の累積的衰退　47
　東京集中と市場の失敗　52
　基盤産業の盛衰と地域経済　61
　住宅立地のモデル―大都市圏内での人口移動―　112
　都心部にも住宅が立地するようになった理由　118
　地価の決定メカニズム　120
　再開発を「実施するかしないか」の決定　134
　土地保有税の中立性命題　139
　公共サービスの最適規模　149
　中央集権による厚生ロス　151
　公共サービス供給エリアの最適規模　155
　準公共財の最適供給　156
　生産の効率性　161
　ヘドニック・アプローチ　232

● Column
　1　年平均成長率の算出方法　9
　2　非基盤産業割合の算出　64
　3　$Y = AK^{\alpha}L^{1-\alpha}$ はなぜ「規模に関して収穫一定」になるのか　68

xiii

4　（4.7）式の導き方　68

5　シリコンバレーにおける集積の経済　80

6　密度勾配の推計方法　81

7　ビルの資産価値の求め方　136

8　多重共線性　202

9　主成分得点　207

10　主成分と寄与率　209

● Key Word

専門的・技術的職業従事者　7

財政力指数　14

特化係数　35

変動係数　40

人口集中地区（DID, Densely Inhabited District）　108

機会費用　115

現在価値　134

囚人のジレンマ　137

固定資産税　138

本書の構成

章	ねらい	章タイトル	担当
		Part 1　地域経済問題を知る	
		データで読み解く地域の実態	
1	人口減少、経済の衰退、格差問題、地方財政への影響など、地域が置かれている現状を概観し、地域問題に関する読者の関心を深めるとともに、地域政策の目的、地域政策を考える視点等を提示する。	1　地域をどの範囲でとらえればよいか？ 2　検証―地域の実態― 　2.1　人口から見た地域の実態 　2.2　経済から見た地域の実態 　2.3　賃金と雇用から見た地域の実態 　2.4　貧困から見た地域の実態 　2.5　財政から見た地域の実態 3　地域力の総合ランキング	林(宜)
		地域の見方・考え方	
2	1．以下の点を明らかにする ①地域の成長と衰退は基本的に市場メカニズムによって動いていること、②地域の経済活動はさまざまな要因と複数の市場の相互作用によって成り立っていること、③こうした民間経済主体に加えて、自治体という公共部門の活動が地域経済に重要な役割を果たしていること。 2．そのために、地域経済活動をフローチャート化し、「大規模工場の閉鎖」という多くの地域が直面しているインパクトが地域経済に次々にどのような影響を及ぼしていくかを解説する。 3．地域政策の課題として「成長」と「資源配分の効率化」が必要であることを指摘し、Part 2〜4への橋渡しとする。	1　地域経済の決定要因 2　地域経済の成長と衰退の鳥瞰（ちょうかん）図 　2.1　地域経済衰退のメカニズム 　2.2　地方経済で起こっている「負の連鎖」 3　地域政策の2つの課題	林(勇)
		Part 2　地域経済の衰退と活性化戦略	
		地方経済の構造問題	
3	地方の経済がなぜ脆弱なのか、その原因を解明することによって、地域活性化戦略のヒントを得る。ここでは地域の産業構造がどのようになっているのかを明らかにするとともに、地域経済が財政に支えられてきたことによる問題点を指摘し、第4章の成長戦略に結び	1　地方の経済はなぜ脆弱なのか？ 　1.1　地方の産業構造 　1.2　財政依存型の経済 2　公共投資依存型経済の限界 　2.1　公共投資の配分と地域間格差 　2.2　公共投資はなぜ地方経済を強化できないのか？ 3　若者はなぜ地方から出ていくのか？	林(宜) 林(勇)

	つける。	3.1 古典的モデル 3.2 現実の社会 3.3 地域経済における累積的衰退 4 東京一極集中は最適な資源配分を実現するのか？ 4.1 東京一極集中の非市場的要因 4.2 東京一極集中と市場の失敗	
	地域経済の成長と衰退のメカニズム		
4	地域経済の産業構造と成長ポテンシャルをシフト・シェア分析で明らかにした上で、第5章で成長戦略を考える際のヒントとなる代表的理論として、需要主導型モデルである「経済基盤説」と供給主導型モデルである「新古典派の地域経済成長論」を解説することによって、地域経済の中長期的な動きのメカニズムを学ぶ。	1 シフト・シェア分析 2 需要主導型の成長・衰退メカニズム 2.1 地域経済における域外市場の重要性 2.2 経済基盤説 2.3 基盤産業に対する需要の変動が地域経済に及ぼす影響 2.4 地域経済に及ぼす影響の違い 2.5 需要主導型メカニズム（経済基盤説）から得られる地域政策の目標 3 供給主導型の成長・衰退メカニズム 3.1 新古典派経済成長理論 3.2 人口減少時代における労働生産性向上の重要性 3.3 労働生産性格差は収束するという考え 3.4 労働生産性格差は収束しているのか？ 3.5 技術進歩と労働生産性格差 3.6 集積の経済と労働生産性格差	林（亮）
	地域経済成長戦略の展開		
5	日本における地域政策の歴史を振り返りながら、地域政策のパラダイム・シフトを踏まえた成長戦略を考える。その際、総合的発展プロジェクトであるコミュニティ・キャピタル・アプローチと、現代の地域経済にとって重要な産業クラスターについても取り上げる。	1 わが国における地域政策の変遷 1.1 高度経済成長期（1960年代〜1970年代前半） 1.2 安定成長期（1970年代後半〜1980年代） 1.3 低成長期（1990年代〜） 1.4 これまでの地域政策のまとめ 2 地域政策におけるパラダイム・シフト 2.1 外来型開発の問題点①—誘致をゴールと位置付けた企業誘致政策— 2.2 外来型開発の問題点②—景気対策に重点を置いた公共投資政策— 2.3 地域政策におけるパラダイム・シフト 3 地域発展戦略 3.1 総合的発展プロジェクト 3.2 クラスター戦略	林（亮）

Part 3　都市の衰退と再生

	都市構造の変化とそのメカニズム		
6	Part 2は東京一極集中にともなう地域の成長と衰退を取り上げたが、Part 3は都市圏という範囲で発生している問題を取り上げる。とくに第6章では、都市問題を引き起こす原因となっている人口や産業の空間的分布の変化が発生す	1 都市空間構造の変化 1.1 都市化の進行と沈静化 1.2 郊外への分散から都心回帰へ 2 郊外化や都心回帰はなぜ起こったのか？ 2.1 都市構造の変化のメカニズム 2.2 所得階層の違い 3 大阪に見る都市構造の変化	山鹿

	るメカニズムを明らかにし、イン ナーシティの衰退などの都市問題 について学ぶ。本章は第7章の都 市再生戦略への橋渡しである。	3.1 業務地区の住宅地化—業務機能の衰退— 3.2 地価で見る大阪市の空間構造 4 インナーシティ問題 4.1 インナーシティとは 4.2 日本におけるインナーシティの実態—大阪市の事例—	
	都市の再開発		
7	都市は地域活性化の核としての役割を担っている。しかし、第6章で見るように、大都市ですら経済力の衰退や、都市内部での格差の拡大が発生している。こうした都市が活力を取り戻すために必要な再開発の課題と戦略とともに、近年の人口減少を背景としてクローズアップされてきたコンパクトシティ構想について考える。	1 都市再開発の経済学 1.1 民間再開発の収支計算 1.2 再開発を阻むその他の要因 2 再開発の推進と政府の役割 2.1 防災対策としての再開発 2.2 「差の差」の手法による政策の評価 3 都市の縮小 3.1 コンパクトシティ 3.2 コンパクト化のための支援制度	山鹿
Part 4　公共部門の役割とあり方			
	地域政策効果の最大化とその条件		
8	公共部門の政策課題として本章では「資源配分の効率化」の条件を明らかにし、地域政策の費用対効果を高めるために必要な戦略について考える。とくに政策効果を最大化するために不可欠な「便益」の評価方法を提示する。	1 配分の効率性 1.1 公共サービスの最適規模 1.2 配分の効率性とオーツの分権化定理 1.3 地域空間を考慮した最適化 1.4 準公共サービスの最適化 2 生産の効率性 3 最小の経費で最大の効果を生み出す政策プロセス 3.1 政策形成のプロセス 3.2 アウトカムの計測の必要性 3.3 便益の内容 3.4 費用対効果（コスト・パフォーマンス）の改善 4 便益の評価と計測 4.1 便益の計測方法 4.2 便益の評価—事例研究—	林(勇)
	地域政策におけるガバナンスとマネジメント		
9	第1章から第8章では、地域経済の現状と課題を明らかにし、あるべき姿と実現のために必要な戦略を提示した。これまでにも多くの地域政策や都市政策が提案され実行されてきたにもかかわらず、地方によっては「消滅」の危機に直面している。その原因は地域政策の意思決定と進め方に問題があったと考えられる。地域政策の効果を高め、地域の活性化を実現するためのガバナンスとマネジメントを明らかにする。	1 地域活性化と地方分権 1.1 地方分権のメリット 1.2 国と地方の連携 2 政策効果を最大にするためのマネジメント改革 2.1 政策効果を高める—マネジメントサイクルの活用— 2.2 SMARTターゲット 2.3 バランスト・スコアカード—複数の視点を考慮したマネジメント戦略 3 広域連携による地域活性化 3.1 広域連携と地域政策 3.2 大都市圏域における広域連携 3.3 日本の広域連携制度	林(宜)

		3.4 新時代の広域連携―技術的連携から政治的 連携へ―	
		4 地域政策と公民連携	
		4.1 インフラ整備と公民連携	
		4.2 PPPのメリット	

Part 5 地域経済分析の手引き

地域経済の実態を把握しよう―正しい政策を立案するための第一歩―

10	地域を活性化するためには、まず、現状を正しく知らなければならない。現状を知ることで課題と目標が見えてくる。また、政策の方向性を誤らないためには地域の将来を予測することも必要である	1 回帰分析を使う―地域で発生している問題の背景（決定要因）を探る―	林（勇）
		2 主成分分析を使う―地域の総合力と特性を知る―	林（亮）
		3 シフト・シェア分析を使う―地域経済構造の特徴を知る―	林（宜）
		4 SWOT分析を使う―地域の強みと弱みを知る―	林（宜）
		5 地域経済の将来を予測する	林（宜）

産業連関表で経済波及効果を計測しよう

| 11 | イベントを開催すると、どれくらいの経済効果を生み出すのかを知りたいと思う人は多いし、新聞等のメディアでも経済波及効果がしばしば記事になっている。ここでは、経済波及効果を測定する方法である産業連関分析について解説する。 | 1 産業連関分析の基本的仕組み | 林（宜） |
| | | 2 産業連関分析の事例―観光のケース― | 林（宜） |

政策の効果を計測しよう

12	適正な政策を選択するためにも、また政策の効果を大きくするためにも、政策が生み出す便益を把握し、便益の大きさを正確に計測することが必要である。政策の効果の計測方法を解説する。	1 仮想評価法で直接便益を計測する	林（勇）
		2 ヘドニック・アプローチで外部性を計測する	林（勇）
		3 「差の差」の手法を使う	山鹿

正しい政策を選択しよう―政策の効果を高めるために―

13	限られた資源を有効に活用するためには、政策の費用対効果を高めなければならない。それには政策に必要な費用を最小化するとともに、便益と費用の比較によって正しい政策の選択を行うことが不可欠である。また、政策の選択には経済や財政への効果だけでなく多面的な評価も必要である。	1 費用・便益分析を利用する	林（勇）
		2 包絡分析（DEA）―生産の効率性を実現するために―	林（亮）（勇）
		3 バランスト・スコアカード―多角的視点を考慮したマネジメント戦略―	林（亮）（勇）

都市・地域経済分析のための情報（データ）収集

14	正しい政策判断を下すためには実証分析が不可欠であるが、そのためには情報（データ）が不可欠である。データ収集の方法を解説する。	1 空間データ	山鹿
		2 GISで用いるデータはどこにあるのか	
		3 GISソフトウエア	
		4 RESAS	

アクティブ・ラーニングの構図

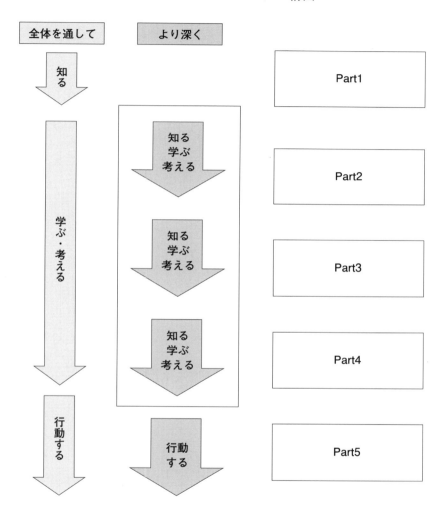

Part1

地域経済問題を知る

第1章

データで読み解く地域の実態

経済活動のグローバル化、少子高齢化等、日本の経済社会を取り巻く環境は大きく変化しています。しかし、こうした環境変化の影響は日本の国土全体に均一に及ぶわけではありません。自然や地理的条件だけでなく、人の手によって作り上げられた社会経済構造も地域によって異なるからです。そのため経済活動や住民生活水準には地域間格差が生まれることになり、それが各地域に二次、三次といった影響を引き起こしていくのです。地域の実態を、住民生活を左右すると考えられる主要な側面について検証しましょう。

1 地域をどの範囲でとらえればよいか？

地域について学び、活性化策を考えたいと思っている皆さんがまず直面する問題は、地域をどの範囲でとらえれば良いかではないでしょうか。しかし、これに答えるのはとても難しいのです。というのも、地域を「区切られた範囲を持つ空間」と定義したとしても、その範囲は決まったものではないからです。人びとの日常の営みを対象に分析し、政策を考えたい読者は通勤圏や通学圏あるいは買い物圏ということになるでしょうし、経済のグローバル化の中で地域経済の活性化のあり方を提案しようとするなら、都道府県よりも大きなエリアを対象にする方が良いかもしれません。

現代社会においては、人や企業は県境や市町村の境を意識せずに活動しています。したがって、地域政策の効果を高めるためには政策圏域の的確な設定が重要になるとともに、政策の目的や種類によって政策圏域を柔軟にとらえることも必要なのです。

第1章　データで読み解く地域の実態

　ところが地域政策は、自治体が行政区域内を対象に実施するため、地域の分析に必要なデータの多くは都道府県あるいは市町村単位となっています。本書では地域経済分析を踏まえての政策提言を重視していますが、分析の多くは行政区域を地域としてとらえざるをえず、本章で行っている検証も都道府県単位です。検証結果は**表1-1**に示されています。

　各地域の実態を分かりやすくするために本章ではあえてランキング化していますが、順位は地域の優劣を示すものではなく、あくまでも各指標の値を大きい順あるいは小さい順に示したものだと考えてください。

2　検証—地域の実態—

2.1　人口から見た地域の実態

　人は地域における社会経済活動の源であり、活動の成果を表すものでもあります。そのため人口規模やその変動を見れば、地域のポテンシャル（潜在能力）や地域の元気度（成長か衰退か）を知ることができます。2001年から2014年にかけての人口変化率を見ると、東京都が10.1％増加しているのに対して、秋田県は12.4％の減少、青森県は10.3％も減少しています。出生率の低下によって日本全体の人口はこの期間中に0.2％減少していますが、地方圏の減少率はそれを大きく上回っています。

　人口の出生と死亡の差による人口の変化を**自然動態**と呼びますが、地方における大きな人口減少は、転入と転出の差である**社会動態**が純転出（転出数が転入数を超える）になっているからです。2016年の1年間だけで、東京都は7万4177人、千葉県1万6075人、埼玉県1万5560人、神奈川県1万2056人と人口の大きな純転入が起こっており、首都圏とりわけ東京への集中がいかに著しいかが分かります。そして首都圏以外では愛知県、福岡県、大阪府を除く40道府県で純転出となっているのです。このように、地方では少子化による人口の自然減に加えて、東京一極集中による社会減という二重の人口減少要因を抱えており、問題はさらに深刻です。

　総人口の減少は地域経済の消費需要を減少させ、マクロ経済にとっては打撃です。しかし、地域の経済活動を担う生産年齢人口（15歳以上65歳未満の人口）が

3

Part1　地域経済問題を知る

表1-1　地域の実態

| | ①人口から見た地域の実態 | | | | ②経済から見た地域の実態 | |
	人口変化率(%) (2001-2014)	人口転入超過数(人) (2016)	20-64歳人口変化率予測(%) (2010-2035)	専門的・技術的職業従事者比率(%) (2012)	実質県内総生産(10億円) (2014)	人口1人当たり県民所得(1000円) (2014)
1	東京 10.07	東京 74,177	沖縄 −10.1	東京 20.0	東京 99,344	東京 4,512
2	沖縄 7.06	千葉 16,075	東京 −13.3	神奈川 19.8	大阪 39,462	愛知 3,527
3	神奈川 6.07	埼玉 15,560	滋賀 −13.4	奈良 16.8	愛知 37,778	静岡 3,220
4	愛知 5.13	神奈川 12,056	神奈川 −16.2	福岡 16.5	神奈川 32,022	栃木 3,204
5	滋賀 4.55	愛知 6,265	埼玉 −19.2	兵庫 16.4	埼玉 22,214	富山 3,185
6	千葉 3.81	福岡 5,732	岡山 −19.7	滋賀 16.3	千葉 21,332	広島 3,145
7	埼玉 3.75	大阪 1,794	福岡 −20.5	京都 16.0	兵庫 21,053	三重 3,144
8	福岡 1.21	沖縄 −272	大阪 −20.9	鹿児島 16.0	北海道 19,155	滋賀 3,126
9	大阪 0.17	宮城 −483	京都 −21.0	千葉 15.8	福岡 18,627	山口 3,126
10	兵庫 −0.55	滋賀 −706	兵庫 −21.6	高知 15.8	静岡 16,730	群馬 3,092
11	京都 −1.48	京都 −750	石川 −21.6	茨城 15.7	茨城 12,358	茨城 3,088
12	栃木 −1.54	石川 −811	広島 −21.8	徳島 15.5	広島 11,898	京都 3,028
13	岡山 −1.55	富山 −1,004	千葉 −21.8	大阪 15.5	京都 10,534	大阪 3,013
14	広島 −1.61	香川 −1,101	三重 −22.5	山口 15.5	宮城 9,427	福井 2,973
15	宮城 −1.76	島根 −1,252	宮城 −22.6	熊本 15.4	新潟 9,084	千葉 2,970
16	三重 −1.97	鳥取 −1,310	群馬 −23.9	長崎 15.3	三重 9,026	石川 2,947
17	静岡 −1.97	徳島 −1,748	大分 −24.1	広島 15.2	長野 8,843	神奈川 2,929
18	石川 −2.21	福井 −1,820	岐阜 −24.1	栃木 15.1	栃木 8,828	長野 2,905
19	茨城 −2.38	岡山 −1,973	茨城 −24.4	島根 15.1	群馬 8,415	埼玉 2,903
20	群馬 −2.62	山梨 −2,011	佐賀 −24.5	宮崎 15.0	福島 8,038	香川 2,890
21	岐阜 −3.30	広島 −2,136	熊本 −24.6	岡山 14.8	岡山 7,935	兵庫 2,861
22	熊本 −3.53	高知 −2,265	栃木 −25.2	埼玉 14.8	岐阜 7,649	宮城 2,844
23	香川 −3.99	佐賀 −2,300	静岡 −25.3	沖縄 14.8	滋賀 6,474	長崎 2,821
24	大分 −4.04	大分 −2,608	愛知 −26.1	愛知 14.7	山口 6,431	福岡 2,807
25	富山 −4.51	長野 −2,680	福井 −26.2	和歌山 14.7	熊本 5,959	山梨 2,798
26	奈良 −4.57	群馬 −2,736	宮崎 −26.4	石川 14.6	鹿児島 5,619	岩手 2,797
27	宮崎 −4.61	栃木 −2,988	香川 −26.8	長野 14.6	愛媛 5,094	岐阜 2,759
28	佐賀 −4.70	三重 −3,597	北海道 −27.0	北海道 14.3	石川 4,950	岡山 2,717
29	福井 −4.82	奈良 −3,619	奈良 −27.0	岩手 14.3	岩手 4,902	新潟 2,716
30	北海道 −4.94	山形 −3,639	山梨 −28.0	富山 14.3	富山 4,698	和歌山 2,711
31	長野 −5.06	愛媛 −3,647	新潟 −28.9	鳥取 14.2	大分 4,629	奈良 2,697
32	山梨 −5.49	茨城 −3,709	山口 −28.9	青森 14.1	青森 4,575	大分 2,589
33	愛媛 −6.35	山口 −3,801	愛媛 −29.1	宮城 14.1	長崎 4,526	青森 2,583
34	鹿児島 −6.38	岩手 −3,870	徳島 −29.6	山梨 14.1	山形 4,274	北海道 2,560
35	新潟 −6.39	和歌山 −3,894	島根 −30.4	福井 14.1	沖縄 4,175	愛媛 2,534
36	鳥取 −6.43	宮崎 −4,288	鳥取 −31.0	香川 13.8	香川 3,915	佐賀 2,530
37	徳島 −7.11	秋田 −4,398	長崎 −31.0	愛媛 13.7	宮崎 3,851	徳島 2,520
38	山口 −7.57	鹿児島 −4,473	和歌山 −31.1	群馬 13.7	奈良 3,783	熊本 2,509
39	長崎 −8.31	岐阜 −5,031	長野 −32.0	静岡 13.5	和歌山 3,725	島根 2,467
40	島根 −8.40	長崎 −5,573	福島 −32.0	三重 13.5	秋田 3,665	秋田 2,440
41	和歌山 −8.83	福島 −5,839	鹿児島 −32.0	秋田 13.1	山梨 3,481	福島 2,405
42	山形 −8.87	新潟 −6,189	山形 −32.1	岐阜 13.1	福井 3,367	山形 2,395
43	福島 −8.88	青森 −6,323	富山 −32.4	新潟 12.6	徳島 3,180	鹿児島 2,389
44	岩手 −9.12	静岡 −6,390	高知 −33.1	福島 12.5	佐賀 2,940	宮崎 2,381
45	高知 −9.19	兵庫 −6,760	岩手 −33.1	佐賀 12.3	島根 2,542	高知 2,354
46	青森 −10.31	熊本 −6,791	青森 −37.1	大分 12.2	高知 2,421	鳥取 2,330
47	秋田 −12.36	北海道 −6,874	秋田 −40.4	山形 11.9	鳥取 1,964	沖縄 2,129
全国	全国 −0.18	全国 0	全国 −21.9	全国 15.7	全国 544,895	全国 3,057

資料）内閣府「県民経済計算」、総務省「地方公共団体の主要財政指標一覧」、総務省「就業構造基本調査」、総務省「経済センサス─基礎調査」、総務省「人口推計」、国土交通省「都道府県地価調査」、厚生労働省「一般職業紹介状況（職業安定業務統計）」、厚生労働省「被保護者調査」、厚生労働省「労働力調査（基本集計）都道府県別結果」、厚生労働省「賃金構造基本統計調査」、厚生労働省「被保護者調査」、社会保障・人口問題研究所「日本の地域別将来推計人口（平成25年3月推計）」

第1章　データで読み解く地域の実態

	②経済から見た地域の実態		③賃金と雇用から見た地域の実態			④貧困から見た地域の実態	⑤財政から見た地域の実態
	県内総生産年平均成長率（％）(2001-2014)	事業所純新設率（％）(2012-2014)	きまって支給する現金給与月額（1000円）(2016)	完全失業率（％）(2016)	有効求人倍率（季節調整済み）(2017.7-9平均)	生活保護率（人口1000人当たり人）(2015)	財政力指数（都道府県）(2015)
1	三重 2.79	宮城 5.41	東京 409.5	島根 1.7	東京 2.09	富山 2.7	東京 1.00
2	滋賀 1.58	東京 2.61	神奈川 371.1	福井 1.9	福井 2.06	岐阜 3.4	愛知 0.92
3	愛知 1.40	岩手 1.69	三重 352.4	三重 2.0	石川 1.86	石川 4.8	神奈川 0.92
4	山梨 1.39	神奈川 1.63	大阪 351.7	和歌山 2.0	富山 1.84	長野 4.8	千葉 0.78
5	栃木 1.37	福岡 1.56	京都 331.3	佐賀 2.1	愛知 1.84	福井 5.3	埼玉 0.77
6	群馬 1.29	千葉 1.50	千葉 330.7	富山 2.3	広島 1.83	愛知 5.9	大阪 0.75
7	沖縄 1.28	沖縄 1.24	石川 329.7	石川 2.3	岐阜 1.82	群馬 6.1	静岡 0.71
8	埼玉 1.26	奈良 0.87	滋賀 327.6	宮崎 2.3	岡山 1.79	新潟 6.2	茨城 0.63
9	茨城 1.26	滋賀 0.78	静岡 325.9	岩手 2.4	香川 1.73	静岡 6.5	栃木 0.62
10	山形 1.24	福島 0.51	埼玉 325.4	山形 2.4	鳥取 1.66	山形 6.7	兵庫 0.62
11	徳島 1.18	埼玉 0.26	茨城 324.8	岐阜 2.4	長野 1.64	滋賀 7.0	福岡 0.62
12	山口 1.12	兵庫 0.26	栃木 323.6	愛知 2.4	三重 1.64	岡山 7.4	群馬 0.60
13	京都 1.10	愛知 0.20	奈良 319.9	鳥取 2.4	島根 1.64	福島 7.7	宮城 0.60
14	宮崎 1.06	熊本 0.00	兵庫 318.5	山口 2.4	群馬 1.63	茨城 8.2	滋賀 0.59
15	広島 1.05	北海道 -0.03	広島 315.4	群馬 2.5	宮城 1.60	山梨 8.3	三重 0.58
16	長野 1.05	三重 -0.05	山梨 313.2	長野 2.5	大阪 1.59	香川 8.4	京都 0.57
17	宮城 0.99	広島 -0.07	群馬 309.1	静岡 2.5	熊本 1.59	島根 8.8	広島 0.54
18	大分 0.94	佐賀 -0.26	長野 305.2	滋賀 2.5	山形 1.57	栃木 8.8	岐阜 0.52
19	千葉 0.94	大阪 -0.35	岐阜 305.2	福島 2.6	静岡 1.56	佐賀 9.1	福島 0.51
20	兵庫 0.93	岡山 -0.38	福岡 303.7	山梨 2.6	愛媛 1.55	岩手 9.2	岡山 0.50
21	静岡 0.86	茨城 -0.57	山口 303.2	香川 2.6	京都 1.55	兵庫 9.5	長野 0.48
22	福島 0.86	宮崎 -0.69	岡山 303.1	愛媛 2.6	新潟 1.52	三重 9.5	石川 0.47
23	岩手 0.80	大分 -0.75	愛知 303.0	大分 2.6	福岡 1.51	熊本 9.5	香川 0.46
24	香川 0.74	鹿児島 -0.87	宮城 298.2	栃木 2.7	山口 1.49	宮城 9.6	富山 0.44
25	神奈川 0.72	京都 -0.90	福井 297.7	岡山 2.7	茨城 1.48	和歌山 10.3	新潟 0.44
26	熊本 0.70	長崎 -0.94	富山 295.8	広島 2.7	福島 1.44	山口 10.4	山口 0.43
27	佐賀 0.65	香川 -0.96	香川 295.4	徳島 2.7	大分 1.43	広島 10.5	北海道 0.42
28	岡山 0.64	長野 -1.07	和歌山 291.4	新潟 2.8	宮崎 1.41	愛媛 10.8	奈良 0.41
29	東京 0.54	鳥取 -1.11	福島 290.8	長崎 2.8	岩手 1.40	千葉 11.8	愛媛 0.41
30	福井 0.52	青森 -1.11	新潟 286.2	鹿児島 2.8	徳島 1.39	神奈川 12.5	熊本 0.39
31	岐阜 0.49	栃木 -1.29	徳島 285.2	茨城 2.9	山梨 1.36	埼玉 12.9	山梨 0.38
32	福岡 0.43	福井 -1.32	愛媛 284.2	千葉 2.9	秋田 1.35	奈良 13.0	福井 0.38
33	富山 0.41	静岡 -1.46	北海道 282.3	埼玉 3.1	栃木 1.34	鳥取 13.4	大分 0.36
34	石川 0.40	群馬 -1.56	大分 281.2	神奈川 3.1	奈良 1.33	京都 13.5	山形 0.34
35	長崎 0.38	岐阜 -1.59	島根 276.6	京都 3.1	滋賀 1.31	長崎 13.6	岩手 0.33
36	鹿児島 0.35	石川 -1.63	熊本 274.4	宮城 3.2	兵庫 1.31	秋田 14.0	青森 0.33
37	島根 0.30	山形 -1.71	鳥取 274.3	秋田 3.2	千葉 1.29	鹿児島 15.7	佐賀 0.33
38	新潟 0.29	山口 -1.73	鹿児島 271.3	東京 3.2	和歌山 1.29	大分 16.8	鹿児島 0.32
39	和歌山 0.25	富山 -1.85	高知 269.3	奈良 3.2	佐賀 1.27	宮崎 18.0	宮崎 0.32
40	青森 0.25	山梨 -1.97	佐賀 266.5	熊本 3.2	青森 1.25	徳島 19.0	徳島 0.32
41	愛媛 0.23	新潟 -1.98	長崎 266.4	高知 3.3	埼玉 1.25	高知 19.8	和歌山 0.32
42	奈良 0.12	高知 -2.01	山形 265.1	兵庫 3.4	長崎 1.23	青森 21.1	長崎 0.32
43	大阪 0.12	愛媛 -2.09	宮崎 259.3	大阪 3.5	鹿児島 1.23	沖縄 21.2	沖縄 0.32
44	秋田 0.00	島根 -2.11	秋田 258.0	福岡 3.5	神奈川 1.20	大阪 22.0	秋田 0.30
45	北海道 -0.12	徳島 -2.13	岩手 257.0	北海道 3.6	高知 1.18	東京 22.0	鳥取 0.25
46	岡山 -0.16	秋田 -2.16	沖縄 246.4	青森 4.0	北海道 1.17	北海道 24.3	島根 0.24
47	高知 -0.18	和歌山 -3.13	青森 245.7	沖縄 4.4	沖縄 1.10	福岡 24.6	高知 0.24
	全国 0.75	全国 0.18	全国 329.6	全国 3.1	全国 1.52	全国 17.0	全国 0.49

5

Part1　地域経済問題を知る

図1-1　東京圏への年齢別転入超過数（2016年）

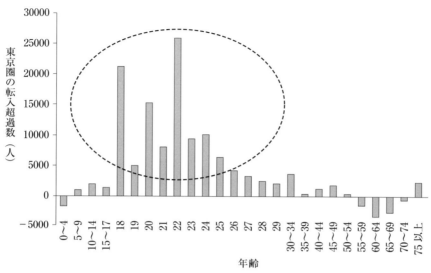

資料）総務省「住民基本台帳人口移動報告」より作成

減少すると、地方の持続可能性を危うくするという根本的な問題に直結する可能性があります。社会保障・人口問題研究所は、2010年から2035年にかけて、20歳から64歳の人口は全国で21.9％減少すると予測しました。しかし、秋田県は同期間中に40.4％減とほぼ半減し、30％を超えて減少するところは11道県にも上ります。

図1-1によって東京圏（東京都・神奈川県・千葉県・埼玉県）への人口移動を詳しく見てみましょう。東京圏への転入超過は10代終わりから20代前半という若年層を中心に起こっていることが分かります。とくに、18歳に転入超過が多いのは大学進学と就職、22歳は就職が原因です。

地方圏からの若者の転出は、バブル崩壊後等の一時期を除けば戦後ほぼ一貫して続いており、珍しいことではありません。しかし、現在の状況は深刻です。高度経済成長期の人口移動は、農業の**労働生産性**が向上したために地方では人手が余り、大都市では急速な産業発展によって人手不足に陥っているという状況下で生じたものでした。当時の人口移動は、送り出す地方と受け入れる大都市の双方にメリットがあったと言えます。しかし、現在の人口移動は、経済活動に不可欠

第1章　データで読み解く地域の実態

な担い手の移動であり、地方経済の供給面に大きな打撃を与えるだけでなく、若年層の減少は地方における出生数の減少に直結し、消滅の可能性を高めることになるのです。

　出生率を引き上げることが日本全体の課題となっていますが、地方圏にとって最大の課題は少子化を食い止めることよりも、むしろ若者の転出をどうやって抑えるかだと言えるでしょう。

　単純労働を多く必要とする産業は、人件費の高い日本から出ていきます。日本経済の成長にとって重要なのは、高付加価値で販路が世界に広がる財・サービスを生み出す産業の育成だと言われています。そのためには高度な技術や専門的知識を持った労働力が必要です。

　地域別に、総労働力に占める専門的・技術的職業従事者の割合を見ると、東京都が20.0%、神奈川県が19.8%と5人に1人を占めているのに対して、山形県では11.9%、青森県では12.2%といったように、地方圏とくに東北地方で低くなっています。地方圏ではこの割合を高めることが必要なのですが、ここで注意しなくてはならないのは、こうした労働者を増やすためには雇用の受け皿となる産業の発展と、快適な生活環境を準備しなければならないということです。この条件が整わないと高度な技術や専門知識を持った労働者を呼び込み、定住させることはできません。

Key Word　専門的・技術的職業従事者

　総務省の日本標準職業分類（2009年12年統計基準）によると、専門的・技術的職業従事者は以下の職業となっています。

研究者、農林水産・製造・建築・情報処理等の技術者、医師・歯科医師・獣医師・薬剤師、保健師・助産師・看護師、医療技術者、社会福祉専門職業従事者、法務従事者、経営・金融・保険専門職業従事者、教員、宗教家、著述家・記者・編集者、美術家・デザイナー・写真家・映像撮影者、音楽家・舞台芸術家等。

2.2　経済から見た地域の実態

　一国の経済力はGDP（国内総生産）の大きさで測られることが一般的です。地域経済について**県内総生産**（実質）を見ると、最大の東京都は99兆3440億円と、

Part1　地域経済問題を知る

最小の鳥取県1兆9640億円の約50倍の規模となっています。対全国シェアで見ると、東京都は全国の18.2％と第2位の大阪府の7.2％、第3位の愛知県の6.9％を大きく上回っており、上位10都道府県で全国の約6割に達します。このように経済活動の集中が顕著になっています。

　人びとの「幸せ」（経済学で言えば「効用」）を決める要因は数多くありますし、どの要因を重視するかは人によって異なるでしょう。また、人と人とのつながりといった精神的な豊かさや自然環境も幸せに影響します。しかし、財・サービスの私的消費、公共サービス等の公的消費が幸せの大きさを左右する重要な要因であることは間違いありません。もちろん、影響の大きさは人によって差はありますが。

　私的消費水準を決定づけるのが賃金を中心とした所得の大きさであり、したがって地域経済活動の水準が重要なのです。このことは、公的消費にも当てはまります。経済力の小さい地域は**地方税**が少なく、国からの財政支援がなければ最低限の公共サービス水準を維持することも難しくなります。このように所得は人びとの暮らしを左右する重要な変数なのです。

　しかし、総所得が多くても、人口が多く1人当たり金額が小さければ豊かとは言えません。生活の豊かさという点からは、「人口1人当たり県民所得」が多く用いられます。**県民所得**の中身は、①県民雇用者報酬、②財産所得、③企業所得です。東京都は企業が集中しているため、人口1人当たり県民所得は451万2千円と高く、沖縄県の212万9千円の2倍を超えています。

　地域経済にとって1人当たり所得は重要ですが、経済規模の動きを示す成長率も重要な指標です。今は所得が少なくても、成長率が高いと将来は明るいからです。実質県内総生産の年平均成長率を観察してみましょう（**Column1**）。

　2001年度から14年度にかけて、年平均成長率が最も高かったのは三重県の2.79％であり、滋賀県の1.58％、愛知県の1.40％が続いています。これに対して、高知県はマイナス0.28％、鳥取県は同0.16％、北海道は同0.12％と経済規模は縮小しています。このように、経済成長にも地域間格差が存在するのです。なお、東京は、経済規模は大きいのですが成長率は0.54％とそれほど高いわけではありません。

　事業所の新設と廃業動向も地域経済活力と成長（衰退）の指標となります。2012年から14年にかけての事業所の純新設率（＝2012年から14年の期間における

第1章　データで読み解く地域の実態

Column1　年平均成長率の算出方法

　年平均の成長率は次のように求めることができます。

　t 年度の県内総生産を Y_t、n 年後の県内総生産を Y_{t+n} とすると、年平均成長率は、

$$Y_{t+n} = Y_t(1+g)^n$$

の g となります。もし経済成長率が 5 ％であれば、10年後には所得は1.63倍に、20年後には2.65倍に、というように複利計算で増えていきます。一般に、経済がすでに成長しているところでは成長率は低く、発展途上のところでは高くなる傾向があります。g は上の式の両辺を対数変換することによって求めることができます。

新設事業所数マイナス廃業数÷2012年現在の事業所数）を見ると、東日本大震災からの復興によって5.41％と最高になっている宮城県を除けば、東京都が2.61％と最も高く、神奈川県、千葉県といった首都圏の各県が高い数値を示しています。一方、和歌山県がマイナス3.1％、秋田県が同2.2％と、廃業が新設を上回る地域は33道府県に上ります。このように、事業所数の動向からも地域間の経済力格差が拡大していることが分かります。

2.3　賃金と雇用から見た地域の実態

　生活を支えるのに所得が必要ですが、日本人の多くは企業に労働力を提供し賃金（雇用者報酬）を得ることで生活しています。各地域の賃金は、地域の**労働市場**において、労働の需要と供給の関係によって決まります（労働市場における賃金と雇用の決定についは第3章を参照してください）。決まって支給される現金給与月額の水準を比較すると、最高の東京都は40万9500円、最低の青森県は24万5700円と大きな差があります（厚生労働省「賃金構造基本調査」）。先ほどの1人当たり県民所得の格差にはこの賃金の差も大きく影響しています。

　賃金は短期的にはさまざまな要因によって変動します。しかし、ある程度長いスパンで見ると、賃金水準は**労働生産性**（labor productivity）によって決まると考えられます。労働生産忹とは、「就業者1人がどれだけの**付加価値**を生み出し

9

Part1　地域経済問題を知る

図1-2　地域間給与水準格差の決定要因（2014年）

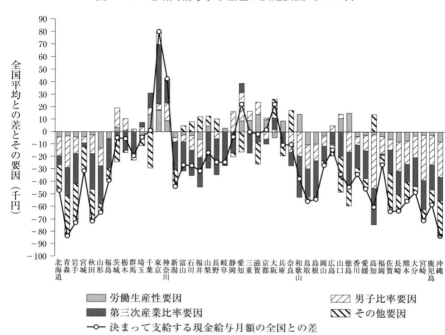

注1）現金給与格差の要因分解は以下の式で行った。
　　現金給与＝－125.5＋13.68×（労働生産性）＋3.37×（男子比率）
　　　　　　（－3.92）（4.23）　　　　　　　　　（5.98）
　　　　　＋12.91×（第三次産業比率）
　　　　　　（6.99）
　　　　　　　　　　　　　　　　自由度修正済み決定係数＝0.84
　　その他要因は残差である。
　2）労働生産性は県内総生産÷（常用労働者数×実労働時間）で求めた（単位：1000円）。
資料）厚生労働省「毎月勤労統計調査地方調査」、同「賃金構造基本統計調査」、内閣府「県民経済計算」より作成

ているか」、つまり就業者がどれだけ効率的に働いているのかを示す指標です。付加価値とは生産過程で新たに付け加えられる価値のことです。総生産額から原材料費と機械設備などの減価償却分を差し引いたもので、人件費・利子・利潤に分配されます。日本の労働生産性が先進国の中で下位に位置することが問題とされていますが、生産性は日本国内でも地域によって差があり、それが賃金格差に反映されている可能性があります。労働生産性が高いと賃金も高くなります。言

第1章　データで読み解く地域の実態

表1-2　第三次産業の賃金格差

	決まって支給する現金給与月額（全国・男女、2015）（1000円）	産業構造（労働者数・男女計）(2015)	
		全国（%）	東京（%）
産業計	334	100	100
金融保険	400	4.4	7.2
情報通信	427	5.1	15.0
学術、専門・技術サービス	404	3.5	6.3

資料）厚生労働省「賃金構造基本統計調査」
https://www.e-stat.go.jp/SG1/estat/GL08020103.do?_toGL08020103_&tclassID = 000001062
233&cycleCode = 0&requestSender = estat

い換えるなら、賃金が高くても労働生産性が高ければ雇い主である企業にとって不利にはならないかもしれないのです。

　表1-1の現金給与は全勤労者を対象にした数値です。賃金は産業構造、性別、企業の規模等、労働生産性以外の要因にも影響を受けている可能性があります。そこで、都道府県別の現金給与月額がどのような要因によってもたらされたかを**回帰分析**という手法を使って検証してみました（回帰分析と、決定要因分析の方法については第10章で解説します）。結果は**図1-2**に示されています。たしかに、労働生産性の高低が給与に影響を与えていますが、**第三次産業**に従事する労働者の比率が給与に大きく影響していることが分かります。この比率が高い東京では給与は高く、比率が低い地方では給与は低くなっているのです。

　一般に第三次産業は労働集約的であり、労働生産性が低いと言われています。しかし、**表1-2**に示したように第三次産業でも金融保険、情報通信、学術、専門・技術サービスの給与は高く、これら産業の割合が高いことが東京の給与を高める要因になっているのです。労働生産性を高めることはもちろん必要ですが、産業構造の転換によって賃金水準を高めることが地域経済にとって重要だと言えます。

　労働市場では賃金と同時に雇用量も決まります。古典派の経済学は、失業が発生したとき、賃金が下落し、失業は解消されると考えます。しかし、実際には失業は存在し、しかも失業率には地域間に差があります。就業が可能でこれを希望し、かつ仕事を探しているかあるいは過去に行なった求職活動の結果を待ってい

Part1 地域経済問題を知る

る者を完全失業者と呼び、完全失業者数を労働力人口で割ったものが**完全失業率**です。一般には、失業率と賃金水準との間にはトレード・オフの関係があるように見えます。つまり、失業率が高い地域は労働供給が過剰なのですから賃金が低く、失業率の低い地域ほど賃金は高くなるという具合にです。しかし、完全失業率が最も低いのは島根県の1.7%、最も高いのは沖縄県の4.4%です。経済活動の活発な都会でも、大阪府は4.0%、東京都も3.2%と高くなっています。つまり、完全失業率と賃金水準との間には明確な相関は見られないのです。

　労働市場の需給関係を表すもう一つの指標が**有効求人倍率**です。有効求人倍率とは有効求人数を有効求職者数で割った率であり、この数値が1より大きければ労働市場は需要超過、1より小さければ供給超過と言えます。したがって、数値が大きい地域ほど経済は良好です。2017年7月から9月の平均で、全国の有効求人倍率は1.52、最も高いのは東京都の2.09、以下、福井県2.06、石川県1.86、富山県1.85と北陸の各県が続きます。最も低いのは北海道1.10、沖縄県1.11、高知県1.17です。また、神奈川県が1.20、千葉県が1.23、埼玉県が1.25、兵庫県が1.31と低くなっており、大都市圏で有効求人倍率が高く、地方圏で低いというわけではありません。

2.4　貧困から見た地域の実態

　かつて「世界で最も平等な国」「一億総中流」と言われた日本でしたが、経済の停滞とともに貧困問題が大きく取り上げられるようになってきました。しかし、貧困問題の深刻さは地域によって異なっています。貧困者を多く抱える地域ではそれへの対応が求められますが、真っ先に思い浮かぶ対応策は**生活保護**でしょう。全国レベルで見た生活保護の受給状況が**図1-3**に示されています。生活保護の受給者（被保護人員）は、1952年には204万人、人口1000人当たりでは23.8人でしたが、その後の経済成長とともに95年には総数は88万人に減少し、1000人当たりでは7.0人にまで下がりました。しかし、バブル崩壊後、日本経済が停滞期に入ると、それまで減少の一途をたどっていた生活保護受給者は増加を始めます。そして、2015年には212万人に増え、1000人当たりでは17.0人にまで上昇しました。このように、被保護人員は第二次世界大戦直後に近い水準に戻ったのです。

　生活保護受給者はなぜ増加したのでしょうか。保護開始の理由として近年増えているのが、「貯蓄等の減少・喪失」、「定年・失業」、「その他の働きによる収入

第1章　データで読み解く地域の実態

図1-3　生活保護受給状況の推移

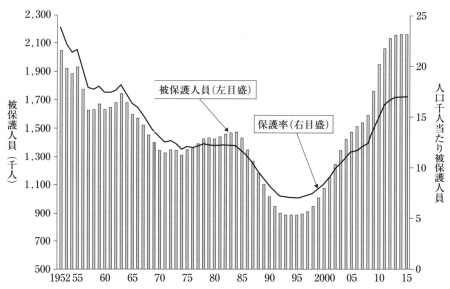

注）年次調査。
資料）総人口は、総務省統計局「我が国の推計人口　大正9年～平成12年」「各年10月1日現在人口」、被保護人員は厚生労働省「被保護者調査」、昭和29年度以前は、生活保護の動向編集委員会編集「生活保護の動向」平成20年版

の減少」といった経済的事情です。このことは、生活保護受給者の地域分布が偏っている可能性を示しています。人口1000人当たり受給者数を見ると、北海道、東京都、大阪府、福岡県で高くなっています。また最近の傾向として、大都市圏において大きく上昇し、北海道等一部の地域を除けば地方圏の上昇はむしろ小さくなっています。かつて貧困問題は地方圏において深刻だと考えられてきましたが、現在では大都市とくに経済が停滞している大都市地域において顕著に表れるようになってきたのです。

しかし同じ地方圏でも県によって被保護人員には差があります。例えば九州地方では、福岡県が人口1000人当たり24.6人、長崎県が同18.0人、大分県が16.8人と高いのに対して、佐賀県は9.6人と低くなっています。これは、被保護人員には、経済状況以外にも、離婚率、世帯人員数等が影響しているからです。林・中村（2018）は2013年度のデータを使ってこの点を検証し、失業率が1％ポイント

13

Part1 地域経済問題を知る

上がると保護率は6.9‰（パーミル。人口1000人当たり6.9人）ポイント、離婚率が1％ポイント高くなると保護率は8.0‰ポイントそれぞれ上昇し、平均世帯人員が1人増えると保護率は13.3‰ポイント低下するという結果を導いています。生活保護は貧困対策としては最後の手段です。地域政策しだいでは生活保護の受給を抑えることも可能なのです。

2.5　財政力から見た地域の実態

　地域にとって雇用や消費生活に影響を及ぼす民間経済活動の状況は重要です。しかし、住民生活において教育、福祉、保健といった公共サービスを提供する公共部門の活動も不可欠です。高度経済成長と所得水準の上昇によって、わが国の公共インフラは整備され、公共財やサービスの供給は充実してきました。しかし、超高齢社会の到来による福祉サービスの膨張、高度経済成長期に整備された社会資本の老朽化と更新投資の必要性など、従来型の行政に加えて、地域経済の活性化や買い物弱者、医療難民対策など、新たな行政ニーズが生まれる中、公共部門とりわけ自治体の役割はいっそう大きくなっていくことが予想されます。自治体行政を支えるのが財政であり、財政力の強弱が行政水準を左右する時代がやってきました。

　都道府県レベルでの財政力指数を見ると、最高の東京都が1.0（都道府県財政分であり特別区分は含まない）であるのに対して、最低の島根県は0.24と大きな差が存在しています。財政力指数が高いほど財源に余裕があるといえます。**財政力指数**が1.0である東京都は、国からの財政移転である**地方交付税**を受けなくても標準的な行政を実施できるのに対して、他の46道府県はすべて地方交付税が必要となっています。このような財政力格差が行政水準の格差に結びつくなら、そのことが地方からのさらなる人口転出を招くおそれがあります。

Key Word　財政力指数

　財政力指数とは地方公共団体の財政力を示す指数で、基準財政収入額を基準財政需要額で除して得た数値の過去3年間の平均値。基準財政収入額は、標準的な状態において徴収が見込まれる税収入を一定の方法によって算定するものであり、次の算式によって算出されます。

標準的な地方税収入×75/100＋地方揮発油譲与税等

14

第1章　データで読み解く地域の実態

基準財政需要額とは、各地方公共団体が、合理的かつ妥当な水準における行政を行い、又は施設を維持するための財政需要を算定するものです。

3　地域力の総合ランキング

　地域の豊かさは所得水準だけで測れるものではありません。家の広さ、文化水準、治安の良さといった金額に換算できない環境も地域の豊かさや暮らしやすさに影響します。給与水準が少しくらい低くても、生活環境が良ければ人びとは豊かさを感じ、場合によっては他の地域から人を呼び込むことができるかもしれません。地域の豊かさを生み出す力を「地域力」ととらえるなら、地域力は所得や消費といったフロー面の経済指標とともに公民両部門のストックの充実度、安心・安全といった側面をも考慮しなければなりません。

　人や企業の活動に影響を及ぼす要因は多いのですが、ここで**主成分分析**という方法を用いて地域力を総合的に観察してみましょう。例えば地域力は、経済、社会、文化等さまざまな要因で形成されていますが、こうした多くの情報をできるだけ損なわずに少ない数の情報に縮約する方法が主成分分析です（方法は第10章で解説します）。ここでは、文化施設、教育施設などの公共インフラ、小売店舗や大型店の充実度、住宅の広さ、医療機関、火災や犯罪などの安心・安全度、失業率や給与水準といった経済環境等、31の指標から、地域特性を表す総合指標を作成します（林・林（2017））。そして、各主成分の変動がもとの変量の全変動をどれだけ説明できるか、つまり寄与率が高い順に第1主成分から第2主成分、第3主成分……と表します。こうして得られた総合指標毎に各地域のポイントを求め、ポイントの多少によって地域競争力を表現することができるわけです。

　図1-4（a）から（d）は2015年について第1主成分から第4主成分の都道府県別得点を表したものです。地域経済力や都市的環境を表す総合指標と考えられる第1主成分の得点は、東京都が19.6と群を抜いて高く、大阪10.4、神奈川8.7、京都3.9、埼玉3.5、愛知3.3、兵庫3.1と大都市圏の地域が続いています。その他の地域で主成分得点がプラスになっているのは大都市を抱える福岡、広島、静岡等であり、大都市圏以外ではほとんどの地域がマイナスです。このように、地域経済力・都市的環境には大都市圏と地方圏との間に大きな格差が存在しています。

15

Part1 　地域経済問題を知る

図1-4　地域力の総合評価

(a) 経済・都市的環境

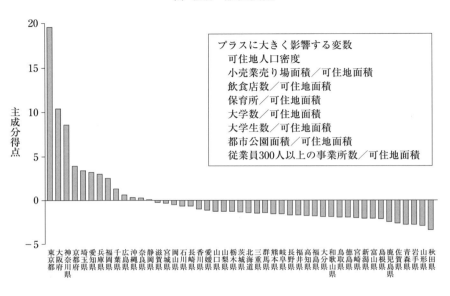

(b) 住宅・生活環境

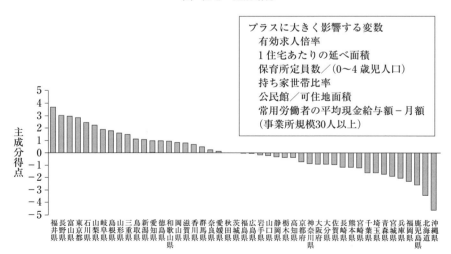

第1章　データで読み解く地域の実態

(c) 医療・福祉環境

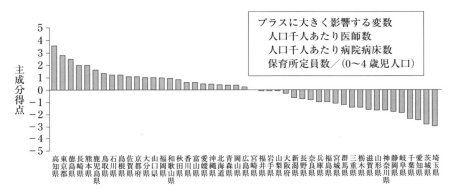

(d) 社会的環境

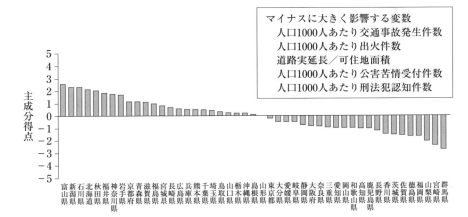

17

Part1 地域経済問題を知る

　住宅の水準や生活環境の総合指標と考えられる第2主成分の得点を見ると、総じて地方圏で高くなっています。しかし、地方圏のすべてが高いわけではありません。富山、石川、福井といった北陸地方や山梨、長野、岐阜といった中部地方の得点が高く、住みよい地域であると言えるのに対して、九州・沖縄地方や北海道、東北地方の一部では得点が低くなっています。また、大阪や神奈川、兵庫、千葉といった大都市圏の生活環境はそれほど高いとは言えないのですが、東京は大都市圏では例外的に高得点となっています。

　医療・福祉水準（第3主成分）はおおむね地方圏において高く、千葉、埼玉、愛知、兵庫、大阪といった大都市圏で低くなっています。ただ、第3主成分も第2主成分と同様、大都市圏の中で東京だけは高い得点を示し、ランキングでも第2位となっています。

　交通事故や犯罪等、地域の社会的環境の悪さを表す第4主成分については、得点の高い地域を「社会的環境が良い」と判断できるように、主成分得点の正負号を逆転させて示しています。結果を見ると、富山、新潟、石川、北海道、秋田、福井といった地方圏において得点が高く、大都市圏が低くなっています。ただし、地方圏でも、九州地方と四国地方が低くなっており、地方圏のすべてが良好な社会的環境を備えているわけではありません。

　以上の地域特性を次のようにまとめることができるでしょう。

① 経済環境・都市的環境は大都市圏において、とりわけ東京において高いが、大都市圏の生活環境はそれほど良いとは言えない。

② 東京は経済力や都市的環境が備わっているだけでなく、大阪や神奈川といった他の大都市圏地域に比べて生活環境や医療・福祉施設水準も高く、総合的に強い地域力を備えている。

③ 生活環境は地方圏において良好だが、すべての地方で生活しやすい環境が整っているわけではなく、北海道、東北、四国、九州は、経済環境とともに生活環境も厳しい状況にある。

④ 交通事故、犯罪等の社会的環境はおおむね地方圏において良好であるが、地方圏内でも差が存在している。

⑤ 地方圏には、経済力や都市的環境が備わっていないだけでなく、地方圏において優れていると考えられる生活環境や安心・安全面でも弱い地域が存在しており、これらの地域ではとくに地域力の強化にエネルギーを注ぐ必要がある。

第2章

地域経済の見方・考え方

地域は人や企業が活動する「器」です。器が活動に合わなくなってきた地域は衰退しますが、社会経済情勢の変化に器を合わせることができる地域には発展のチャンスが生まれます。地域を活性化させるための戦略は、①人や企業の活動は基本的に市場メカニズムによって決定されていることを理解し、②各活動は市場を通じて相互に影響し合っていることを踏まえたものでなければなりません。地域経済の見方と考え方を理解しましょう。

1　地域経済の決定要因

　第1章で地域間に大きな格差が存在することが明らかになりました。それではこうした差はなぜ生まれるのでしょうか。消費や生産といった経済活動を行ううえで、日本国内のすべての地域が同じ条件を持ち、しかも財・サービスの輸送や労働・資本といった生産要素の移動のために費用がまったくかからないなら、最終的には経済活動は国土に均等に分布し、集中はおこらないはずです。しかし、現実には、国土全体が同じ生産条件を持つはずはありません。地形や気候は違うし、天然資源の賦存量も違います。また輸送・移動費用は決してゼロではなく、海や川に近く交通条件に恵まれるところは、その分、安いコストで製品を出荷したり、原材料を手に入れたりすることができます。

　生産における優位性が存在するとき、資本や労働の生産性は高まり、人や企業はそこに集中します。古くから東京、大阪、名古屋を中心とした地域が経済活動の中心であったのはこうした優位性がこの地域に備わっていたためです。地域経済の決定要因とメカニズム、したがって地域間格差の根本的な原因は基本的には

19

Part1　地域経済問題を知る

図2-1　地域経済活動の決定要因

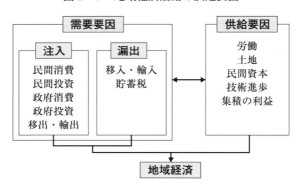

変わっていません。

　地域にふさわしい活性化戦略を立てるためにも、地域経済活動の決定要因とメカニズムを理解しておく必要があります。**図2-1**は地域経済活動の決定要因を示したものですが、それらは需要サイドと供給サイドに分けることができます。

　需要サイドから考えてみましょう。地域の経済活動は地域に対する**総需要**の大きさによって決定されると考えます。たとえ生産能力が大きくても、需要が小さく、財・サービスが売れなければ経済は縮小します。地域で生産された財・サービスは、その地域内に住む人びとの消費、企業の設備投資、公共事業（政府投資）向けに売られますが、その他にも、日本国内の他地域に売られたり（移出）、海外に輸出されたりします。移出・輸出需要をまかなう産業こそが地域経済の成長（衰退）を左右するという需要重視型成長論である経済基盤説は第4章でとりあげます。

　ところが、地域内の人びとの消費や企業の設備投資に必要な財・サービスのすべてを自地域内（地元）で調達できるとはかぎりません。不足分は域外から調達しなければならず、需要のその部分は移入・輸入として域外に漏れてしまい、経済効果は他地域で発生することになります。その他にも、域内の人びとや企業が稼いだ所得のすべてが消費や投資として使われるわけではなく、税金や貯蓄として需要から漏れる部分もあります。

　域内で生産された財・サービスに対する需要は、国や世界経済の景気動向、人口変動、公共投資政策の変更等さまざまな要因によって変化します。短期的には、

地域経済活動は需要の大きさによって決まり、需要の変化に合わせて好況や不況に直面します。したがって、地域経済にとっては、域内産業に対する需要が大きいほど、また、域外への需要の漏れが小さいほど望ましいことになります。後に詳しく触れますが、地域経済が停滞するときに公共投資が活用されるのは、消費や投資といった民間需要の不足を公的需要によって補おうとするためです。

次は供給サイドです。生産には労働、土地、資本といった資源が必要とされます。これらを**生産要素**と呼びます。経済規模の大きい地域にはこうした資源が多く備わっているはずであり、生産活動を供給面から決定する要因となります。日本では少子化による労働力の減少が経済パフォーマンスを低下させることが懸念されていますが、前章で見たように地方ではとくに若年層の転出によって労働供給が減少し経済活力が減退する可能性が大きいのです。需要要因が地域経済に短期的な影響を与えるのに対して、供給要因は地域経済のポテンシャル（潜在力）を左右し、地域経済の成長と衰退という中長期的な動きを決定すると考えることができます。

実際には地域経済の決定要因を需要サイドと供給サイドとに明確に区分することは不可能であり、両者が影響しあいながら地域は成長したり衰退したりします。地域内に豊富な資源が存在したとしても、生産された財やサービスが売れなくては意味がありません。逆に、需要が旺盛に存在しても、十分な生産能力が備わっていなくてはせっかくの需要に応えることはできません。現在の地方経済はこうした需要要因と供給要因が市場メカニズムを通して影響し合いながら衰退しているのです。地域経済をとらえるうえで重要な点は、経済活動は基本的に市場によって決定されていること、そして、さまざまな側面が相互に影響し合うことを考慮に入れることです。

2　地域経済の成長と衰退の鳥瞰図

2.1　地域経済衰退のメカニズム

地域経済は、家計（住民）、企業、自治体等の経済主体が、財・サービス、労働等の市場活動や財政活動を通じて相互に関わり合うことで成り立っています。したがって、何らかのショックが地域経済のどこかに加わると、それは地域経済

Part1　地域経済問題を知る

図2-2　地域経済の動きの簡略モデル

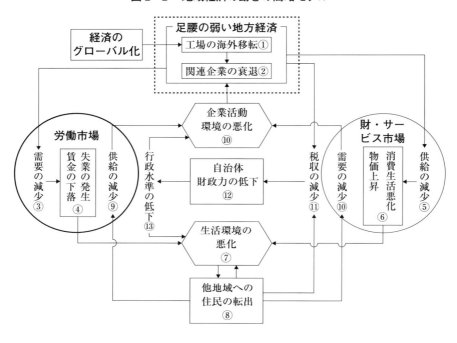

全体に連鎖的に影響を及ぼすことになります。この点を**図2-2**の簡略化した地域経済モデルで順番にたどってみましょう。地方経済にショックを与える要因は数多く存在しますが、ここでは**経済のグローバル化**を想定します。

① グローバル化は国家レベルの環境変化と考えられがちですが、地域はそれ以上の影響を受けています。世界規模で事業を展開している企業も、事業所単位の活動は地域の枠の中で行われています。しかし世界企業であるからこそ、地球規模での競争に対応していかねばならず、その地域がビジネスに有利であるかどうかには敏感にならざるを得ないのです。こうした中、多くの企業が工場を人件費等のビジネスコストが低く、市場の成長が見込める海外に移していきました。グローバル化の流れを地方が変えることはできず、企業の海外移転を受け入れざるを得ません。

② 大規模工場が転出すると、工場で働いていた従業員の雇用が減ります。しかし、地域経済へのマイナスの影響はこうした工場移転による直接的な影響にとど

まりません。大規模工場に原材料や部品等を納めていた下請け企業や関連企業の活動も、大規模工場の閉鎖にともなって売上げが減少します。その結果、これら事業所の従業者を相手にしていた飲食店やコンビニ等も衰退します。このように、移出・輸出、消費、投資等の最終需要の変化が地域経済にどの程度の波及効果を及ぼすかは地域の**産業連関表**を使って数量的に検証することができます（産業連関分析については第11章で解説します）。

③　大規模工場の閉鎖と関連事業所の衰退は地域内の労働市場において労働需要を減少させます。

④　労働需要が減少することによって労働の価格である賃金が下落するか、賃金が下方硬直的で下落しなければ、労働供給が需要を上回り、超過供給つまり失業が発生することになります。このように大規模工場の移転によって地域の労働環境は悪化するのです（**理論で考える：労働需要減少のインパクト**を参照してください）。

☞ 理論で考える：労働需要減少のインパクト

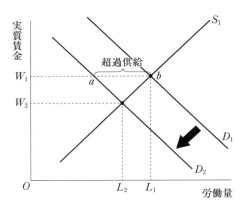

労働需要が D_1 から D_2 に減少すると、賃金が伸縮的であれば実質賃金は W_1 から W_2 に下がり、労働市場は均衡し、労働量は L_2 となります。つまり賃金の下落によって労働供給量は減少しますので、労働の超過供給（失業）は発生しないのです。ところが、賃金が下方硬直的で、労働需要が減少しても賃金が下がらないなら、ab の超過供給（失業）が発生することになります。

Part1　地域経済問題を知る

表2-1　小売業の衰退（2002年から2012年の変化）

	従業者数		売場面積	
	増減数 （1000人）	増減率 （％）	増減数 （1000m²）	増減率 （％）
北海道	−37	−10.2	−187	−2.8
東北	−114	−14.5	−1,115	−7.2
首都圏	25	1.3	−930	−3.1
北関東・甲信	−64	−10.1	−754	−5.7
北陸	−26	−12.3	−171	−4.0
東海	−58	−6.2	−1,148	−6.5
近畿	−119	−9.1	−576	−2.8
中国	−57	−11.2	−663	−6.8
四国	−37	−13.5	−447	−8.0
九州・沖縄	−82	−8.7	−1,711	−9.7
全国	−569	−7.1	−7,702	−5.5

注）地域区分は以下の通り。
北海道：北海道
東　　北：青森県・岩手県・宮城県・秋田県・山形県・福島県・新潟県
首都圏：埼玉県・千葉県・東京都・神奈川県
北関東・甲信：茨城県・栃木県・群馬県・山梨県・長野県
北　　陸：富山県・石川県・福井県
東　　海：岐阜県・静岡県・愛知県・三重県
近　　畿：滋賀県・京都府・大阪府・兵庫県・奈良県・和歌山県
中　　国：鳥取県・島根県・岡山県・広島県・山口県
四　　国：徳島県・香川県・愛媛県・高知県
九州・沖縄：福岡県・佐賀県・長崎県・熊本県・大分県・宮崎県・鹿児島県・沖縄県
資料）平成24年経済センサス−活動調査　卸売業・小売業に関する集計　産業編（都道府県表）
http://www.e-stat.go.jp/SG1/estat/List.do?bid＝000001051403&cycode＝0

⑤　地域内の企業活動の縮小は一方で財・サービスの供給の減少に結びつきます。
⑥　財・サービスの供給の減少は物価上昇を招くとともに、生活に必要な糧の入
手を困難にすることによって人びとの消費生活を悪化させます。**表2-1**の小売
業の従業者数および売場面積の変化からも明らかなように、地方圏では商業施設
の閉店が進み、**買い物弱者**と呼ばれる人びとも増えています。
⑦　労働環境の悪化（④）や消費生活の悪化（⑥）によって、住民の生活環境が
全体的に悪化します。
⑧　生活環境の良い地域へ住民は転出し、地域の人口が減少します。
⑨　若者を中心とした生産年齢人口の域外への転出は地域経済活動の決定要因で

第 2 章　地域経済の見方・考え方

図 2-3　国内銀行の都道府県別預貸率

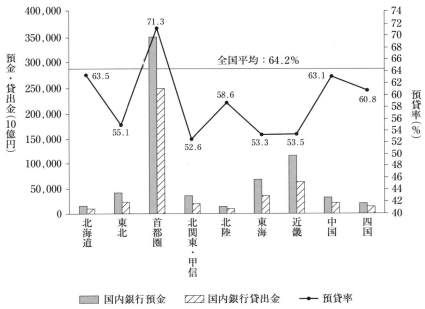

注）地域区分は表 2-1 と同じ。
資料）日本銀行「都道府県別預金・現金・貸出金」
https://www.boj.or.jp/statistics/dl/depo/pref/index.htm/

ある労働力を量的に減少させるだけでなく、新たな技術を使いこなせる労働力の減少という、労働の質的な面でも企業の活動環境を悪化させることになります（技術と地域経済の関係については第 4 章でとりあげます）。労働力の減少は**労働生産性**の上昇によってカバーできるかもしれません。その一つの方法は民間資本を増やし、生産の効率化を進めることです。

しかし資本を生み出す民間投資はリターン（収益）の高い地域に集中する傾向があります。**図 2-3** は国内銀行の**預貸率**（金融機関の預金に対する貸出しの比率）を都道府県別に見たものです（2017 年 3 月末現在）。マクロ経済の停滞を反映して日本全体で預貸率は 1 を下回っていますが、地元の預金が地元でどれくらい活用されているかを表す預貸率には大きな地域間格差が存在していることが分かります。首都圏以外の地域の預貸率は低く、近畿、東海といった大都市圏ですら預貸率は低くなっているのが実状です。地域で集められた資金が地元で使われ

25

Part1　地域経済問題を知る

表2-2　地方税の状況（2015年度）

（単位：10億円）

都道府県税		市町村税	
道府県民税個人分	5,172	固定資産税	8,755
地方消費税	4,974	市町村民税個人分	7,224
事業税法人分	3,510	市町村民税法人分	2,324
自動車税	1,543	都市計画税	1,244
軽油引取税	925	市町村たばこ税	936
道府県民税法人分	843	軽自動車税	200
不動産取得税	377	その他	393
事業税個人分	194		
道府県たばこ税	153		
自動車取得税	137		
その他	195		
合　　　計	18,022	合　　　計	21,076

資料）総務省「地方財政白書」
http://www.soumu.go.jp/menu_seisaku/hakusyo/chihou/29data/index.html

ずに他地域に流れているのです。首都圏以外の民間投資が低調な地域では民間資本の蓄積が進まず、生産性の向上は望めません。そのため、労働力の減少が地域経済への大きなダメージになるのです。

⑩　人口の減少は財・サービスに対する需要を減少させ、市場の縮小という企業活動環境の悪化につながります。このことが地方企業の収益力をさらに低下させ、民間投資にブレーキをかけます。

⑪　現在の**地方税**は**表2-2**に示すとおり、個人所得、法人所得、資産、消費といった経済的要素を課税ベースとしています。そのため人口減少や企業の転出による地域経済の縮小は地方税収の減少に直結します。

⑫　さらに、地方公共サービスは施設やマンパワーといった固定費をともなってはじめて機能するものが多いため、受益者（人口）の減少に比例して財政支出を削減することは困難です。つまり、人口減少にともなって人口1人当たり経費は割高になるのです。地方税の減少（⑪）と経費の割高化によって、人口減少が顕著な地方の財政力は低下し、逆に人口が増加する自治体は税収の増加と、行政における規模の経済性の存在によって財政力が強化されます。

26

第2章　地域経済の見方・考え方

図2-4　財政力格差の決定要因（2015年度）

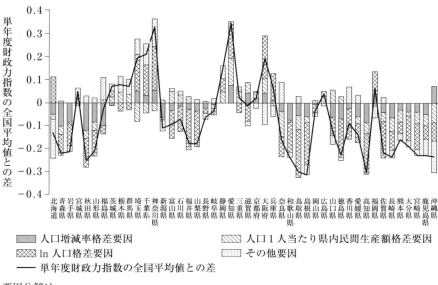

要因分解は、
単年度財政力指数＝－1.945＋0.023×人口増加率＋0.000102×人口1人当たり県内総生産
　　　　　　　　＋0.145×ln人口　　adj2＝0.875
を用いて行った。なお、全説明変数は1％水準で有意。

　東京都を除く道府県の**財政力指数**（2015年度。ただし、単年度の基準財政収入額÷基準財政需要額）の決定要因を分析したところ、人口規模（人口規模には大きな差があるため、対数値をとったものを使っています）、人口1人当たり県内総生産（2014年度）、2010年から15年の5年間の人口増減率という3つの要因で、道府県レベルの財政力指数格差の87.5％が決まるという結果がでました。**図2-4**はこの分析結果を用いて46道府県の2015年度の単年度財政力指数の全国平均値（0.58）との差の決定要因分解を行ったものです。人口が多いほど、人口増加率が大きいほど、人口1人当たり県内総生産（民間部門）が大きいほど財政力指数は高いという結果です。経済パフォーマンスが低く、人口が減少している地域は財政力が弱くなるのです。

⑬　財政力の格差を放置すると行政水準に差が生まれます。また、人口減少によって財政運営の弾力性が失われると、住民ニーズに合った柔軟な政策を採用する

Part1　地域経済問題を知る

表2-3　医療施設および病床数の変化（2008年から2016年の変化）

	病院数		一般診療所数		病院病床数	
	増減数	増減率(%)	増減数	増減率(%)	増減数	増減率(%)
北海道	−32	−5.4	5	0.1	−5,712	−5.7
東北	−55	−7.1	−97	−1.2	−11,618	−7.51
首都圏	−15	−0.9	1,447	5.5	1,411	0.4
北関東・甲信	−37	−5.8	90	1.3	−4,682	−4.0
北陸	−23	−7.9	−9	−0.4	−3,214	−6.5
東海	−23	−3.2	463	4.3	−3,565	−2.4
近畿	−39	−3.0	419	2.2	−4,117	−1.6
中国	−36	−5.2	−65	−1.0	−5,609	−4.6
四国	−28	−5.6	−15	−0.4	−3,372	−4.6
九州・沖縄	−64	−3.9	208	1.7	−7,920	−3.0
全国	−352	−4.0	2,446	2.5	−48,398	−3.0

注）地域区分は表2-1と同じ。
資料）厚生労働省「医療施設（動態）調査」平成28年
http://www.e-stat.go.jp/SG1/estat/List.do?lid＝000001191684

ことも難しくなります。このように、人口減少が財政力の低下や財政運営の硬直化に結びつけば、住民の生活環境や企業のビジネス環境を悪化させ、人口と企業のさらなる転出を招き、それが経済力・財政力格差のいっそうの拡大を引き起こす可能性があります。

　また、人口減少は「どこでも、だれでも、負担可能な料金で、一定のサービスを受けることができる」と定義される**ユニバーサル・サービス**の縮小にもつながりかねません。その一つである医療サービスにも格差が目立っています。国民は等しく医療サービスを受ける機会を与えられるべきだとしても、コストをまかなうだけの収入が必要である民間医療機関の場合、患者がいない土地での診療業務は困難です。しかも、近年の地方財政の悪化を受けて、経営の苦しい公立の医療機関も減少しています。この結果、**表2-3**に見るように、地方圏での医療施設および病床数の減少が顕著になっています。

2.2　地方経済で起こっている「負の連鎖」

　地方経済がどのようなメカニズムで衰退していくかを見てきました。全体像を

第 2 章　地域経済の見方・考え方

図 2-5　地方経済における負の連鎖

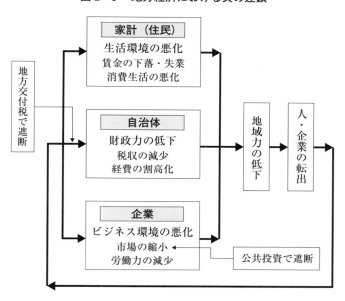

簡潔に表すと**図 2-5**のようになります。住民にとっての生活環境の悪化と企業のビジネス環境の悪化が地域力を弱め、それによって人や企業のいっそうの転出を引き起こし、それが自治体の財政力を弱めることによって行政水準を低下させます。一部の地方はすでに、住民、企業、自治体の活動の停滞が連鎖的に続き、地域力をますます弱めるという「負の連鎖」に陥っています。地域経済における負の連鎖については、林（2009）で詳しく述べられています。ここでは衰退のメカニズムを取り上げましたが、地域活性化政策によってこのメカニズムを逆転させ、「正の連鎖」を実現することもできるはずなのです。

　ところが、これまで、民間経済の停滞には**公共投資**で、財政力の低下は**地方交付税**で対応することが地域政策の中心でした。しかし、景気対策を主な目的とした公共投資や、自治体の財源不足を補う地方交付税は、事後的な地域間再分配手段であり、地域力を根本から強化し、構造的に負の連鎖を遮断し、正の連鎖に反転させることができませんでした。その理由は第 3 章で明らかにします。

Part1　地域経済問題を知る

3　地域政策の2つの課題

　地方経済が厳しい状況にある現在、地域政策の重要性はさらに大きくなっています。地域政策の目的は、「地域の資源を有効に活用して地域住民の幸せを最大にする」ことです。ここには2つの政策課題が含まれています。一つは、利用できる地域資源の量を増やすことであり、もう一つは、資源を適正に配分することによって同じ資源量でもより大きな幸せを手に入れるようにすることです。前者は経済成長であり、後者は資源配分の適正化ということになります。

　図2-6の横軸にはX財の量、縦軸にはY財の量が取られています。地域に存在する資源を活用して生産できるX財とY財の組み合わせを**生産可能性フロンティア**（生産可能性曲線）と呼び、FFで表されます。一方、X財とY財を消費することで手に入る住民の幸せは**無差別曲線**で表され、WWとして描かれています。同じ無差別曲線上のX財とY財の組み合わせはすべて、住民に同じ幸せを与える組み合わせです。無差別曲線は原点から遠ざかるほど（右上に位置するほど）高い満足を与えることになります。

　現在の資源の量を所与としたときの生産可能性フロンティアはF_1F_1で示されており、そして、生産されているX財とY財の組み合わせがbとなっているとしましょう。このときの住民の満足はW_0W_0です。この組み合わせは生産可能性フロンティア上にあることから、地域資源は効率的に利用されていると言えます。しかし、X財とY財の組み合わせをcに変更すれば、同じ資源の量でも住民の満足をW_1W_1にまで高めることができますから、bは適正な資源配分だとは言えないのです。つまり、bの組み合わせは、生産可能性フロンティアの内部に位置するaの組み合わせと同じ満足しか住民に与えていないのです。このように、一定の資源を効率的に利用してX財とY財の生産量を最大にするか、あるいは同じ生産量を最小の資源で生み出すという**生産の効率性**と、X財とY財の配分を住民ニーズに合うように変更するという**配分の効率性**を満たすことによって資源を増やさなくても住民の満足を大きくすることが可能になります。地方経済が厳しく、財政が苦しい現在、資源配分を適正化するという政策の重要性はきわめて大きいのです。この2つの効率性については第8章で詳しく解説します。

　このように資源配分の適正化は重要ですが、同時に、地域経済を成長させ（生

図2-6 地域の2つの政策課題

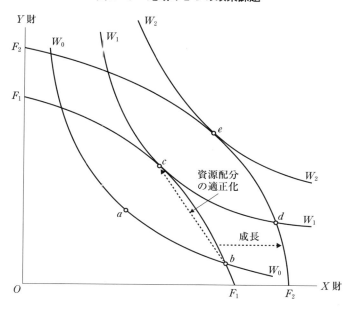

産可能性フロンティア F_1F_1 を F_2F_2 に拡大させ)ることによって、利用可能な X 財と Y 財の量を大きくすることが求められています。経済成長によって現在の X 財と Y 財の組み合わせ b が d に変化したなら、住民の満足を W_1W_1 に増やすことができます。しかし、経済成長後に適正な資源配分を実現することができ、 X 財と Y 財の組み合わせが e になれば、住民の満足はさらに W_2W_2 にまで高まることになります。このように、地域政策には成長と資源配分という2つの政策課題を解決することが求められているのです。

Part2

地域経済の衰退と活性化戦略

第3章

地方経済の構造問題

> 地方経済を取り巻く厳しい環境が地方の経済を衰退させたことは間違いあり
> ません。しかし、これは引き金であって、衰退の根本的な原因は地方経済の
> 脆弱性、つまり足腰の弱い構造にあるのです。これまで、国や自治体は地
> 域の活性化に関して手をこまねいてきたわけではなく、巨額の財政資金が政
> 策に投入されてきました。にもかかわらず地域間には依然として大きな格差
> が存在し、中には負の連鎖に陥っている地域もあります。地域政策が十分な
> 効果を発揮してこなかった原因はどこにあるのかを、地方経済の構造問題を
> 解明しながら探ってみましょう。

1　地方の経済はなぜ脆弱なのか？

1.1　地方の産業構造

　地方における雇用創出や人口定着のための対策は、これまでも進められてきました。工業団地を作り、工場を誘致したこともその一つです。また、誘致企業には補助金や税制上の優遇を与えました。工場誘致は一定の成果を上げたかに見えたのですが、新興国の台頭もあって、地方に立地した工場が生産する製品は輸出競争力を弱め、量産品は、人件費が安く市場に近い場所で生産する方が有利だということもあって製造拠点の海外シフトが進みました。その結果は第2章で示したように、負の連鎖となって地域経済全体に影響を与えたのです。

　グローバル化時代にあっても成長可能な産業を育てることが、先進国である日本の地方が生き残るためには不可欠なのですが、地方の産業はどのような特徴を

持っているのでしょうか。表3-1は各地方の産業構造の特徴を**特化係数**によって表したものです（2012年10月1日現在）。特化係数は就業者数か付加価値を用いて計算しますが、ここでは雇用に焦点を当てたいために就業者数を用いています。

> **Key Word　特化係数**
>
> 　地域の産業構造の特徴を知るための係数。産業分野別構成比の全国平均を1としたときの、各地域の構成比の比率です。例えば、全国での製造業の全産業に占める割合が40％、ある地域の製造業の構成比が50％だとすると、当該地域の製造業の特化係数は1.25（＝50÷40）となります。ある業種の特化係数が1なら、その地域における当該業種の集積度は全国と同様であり、特化係数が1を上回れば当該業種の集積度は全国平均を上回り、1を下回れば全国平均を下回るということになります。特化係数が1を超える産業は当該地域において相対的に重要な役割を果たしていることになります。成長性が高く、地域を支えるに十分な規模の産業の特化係数が高い地域は経済力が強いと言えます。

　北海道、東北、北関東・甲信、北陸、中国、四国、九州・沖縄といった地方が得意とする産業は、農林漁業、複合サービス事業、公務となっています。しかし、漁業の全産業に占める割合は北海道でも1.3％にすぎず、四国、九州では1％を下回っています。農業は日本産の品質の良さから輸出産業に育つことが期待されていますが、全就業者に占める割合は小さく、地域経済全体を支えるほどの力は期待できません。郵便局、協同組合等、信用事業、保険事業といった複数のサービスを提供する産業である**複合サービス事業**も就業者総数の約1％にすぎません。公務も、厳しい財政事情と行政改革の進展を考慮すると発展は期待薄ですし、建設業も公共投資の削減に直面する厳しい状況にあります。このように，地方の産業構造は衰退・停滞産業に特化しており，このことが雇用吸収力を弱め，若者の転出に拍車をかけているのです。

1.2　財政依存型の経済

　地方において民間経済の弱さをカバーしてきたのが財政です。「役所が最大の産業」と言われるのは特化係数からも明らかですが、それ以外にも、経済が公的

Part2　地域経済の衰退と活性化戦略

表3-1　特化係数で見た地方産業

	第1位	第2位	第3位	第4位	第5位	第6位	第7位
北海道	漁業 4.67	複合サービス事業 1.55	公務 1.45	電気・ガス・水道等 1.32	農業、林業 1.28	事業サービス業 1.23	医療、福祉 1.18
東北	鉱業、採石業等 2.37	農業、林業 2.08	漁業 1.48	複合サービス事業 1.41	建設業 1.30	電気・ガス・水道等 1.21	公務 1.21
首都圏	情報通信業 2.05	不動産業、物品賃貸業 1.46	学術研究、専門・技術サービス業 1.45	分類不能の産業 1.31	金融業、保険業 1.31	事業サービス業 1.17	卸売業 1.13
北関東・甲信	農業、林業 1.83	製造業 1.34	鉱業、採石業等 1.33	複合サービス事業 1.24	生活関連サービス等 1.03	建設業 1.02	公務 1.00
北陸	電気・ガス・水道等 1.50	複合サービス 1.37	製造業 1.28	建設業 1.13	漁業 1.12	鉱業、採石業等 1.07	医療、福祉 1.06
東海	製造業 1.50	運輸業、郵便業 1.01	電気・ガス・水道等 1.01	宿泊、飲食サービス業 1.00	漁業 1.00	建設業 0.99	卸売業 0.98
近畿	分類不能の産業 1.25	不動産業、物品賃貸業 1.19	卸売業 1.11	教育、学習支援業 1.10	製造業 1.08	運輸業、郵便業 1.08	医療、福祉 1.03
中国	複合サービス事業 1.37	農業、林業 1.31	漁業 1.25	電気・ガス・水道等 1.21	医療、福祉 1.18	建設業 1.08	公務 1.06
四国	漁業 3.02	農業、林業 2.08	複合サービス事業 1.71	電気・ガス・水道等 1.66	医療、福祉 1.26	公務 1.17	建設業 1.07
九州・沖縄	漁業 2.50	農業、林業 1.77	医療、福祉 1.32	公務 1.25	複合サービス事業 1.22	建設業 1.09	小売業 1.08

注）地域区分は表2-1と同じ。
資料）就業構造基本調査（2012年）
https://www.e-stat.go.jp/stat-search/files?page =1&toukei =00200532&tstat =000001058052

需要に支えられてきたという意味で、財政依存型を特徴としているのが地方経済の実態です。

一地域の経済の需要と供給の関係を事後的に観察すると、

域内総生産 ＝ 民間消費＋民間投資＋財政支出＋移輸出－移輸入 　　(3-1)

となります。一方、地域の所得からは税金が支払われ、残りは消費または貯蓄されます。つまり、

域内総生産 ＝ 税金－民間消費＋民間貯蓄 　　　　　　　　　　(3-2)

です。(3-1)式と(3-2)式から、

(民間投資－民間貯蓄)＋(財政支出－税金)＋(移輸出－移輸入) ＝ 0 (3-3)
　　　　　　(－) 　　　　　　　　(＋) 　　　　　　　(－)

が導かれます。(3-3)式の下の部分に符号（＋、－）を示していますが、経済力の弱い地方では、財・サービスの移出・輸出収支が不均衡（－）となっています。また、図2-3の預貸率でも示したように地域の貯蓄は東京などの大都市で使われ、金融収支も不均衡（－）です。したがって、地方経済はこうした域際収支の不均衡を、地域内で負担する税を地域内で行われる財政支出が上回るという、財政収支のプラス勘定でかろうじて維持されてきたと言えます。

図3-1は移輸出入バランス（移輸出マイナス移輸入）の対県内総生産比率と地方財政収支（地方財政支出マイナス地方税等）の対県内総生産比率との関係を都道県別のデータを用いて示したものです。移輸出入バランスの比率が小さくなるほど、そしてマイナスの値が大きくなるほど、地方財政収支比率が大きくなっていることが分かります。現在の地方財政構造を見ると、財政支出のかなりの部分が国からの財政移転でまかなわれていますので、このことは、地方経済が国家財政の動向や予算政策に大きく左右されることを意味しています。

2　公共投資依存型経済の限界

2.1　公共投資の配分と地域間格差

財政依存型である地方経済においてとくに大きな役割を果たしてきたのが公共投資です。しかし、公共投資の力では地方経済の構造を変えることはできませんでした。**図3-2**は行政投資（産業基盤関連）の地方圏（北海道、東北、北陸、

Part2　地域経済の衰退と活性化戦略

図3-1　財政に依存する地方経済

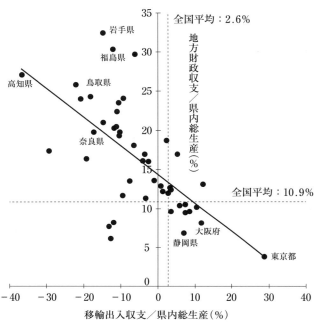

注）移出入データがないため愛知県は除いている。
資料）内閣府「県民経済計算」、総務省「地方財政統計」

中国、四国、九州・沖縄）のシェアと、**変動係数**という尺度で表した人口1人当たり県民所得の地域間格差の関係を1960年度から2014年度の期間について示したものです。行政投資は公共事業や公共投資とほぼ同じ概念だと考えてください。ただ、『国民経済計算』における**公的固定資本形成**には用地費は含まれないのに対して、行政投資には用地費が含まれています。

　変動係数は期間中の人口1人当たり県民所得の標準偏差を平均値で割ったもので、格差が大きいほど変動係数は大きく、47都道府県の1人当たり所得が完全に等しければ変動係数はゼロになります。変動係数はエクセルを使えば簡単に計算することができます。

　70年代に変動係数は小さくなっており、所得格差が縮小していることを表しています。この期間中、行政投資の地方圏のシェアは年度を追って拡大しており、地域間所得格差と行政投資の地域配分とが関連を持っていることをうかがわせま

第3章 地方経済の構造問題

図3-2 公共投資の地域配分と地域間所得格差

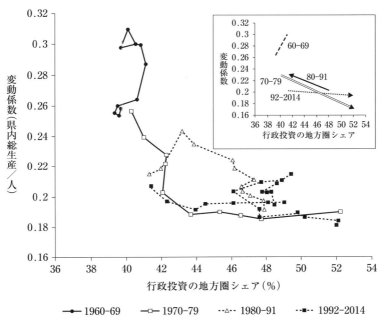

注）地方圏は次の通りである。
北海道、青森、岩手、宮城、秋田、山形、福島、新潟、富山、石川、福井、鳥取、島根、岡山、広島、山口、徳島、香川、愛媛、高知、福岡、佐賀、長崎、大分、熊本、宮崎、鹿児島、沖縄
資料）総務省「行政投資実績」http://www.soumu.go.jp/main_content/000406230.pdf

す。本来なら、公共投資が地方に重点配分されている間に、土地と労働を提供するという発展途上国型の産業活性化ではなく、財政制約下でも足腰の強い経済構造を作り上げることが期待されました。しかし、地方圏の経済が公共投資の金額に左右されるという実態は変わりませんでした。

　80年代に入ると、国家財政の危機によって公共投資予算が削減されます。大都市圏を対象とした公共投資は下水道等の生活関連型であったために削減は容易ではありません。そこで地方圏への産業基盤型公共投資が削減され、それにともなって地方圏のシェアが縮小していきます。すると、地域間の所得格差が大きくなり始めるのです。70年代の地域間所得格差の縮小は公共投資による一時的なものだったことが分かります。そして、90年代に入るとバブル経済崩壊後の景気対策

Part2　地域経済の衰退と活性化戦略

として公共投資が大幅に増加し、地方圏のシェアが拡大に転じます。その結果、地域間格差は縮小しました。

このように、所得の地域間格差は公共投資の地域配分に大きく左右されると言えるでしょう。ところが、70年代と90年代以降を比較すると微妙な違いが見られます。地方圏のシェアが拡大しているのは同じなのですが、70年代は所得格差が大きく縮小しているのに対して、90年代以降は縮小の程度が小さくなっているのです。公共投資は地方経済の構造改善につながらなかったことは70年代も90年代も同じなのですが、短期的な格差縮小効果も弱くなってきていると言えます。以下でその理由について考えてみましょう。

Key Word　変動係数

データのばらつきを把握する尺度として標準偏差があります。しかしながら標準偏差は、2つの集団におけるデータのばらつき度合いを比較する上で必ずしも有効な尺度であるとはいえません。なぜなら、個々のデータの値が大きい（すなわち平均値が高い）集団ほど、標準偏差が大きくなる可能性が高いためです。一方、変動係数（Coefficient of Variation）は、集団ごとの標準偏差を集団ごとの平均値で割ることで、「個々のデータの値が大きい（平均値が高い）集団」であるか「個々のデータの値が小さい（平均値が小さい）集団」であるかといった違いを考慮していることから、集団ごとのデータのバラツキを相対的に評価することが可能です。変動係数は値が大きいほどバラつきが大きいことを表し、次の式で求めることができます。

変動係数 ＝ 標準偏差÷平均

2.2　公共投資はなぜ地方経済を強化できないのか？

公共投資が経済をかさ上げするのは次のようなメカニズムによります。1000億円の公共投資が追加的に行われたとしましょう。1000億円の需要の増加は1000億円の所得を発生させます。所得は次に消費を生みます。消費額は1000億円に限界消費性向（消費の増加分÷所得の増加分）を乗じたものとなります。仮に**限界消費性向**が0.7だとしますと、700億円の消費が新たに発生するのです。この部分は誰かの新たな所得となり、その0.7倍だけの消費をさらに発生させ、所得が生まれます。こうしたメカニズム（1000億円＋1000億円×0.7＋1000億円×0.7^2＋

第3章　地方経済の構造問題

1000億円×0.7³……）が続き、最初に投下された1000億円の公共投資の何倍かの所得を創出するのです。そして、「所得の増加分÷公共投資の追加分」を**公共投資乗数**と呼び、乗数が大きければ大きいほど、公共投資の景気浮揚効果は大きいことになります。

　ところが、経済力の弱い地域で公共投資を行い所得が増加したとしても、消費需要を地元で満たすことができなければ消費の一部は国外や他の地域に漏れてしまいます。輸入や移入です。需要の他地域への漏れは、財政政策に期待される乗数効果を小さくしてしまうのです。このメカニズムを理論的に考えたい読者は**「理論で考える：ケインズ・モデルと公共投資」**を学んでください。域内需要を自前でまかなう力が弱い地域ほど、「漏れ」が大きくなります。この点は図3-1で見たとおりです。

　大きな穴の空いた器に水をため続けるためには大量の水を注ぎ続けなければならないのと同様に、漏れの大きい地域では経済を維持するためには、大量の公共投資予算を投入し続けなければなりません。80年代に入って、公共投資予算が削減されると、「漏れ」の大きい地方の経済はたちまち疲弊し、その結果、地域間格差が拡大してしまったのです。90年代には地方への公共投資が増額されました。ところが、70年代に比べて地方経済にはさらに大きな漏れをもたらす構造になっていたと考えられます。つまり、器の穴がさらに大きくなっていたのです。このように、需要が他の地域に漏れてしまう割合の大きい地域では、公共投資の効果を大きくするためにも、漏れを抑える地域経済構造を創ることこそが重要なのです。

☞**理論で考える**：ケインズ・モデルと公共投資

　公共投資が経済を拡大させるメカニズムを見るために、以下のケインズ・モデルを想定しましょう。この地域モデルは、ケインズ派の所得・支出モデルの最も単純な開放経済型のものと同じです。しかし、国の場合には輸出入だけであるのに対して、地域の場合には輸出入に加えて移出入が存在するために、乗数はその分だけ大きな影響を受けることになります。

$$Y = C+I+G+X-M \tag{3-4}$$

　　　Y：地域の所得　　　　　　　X：地域の移輸出
　　　C：地域の消費支出　　　　　M：地域の移輸入

Part2　地域経済の衰退と活性化戦略

　　　　　I：地域の投資支出

民間投資、政府支出、移輸出はすべて外生的に決定されると仮定します。

$$I = \bar{I}, \quad X = \bar{X}, \quad G = \bar{G} \tag{3-5}$$

消費と移輸入は内生的に決定されると考えます。c を限界消費性向、a を基礎消費とすると、地域の消費支出 C は、

$$C = a + cY \tag{3-6}$$

となります。

　また、移輸入は以下の式で与えられると仮定します。

$$M = b + m_c C + m_i \bar{I} + m_g \bar{G} + m_x \bar{X} \tag{3-7}$$

　ただし、m_c, m_i, m_g, m_x は、それぞれ消費、民間投資、政府支出、移輸出に関する**限界移輸入性向**です。

　ここで、（3-5）から（3-7）式を（3-4）式に代入すると、

$$Y = a + cY + \bar{I} + \bar{G} + \bar{X} - b - m_c(a + cY) - m_i \bar{I} - m_g \bar{G} - m_x \bar{X}$$

$$Y = \frac{1}{1 - (1 - m_c)c} \times \{(1 - m_c)a + (1 - m_i)\bar{I} + (1 - m_g)\bar{G} + (1 - m_x)\bar{X} - b\} \tag{3-8}$$

が得られます。

　したがって、政府支出 G を ΔG 増加させたときの地域所得創出効果は、

$$\Delta Y = \frac{(1 - m_g)}{1 - (1 - m_c)c} \times \Delta \bar{G} \tag{3-9}$$

となります。$(1 - m_g)/\{1 - (1 - m_c)c\}$ が**政府支出乗数**です。
$(1 - m_g)/\{1 - (1 - m_c)c\}$ という乗数から明らかなように、国が公共投資を実施しても、他地域に漏れる消費の割合 m_c が高いほど、乗数は小さく、需要創出による景気浮揚効果は小さいことになります。

　ここで限界移輸入性向の違いが乗数にどのような影響を与えるかを見てみましょう。限界消費性向を0.8とすると、限界移輸入性向が $m_g = m_c = 0.1$ と小さな値をとる地域では乗数は3.21となるのに対して、移輸入に依存する度合いが大きく、限界移輸入性向が $m_g = m_c = 0.4$ と大きな値をとる地域では乗数は1.15にすぎません。このように需要の漏れの大小は財政政策の効き目を左右するのです。

42

第3章　地方経済の構造問題

3　若者はなぜ地方から出ていくのか？

3.1　古典的モデル

　経済学では、行動を起こすかどうかは、行動による利益（メリット）が費用（デメリット）を上回るかどうかで決まると考えます。地方から東京に移り住むかどうかも同様です。地方から東京への転出は若者を中心に起こっていることはすでに述べたとおりですが、若者にとって東京に移動することの利益として真っ先に思い浮かぶのが、給与をはじめとした労働条件の良さです（第1章を参照）。

　一方、移動にともなう費用には転居費や東京の物価高による生活費の増加といったものも含まれますが、最も大切なのは「地元でなければ手に入らないモノ」を東京への移動によって失うことです。それには家族や友人との結びつき、自然環境の良さ、豊かな居住空間等が含まれるでしょう。しかし、交通手段の発達によって地域間の時間距離が短くなるとともに、住むところにこだわらない**フットルース化**によって転居の心理的抵抗は少なくなってきました。とくに、規模が異なるだけの相似形の町づくりが全国で進み、地元ならではのモノが失われていったことも移動の費用を小さくしていったと考えられます。

　古典的な理論モデルでは労働をはじめとした生産要素の地域間移動を、高い生産要素報酬を求めての移動だと考えます。つまり、生産要素の地域間移動は生産要素価格の地域間格差がその背景にあると考えるわけです。その理論は以下の仮定の下に成り立っています。

(1)　すべての市場で完全競争が実現している。

(2)　生産は規模に関して収穫一定である。

(3)　生産要素の移動にはコストがかからず、移動を妨げる障害は存在しない。

(4)　生産要素価格は完全に伸縮的である。

(5)　生産要素は同質である。

(6)　労働と資本の所有者はすべての地域における生産要素の報酬について完全な情報が与えられている。

　以上の仮定の下で、当初存在していた地域間の賃金格差は、賃金が伸縮的に変動することと、地域間の労働移動によっていずれは解消されると考えます。その

Part2 地域経済の衰退と活性化戦略

エッセンスは「**理論で考える：人口の地域間移動と労働市場**」で解説しています。

古典派の理論は、市場のメカニズムに従って労働者が移動することで労働という資源（生産要素）の地域配分が最適になると考えます。そこから導かれる政策提言は、

①あらゆる地域の賃金水準に関する情報が完全に入手できるようにすること、
②労働者の移動を容易にすること、

となります。

他地域の賃金水準が分からないと、より有利なところに移動することができませんし、かりに有利な地域が分かっても、そこに移動するのに障害があれば、せっかくのチャンスを手に入れることができないからです。つまり、地域政策は、市場メカニズムを円滑に機能させるためのものだと考えるわけです。

☞ **理論で考える：人口の地域間移動と労働市場**

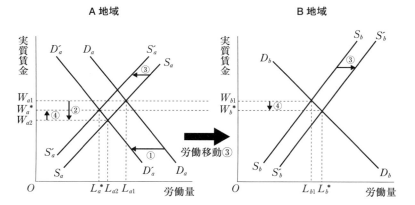

賃金と労働雇用量は労働市場における労働の需要と供給の関係で決まります。企業は労働という生産要素の需要者であり、家計は労働の供給者です。A地域の労働需要曲線はD_a、供給曲線はS_a、このとき地域Aでの賃金はW_{a1}です。同様に地域Bでの需要曲線はD_b、供給曲線はS_b、賃金はW_{b1}です。現時点で地域間の賃金格差が存在しない（$W_{a1} = W_{b1}$）という状態であったとしましょう。賃金の地域間格差は存在しませんので、高賃金を得ることを目的とした労働者の移動は起こりません。

ここで、A地域の企業が海外に移転したり、閉鎖されたりすることで労働

需要が減少し需要曲線が $D_a{}'$ にシフトしたとします（①）。その結果、A 地域の賃金は W_{a2} まで低下し（②）、B 地域との間に賃金格差（$W_{b1} > W_{a2}$）が生まれます。そのため、A 地域の労働者は B 地域に移動し、B 地域の労働供給が増加する（③）とともに、A 地域では労働供給量が減少します（③）。そのため、A 地域の賃金は上昇し、B 地域では低下します（④）。こうして両地域の賃金が等しくなる（$W_a{}^* = W_b{}^*$）まで労働移動が続くのです。このプロセスを経ることによって労働者の地域配分が最適なものになると古典的理論は考えます。

3.2 現実の社会

しかし現実の社会では、ストーリーはこれほど単純ではありません。古典派の理論では労働はすべて同質であることが仮定されていますが、職業訓練や教育水準の違いによって労働者の質には差が生まれます。そして、職業訓練や教育は地域力に影響されるのです。また、生産活動には**規模の経済**が働くことも多く、経済規模が大きいほど生産コストが割安になるといった有利な条件が生まれます。このように、古典派の考えが前提としている仮定が満たされないことは十分に考えられるのです。

古典派の理論では労働者の移動を決める要因は賃金格差だと考えられています。たしかに賃金水準は人びとの居住地決定に影響すると思われますが、移動を引き起こすのは賃金格差だけではありません。第2章で明らかにしたように、地域力や地域の魅力を決定づける要因は多種多様であり、人によって居住地決定に大きく影響する要因は異なるはずです。

ここで、地方からの転出が多い20歳から24歳という若者世代の人口転出入に賃金水準がどのように影響しているかを回帰分析によって検証してみました。データは、2015年の47都道府県の20歳から24歳の年齢層の純転入率（＝（転入数－転出数）÷当該年齢人口）（最大：東京都6.8％、最小：秋田県－5.9％）と賃金水準（決まって支給される現金給与月額（2015年、男子、20〜24歳。厚生労働省「賃金構造基本統計調査報告」2015年7月））を用いました。結果は、

純転入率(%) ＝ －25.5＋0.102×賃金(1000円)　　自由度修正済決定係数 ＝ 0.43

となりました。賃金が1000円高くなると純転入率は0.102％上昇するという関係

Part2　地域経済の衰退と活性化戦略

が、統計的に意味のある数値として得られています。自由度修正済決定係数は被説明変数（ここでは純転入率）が説明変数（ここでは賃金）でどの程度決まるかを示していますが、結果は0.43でしたので、2015年の都道府県別純転入率（20〜24歳）は賃金で43％決まると言えます。このように、賃金が高い地域ほど純転入率が大きい（純転出率は小さい）という結果が得られましたが、それでも43％の説明力しかありません。残りの57％は賃金以外の要因が影響しているのです。

　そこで、第2章で取り上げた主成分分析によって得られた地域力に関する第1主成分（経済・都市的環境を表す）を説明変数として純転入率を分析してみました。結果は、

　　　　純転入率(%) = −2.35＋0.517×第1主成分得点　自由度修正済決定係数 = 0.77

となりました。経済・都市的環境は若者の人口移動を決定づける要因として、賃金よりも説明力が大きいのです（林・林（2017））。

　古典的理論は、生産要素価格（賃金）は完全に伸縮的であると仮定し、労働力が転入してきた地域では賃金が下がり、転出超過の地域では賃金が上昇することによって、地域間の賃金格差は消滅し、その結果、人口移動に歯止めがかかると考えました。しかし、若者の人口移動の背景には経済・都市的環境の格差があるとするなら、むしろ、この格差は人口移動によって拡大していく可能性があります。つまり、若者が転入した地域では経済・都市的環境はいっそう高まり、転出する地方では低下するのです。とすれば、人口移動には歯止めがかからず、格差は累積的に拡大していく可能性があることになります。

3.3　地域経済における累積的衰退

　ボーモル（Baumol（1963））は、中心都市から郊外への人口移動を都市の「累積的」な衰退過程として定式化しました。このモデルのエッセンスは次のようなものです。何らかの理由で中心都市の所得水準が低下したとします。すると都市インフラ水準の低下等によって中心都市の居住環境が悪化し、所得水準の高い住民が郊外に転出します。その結果、中心都市の所得水準が低下し、居住環境がいっそう悪化します。モデルは、中心都市の1人当たり所得と老朽化した住宅数やインフラ水準等で示される居住環境の悪化との間の累積作用を動学的に説明しています。

第3章　地方経済の構造問題

　モデルの中心都市を「地方」に、郊外を「東京（首都圏）」に置き換えると、モデルを地方の衰退にも当てはめることができます。このモデルは地方の衰退の本質と政策における重要な示唆を含んでいますので、**「理論で考える：地域経済の累積的衰退」**で解説しましょう。

☞**理論で考える**：地域経済の累積的衰退

　t 期の環境指標を L_t とすると、人口や企業の動向（転入・転出）を通じて、次期（$t+1$）の１人当たり所得水準 Y_{t+1} に影響を与えます。

$$Y_{t+1} = a + bL_t \quad (b > 0) \tag{3-10}$$

つまり、地域の環境が悪化する（L_t が小さくなる）地方では働き手の転出によって次期の所得水準（Y_{t+1}）は低下します。また、所得水準が低下すれば公共サービス水準の低下を含めた地域環境のいっそうの悪化が生じます。つまり、t 期の環境指標を Y_t とすると、

$$L_t = c + dY_t \quad (d > 0) \tag{3-11}$$

となります。以上の２つの式から、

$$Y_{t+1} = a + bc + bdY_t \quad (bd > 0) \tag{3-12}$$

となるのです。

　次ページの図は $bd < 1$、$a + bc > 0$ を仮定して、地方の所得の累積的変化を示したものです。当初、t 期の所得と（$t+1$）期の所得との関係が AA で与えられているとすると、地方の均衡所得水準は、AA と45°線が交わる Y_0 となります。この所得において $Y_{t+1} = Y_t$ となり、これ以上、所得は変化しないからです。

　ここで地方と東京（首都圏）との経済・都市的環境格差が拡大するといったような理由で、地方における働き手の転出意欲が高まったとします。このとき a は a' に減少し、働き手が転出することで次期の所得水準は低下するため、t 期の所得と（$t+1$）期の所得との関係 AA は $A'A'$ へと下方シフトします。地方から東京への転出によって地方の人口１人当たり所得が低下し、税源の縮小による公共サービス水準の低下を含めた環境水準が低下し、これによって他の働き手も東京への移動を始め、平均所得のいっそうの低下がさらに環境水準を低下させるというように、矢印で示す累積的な所得の低下が生まれます。このプ

ロセスは新たな均衡所得水準 Y_n に達するまで続くのです。所得水準の低下以外の要因も環境を悪化させるなら、それらは(3-12)式の c を小さくし、a の減少と同様の地方の累積的衰退を引き起こすことになります。

理論的には所得水準の低下は新たな均衡所得 Y_n に達した時点で止まるはずです。ところが、地域の環境は所得のみで決まるわけではありません。市場規模の縮小による産業活動の衰退、企業数の減少による集積の経済の喪失、空き家の増加による地域の荒廃、人と人とのふれあいの喪失等、人口減少が居住環境をさらに悪化させる可能性があるのです。つまり、AA のシフトが $A'A'$ にとどまらず、人口減少によって $A''A''$ のようにさらに下方にシフトするなら、人口1人当たり所得は継続的に低下し続ける可能性があります。

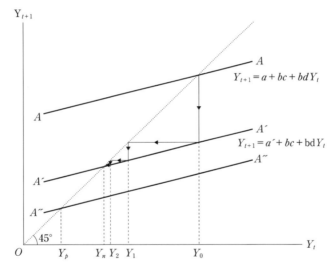

この累積的衰退モデルは地域政策に重要なヒントを与えています。景気対策としての公共投資や低所得層への福祉給付のような政策は1人当たり所得を引き上げることはできるものの、その効果は短期的なものでしかないということです。つまり、これらの政策によって Y_n であった所得を Y_0 まで引き上げたとしても、$A'A'$ を上方にシフトさせ、所得決定の動学的プロセスに影響を与えるような政策をとらないかぎり、所得は結局、Y_n に戻ってしまうのです。公共投資が地方に重点的に行われていたにもかかわらず、国からの財政移転に頼らない足腰の強い経済構造を地方が実現できなかったのは、公共投資の波及

効果が他地域に漏出するという問題に加えて、公共投資によって実現する社会資本ストックが、経済活動や生活面での地方の環境を構造的に改善し、AA を上方にシフトさせるような事業効果（事業効果については第5章で詳しく説明します）をもたらさなかったことに原因があったと考えられます。

4   東京一極集中は最適な資源配分を実現するのか？

4.1   東京一極集中の非市場的要因

　東京一極集中が格差を解消することなく、地方を累積的に衰退させ、地域間格差をさらに拡大したとしても、「東京集中は市場メカニズムの結果であり、効率的な資源配分を実現するためにも移動にストップをかけてはいけない。むしろ、政策としてやるべきことは、地域経済に関する情報の伝達と収集を完全なものにし、地域間移動に要するコストを減らし、市場がより効率的に機能するようにすることだ」という主張は有効です。というのも、地域間格差を埋めるという**分配の公正**の実現と、資源を最も有効に活用するという**資源配分の効率性**の実現とはトレードオフ（二律背反）の関係にあり、どちらの政策目標を優先させるかは、人によって見解が異なる「価値判断」の領域に位置するものだからです。

　しかし、東京一極集中を容認する主張は、①東京への移動は市場要因によってのみ発生している、②市場は失敗しないか、あるいは失敗するとしても市場の失敗を是正する装置が完備されている、ということが前提となっています。この前提が崩れると、東京一極集中を容認すべきだということにはなりません。

　前提が崩れる第1の要因は、東京が首都であることによる経済上の有利さです。これは市場メカニズムによって東京が手に入れたものではありません。公務員数の対全国シェアを見ると、東京都内の地方公務員数は14万3001人、全国（135万235人）シェアは10.6％と、人口のシェア（10.4％）にほぼ見合っています。ところが、東京都内で働く国家公務員数は11万5415人にのぼり、全国総数54万6344人の21.1％を占めているのです。国家公務員の5人に1人が東京で勤務している計算になります。これに対して神奈川県4.3％、愛知県3.9％、大阪府4.3％、兵庫県2.6％と、国家公務員の対全国シェアは人口シェアを下回っています（総務

49

Part2　地域経済の衰退と活性化戦略

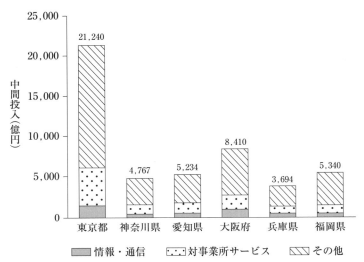

図3-3　公務サービスの中間投入額

注）すべての都府県は2011年度。
出所）各都府県の産業連関表より作成。

省・経済産業省「経済センサス」2014年）。このような国家公務員が東京での消費で落とす金額は膨大です。

　国や自治体の活動が地域経済に与える影響は、公務員に支払われる給与だけではありません。公共部門はさまざまな産業部門から**中間投入物**を調達し公務サービスを提供しています。これがさらに波及効果を生み出すのです。**図3-3**は各都府県が発表している産業連関表から、公務の中間投入の規模を比較したものです。東京都における中間投入額は2兆1240億円に達し、神奈川県の4767億円、愛知県の5234億円、大阪府の8410億円、兵庫県の3694億円を大きく上回っていることが分かります。

　中間投入の中でも、現代の地域経済において重要な役割を果たす情報・通信、対事業所サービスに注目すると、東京都は、情報・通信が1451億円、対事業所サービスが4585億円であるのに対して、大阪府は、情報・通信が789億円、同サービスが1984億円、愛知県は、情報・通信が448億円、同サービスが1332億円にすぎません。東京都においては、情報・通信産業、サービス産業ともに、公務による中間需要のウェイトはそれほど大きいわけではありませんが、他地域に比べて

金額の差は歴然です。これらの産業にとって東京は大きな市場であり、東京に集中するのは当然だと思われます。しかし、これも、東京が首都であることによるところが大きいのです。

日本型行政システムの中で、東京都が首都であるという非市場要因が東京への集中に拍車をかけていることは間違いありません。このまま東京集中を放置することは決して日本の将来にとって望ましいことではないのです。東京の超高齢化が進み、一方、人や企業の転出によって地方の消滅が現実となる前に、行財政システムに内在する東京集中要因を取り除き、限られた資源を有効に活用する道を模索することが喫緊の課題と言えるでしょう。

4.2　東京一極集中と市場の失敗

東京に人や企業が移動するのは、移動による便益（メリット）が費用（デメリット）を上回るからです。豊富な就業機会、高い所得水準といった生活の糧を得る上で東京が有利だということはもちろんですが、その他にも文化や娯楽とのふれあいなど、東京はさまざまな楽しみを住民に与えています。住民が受けるこうした便益は、東京の規模が大きくなるにつれて**集積の経済**によって増加しています。しかし、便益の増加はいつまでも続くわけではなく、混雑現象等によって次第に減少していきます。

東京に移動することによって人や企業は便益を得ますが、同時にコストも負担しなければなりません。家賃、通勤時間、行政サービスの供給コスト等です。東京一極集中の容認派は次のように言うかもしれません。「たしかに、集中によって住民や企業にとってのコストはかさむ。しかし、それを上回るメリットがあるから東京に移るのだ」と。そして、「いずれはコストが便益を上回るようになり、その時点で東京一極集中に歯止めがかかるのだから、それまでは無理に東京への移動を止めてはいけない」という政策提言につながります。

しかし、この主張には見過ごされている点があります。東京に人や企業が移動することで、すでに立地している企業や既存住民に対して混雑の増加という**社会的費用**が発生する可能性があることです。この点を「**理論で考える：東京集中と市場の失敗**」で解説しましょう。

Part2　地域経済の衰退と活性化戦略

☞理論で考える：東京集中と市場の失敗

　市場に任せておくと都市への人口流入が過大になることをWalker（1981）を参考に解説します。図のABは東京に移動することによる住民1人当たり便益（平均便益）です。最初は上昇していきますが、いずれは減少していきます。公共サービスをはじめとして、都市が供給するサービスには規模の経済が働くものが多く、受益者（住民）1人当たり費用（平均費用AC）は人口増加とともに低下します。しかし、都市規模が大きくなると新たな施設を整備しなければならないなどの理由で費用は上昇に転じます。人口や企業が都市に集まると、その便益は既存の住民や企業にも及びますが、同時に、一定の容量しかない空間への集中が続くと、いずれは混雑現象が発生し、その影響は既存住民や企業にも及ぶことになります。1人が都市に移り住むことによって、都市全体に追加的に発生させる便益と費用を表したものが限界便益MB、限界費用MCです。

　図においてP_1は都市の最小規模です。これよりも規模が小さいと、平均費用が平均便益を上回り、人びとは他地域に転出し、さらなる規模の縮小が生じることになり、人口減が都市規模をますます小さくするという負の連鎖が生じるでしょう。こうした現象が地方で起こっていると考えられます。

　既存住民にとって最大の満足が得られる都市規模はP_2であり、住民自治が強いと人口の転入を抑制するという**成長管理政策**に結びつきます。しかし、この規模は社会的に見て最適ではありません。人口が増えたときに発生する追加的な便益（限界便益）が追加的な費用（限界費用）を上回っているため、社会的に見れば、人口規模の増加は望ましいことになります。つまり、P_3の人口規模において純便益（＝総便益－総費用）が最大になるのです。人口規模がP_3を超えると、限界費用が限界便益よりも大きくなり、総便益は減少してしまいます。社会的な厚生を最大にするという意味での東京の最適規模はP_3です。

　しかし、人や企業が東京に移動するかどうかを決めるときに考慮するのは、移動によって生まれる私的便益と、移動にかかる私的費用の大小であり、混雑という社会に及ぼす費用は計算に入っていません。混雑が発生しても、それでも私的便益が私的費用を上回るかぎり東京への移動は起こってしまうのです。この点を高速道路の渋滞を例に考えてみましょう。

52

順調に車が流れている高速道路に、自動車が新たに進入することによって渋滞が発生すれば、すべての利用者に到着時間が遅くなるという費用を与えることになります。しかし、新たに高速道路に進入しようとしているドライバーにとって大切なのは、一般道から高速道路に移ることによって短縮される時間（私的便益）と高速道路の通行料（私的費用）の大小関係であり、前者が後者を上回る限り高速道路を利用しようとします。その際、渋滞によって他の車が受ける費用は考慮の外なのです。

　このような高速道路に対しては、**混雑税**をかけることによって交通量を適正化するという考えがあります。混雑コストに対して負担を求めることを**社会的費用の内部化**と言いますが、東京一極集中も同じなのです。市場メカニズムでは、東京への集中は P_3 を超え、P_4 に達するまで続くことになり、社会的に見て東京の規模は過大になってしまうのです。

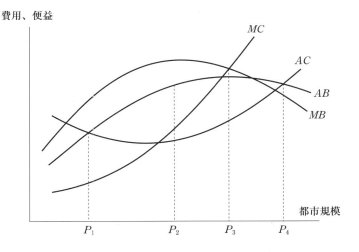

　市場メカニズムに任せていると、このように社会的費用（**外部不経済**）を発生しながら東京の規模は拡大し、一方で、人口が減少する地方では負の連鎖によって地域の持続可能性が失われています。東京が都市の最適規模を実現するためには、外部不経済を内部化するための政策的な介入が必要なのです。バブル経済期に東京への人口移動に歯止めがかかったのは、地価高騰がある種の混雑税としての役割を果たしたためだと考えられます。

Part2　地域経済の衰退と活性化戦略

　バブル経済が崩壊すると東京集中は再燃し、いまなおその勢いは衰えていません。本来なら、私的便益が費用を下回り、東京への集中に歯止めがかかってもおかしくないところです。ところが、首都機能の麻痺を避けるために交通をはじめとしたインフラ整備がなされ、その結果、平均費用が引き下げられ、集中が続くという東京拡大の連鎖が起こっていると考えられます。つまり、東京一極集中の背景には、このように外部不経済を内部化する政策が存在しないことや東京へのインフラ整備事業といった公共政策が影響していると考えられるのです。近年、ヨーロッパではパリやロンドンといった首都以外の第二、第三の都市を発展させ、一極集中を抑える政策が国のレベルでも重視されてきていることは注目に値します。

第4章

地域経済の成長と衰退のメカニズム

第2章で指摘したように、地域経済の成長・衰退要因には需要面と供給面が
あります。実際の地域経済の変動要因を供給面と需要面に明確に区分するこ
とはできず、両者が相互に影響し合って地域経済の動きを決定します。しか
し、地方で発生している負の連鎖を断ち切るためには、経済成長と衰退のメ
カニズムを踏まえた地域政策を実施することが求められますので、それぞれ
の理論を、順を追って解説します。

1 シフト・シェア分析

地域経済成長率の差の背景にある要因を探る手法の一つに**シフト・シェア分析**
があります。シフト・シェア分析は、ある地域の経済成長が国全体の経済成長か
ら乖離する要因を、産業構造によって説明できる部分（産業構造要因）と、説明
できない部分（地域要因）に分け、それぞれの要因が地域経済の成長にどの程度
影響しているかを分析する手法です。第3章では就業者数を用いた**特化係数**を求
め、産業構造に大きな違いが見られることを検証しました。本章では、県民経済
計算の経済活動別県内純生産（付加価値）額を用いてシフト・シェア分析を行う
ことにします。具体的な分析方法については第10章で解説しますので、実際に分
析を行ってみてください。

2001年度から2014年度までの期間の地域経済についてシフト・シェア分析を行
いますが、その前にどの産業が有望なのかを産業別の成長率によって見てみまし
ょう。同期間中の全国ベースでの成長率が**表4−1**に示されています。最も高い
成長率を示したのが製造業の36.1％であり、不動産業の29.4％、情報通信業の

55

Part2　地域経済の衰退と活性化戦略

表4-1　産業別に見た成長率（全国、2001年度〜2014年度）

（単位：%）

	成長率
農林水産業	−1.4
鉱業	−59.9
製造業	36.1
建設業	−14.3
電気・ガス・水道業	−16.4
卸売・小売業	−15.2
金融・保険業	−3.9
不動産業	29.4
運輸業	7.6
情報通信業	22.1
サービス業	11.1
政府サービス生産者	−2.3

注）地域区分は表2-1と同じ。
資料）内閣府「県民経済計算」より作成。

22.1%と続いています。これに対して、電気・ガス・水道業、卸売・小売業、建設業などがマイナス成長になっています。また、地方において特化係数が高かった農業や政府サービスは安定しているとはいえ、成長は見込めません。

　表4-2はシフト・シェア分析の結果を示したものです。期間中、全国全産業の成長率は9.0%であり、これよりも高い成長率を示したのは、東海地方の16.9%、北関東・甲信地方の16.1%、中国地方の10.0%でした。その他の地域の成長率は全国平均を下回っています。首都圏も8.9%と全国平均を下回っており、表には載せていませんが東京都も7.2%と全国平均を下回る成長率でした。

　表4-1で見た成長産業のウエートが大きい産業構造を持つ地域ほど、全体の成長率が高くなることは想像できます。産業毎の成長率が全国値と同じであると想定して、各地方の産業構造に当てはめて計算した成長率が**期待成長率**です。東海地方、北関東・甲信地方、中国地方が高くなっています。全国の成長率9.0%よりも大きい地方は、上記3つの地方に加え、近畿地方、北陸地方ですが、これらの地方は成長産業を（全国平均と比べてという意味で）多く有する産業構造をもっているのです。このことは、表中の産業構造要因の欄に示されています。東

56

第4章 地域経済の成長と衰退のメカニズム

表4-2 地域ブロック別に見たシフト・シェア分析結果（2001年度～2014年度）

(単位：％)

	実際の成長率	期待成長率(産業ごとの成長率が全国と同じと想定したときの成長率)	産業構造要因	地域要因
北海道	-2.8	4.9	-4.1	-7.6
東北	7.0	6.8	-2.2	0.2
首都圏	8.9	8.1	-0.8	0.7
北関東・甲信	16.1	11.9	2.9	4.2
北陸	5.1	9.5	0.5	-4.4
東海	16.9	12.2	3.2	4.7
近畿	5.5	9.7	0.8	-4.3
中国	10.0	10.5	1.5	-0.5
四国	3.4	7.9	-1.0	-4.6
九州・沖縄	8.4	7.1	-1.9	1.3
全国	9.0			

注）地域区分は表2-1と同じ。
資料）内閣府「県民経済計算」より作成。

海地方、北関東・甲信地方は成長率の高かった製造業のウエートがそれぞれ 28.5％、25.8％と大きい産業構造を持っており、これに対して北海道や東北地方 は成長産業のウエートが小さい構造になっていることが、産業構造要因の差に表 れているのです。

　ところが、実際の成長率と期待成長率との間には差があります。つまり産業構 造要因だけでは説明のつかない要因が地域経済の成長に影響を与えているのです。 それが地域要因の欄に示されています。北関東・甲信地方、東海地方は地域要因 も成長に大きく寄与しています。それに対して、北海道、北陸地方、近畿地方、 四国地方は、地域要因が大きくマイナスになっています。大都市圏に分類される 近畿地方は、産業構造が全国とほぼ同じであるにもかかわらず、地域要因がマイ ナスであるため、全国に比べて低い成長率となっているのです。

　地域要因は同一産業でも成長率が高い地域と低い地域があることを示していま す。こうした成長率の差には、産業の成長に対して有利な条件を地域が備えてい るかどうかが影響していると考えられていますが、何によってこの差がもたらさ れたかを明らかにするには、より詳細な分析が必要です。というのも、本章の分 析では製造業をひとくくりにするなど産業を大きく12に分類していますので、同

Part2　地域経済の衰退と活性化戦略

じ製造業に分類されていても、成長性の高い製品を扱っている製造業を抱えている地域もあればそうでない地域もあるからです。つまり、製造業の中でも成長産業を有しているかといった産業構造要因が含まれている可能性があるのです。

このようにシフト・シェア分析には注意すべき点もありますが、地域経済の強みと弱みを知る上で役立つものと言えるでしょう。成長性の高い産業は、良い製品が需要を創出するということがあるにしても、やはりグローバル化等の経済の潮流に乗った需要の動向を踏まえた産業の育成が必要であること、産業の成長を供給面で支える環境の創造が地域にとって必要であることを示しています。

2　需要主導型の成長・衰退メカニズム

2.1　地域経済における域外市場の重要性

かつて石狩炭田の中心都市として栄えた北海道夕張市は、2006年、353億円にも上る多額の財政赤字を抱え、自力で財政を立て直すことが困難になったことから、国の管理下で財政再建を進めていく**財政再建団体**に指定されました。第2章（「地域経済の見方・考え方」）で説明したように、地方経済の衰退は、①住民にとっての生活環境の悪化や企業にとってのビジネス環境の悪化により人や企業が地域から転出し、②地域の経済パフォーマンスが低下し、③財政力が弱まり、④人や企業に提供される行政水準が低下し、⑤人や企業のさらなる転出を招くという**負の連鎖**によって生じます。

このような地方経済衰退のプロセスを夕張市に照らし合わせると、夕張市が抱えた多額の財政赤字は、夕張市の経済パフォーマンスが低下したことの結果であり、経済パフォーマンス低下の背景には、住環境の悪化やビジネス環境の悪化による人口転出があることが分かります。実際に夕張市の人口推移を見てみると、1960年4月には11万6908人であったものが、2017年8月には8508人にまで減少しています。財政状況悪化による行政水準の低下が、さらなる人口の転出を招いていたとしても、夕張市の人口がこれほど大きく減少したのはどのような原因によるのでしょうか。

エネルギー革命以前、夕張市は石炭を他地域に移出することで栄えていました。しかし、石油供給量の増大や科学技術の発展により、1962年、一次エネルギー供

58

給量で石油が１位になると、石炭需要が次第に低迷していきます。石炭需要の低迷は、夕張市の中心産業である石炭産業を衰退させ、さらには炭鉱労働者を常連客としていた飲食店なども店をたたまざるを得なくなりました。石炭産業の衰退は夕張市の雇用の受け皿を喪失させ、雇用の受け皿を失った夕張市からは人が離れ、その結果、10万人近くの人口がわずか60年ほどの期間で失われていったのです。

　以上のことから、夕張市における財政破綻のそもそもの発端は、**エネルギー革命**にともなう石炭産業に対する域外市場における需要の低迷にあったと言えます。域外需要の低迷によって地域経済が衰退した例は夕張市に限られたことではありません。かつては繊維産業で栄え４万人を超える人口を擁していた関ケ原町（岐阜県）も、80年代に入ると紡績不況に見舞われ、繊維産業の衰退とともに2018年には人口が7244人にまで減少しています。そして、高度経済成長期に発展した鉄鋼や造船などの産業によって栄えた**企業城下町**の多くは、構造不況業種に依存した地域経済構造からの転換を図れなかったことから、1980年代後半に訪れた円高不況により人口の減少や経済の衰退を経験しています。第２章で示したように、地域経済を支えてきた大規模工場の転出が地域にさまざまな影響を連鎖的に与えていったのです。

　地域経済を支えている中心産業に対する域外からの需要の低迷は、地域経済衰退の大きな原因であるといえます。しかし、見方を変えれば、域外市場での需要を取り込むことができれば、地域経済を成長局面へと移行させられるということでもあります。域外市場における需要は地域経済の成長・衰退を左右する非常に重要な要素なのです。

2.2　経済基盤説

　域外市場における需要の変動が地域経済に及ぼす影響について、地域経済学ではどのように考えているのでしょうか。需要主導型の成長（衰退）理論の一つに、域外市場における需要が地域経済の成長・衰退を規定するとした「**経済基盤説（economic base theory）**」があります。

　地域の産業は、①輸出や移出という域外からの需要に対応した産業（移出・輸出産業）と、②域内の住民や域内に立地する企業からの需要に対応した産業（域内産業）に区分できます。愛知県豊田市のように自動車を製造し他地域に移出・

Part2　地域経済の衰退と活性化戦略

図4−1　夕張市の衰退と経済基盤説

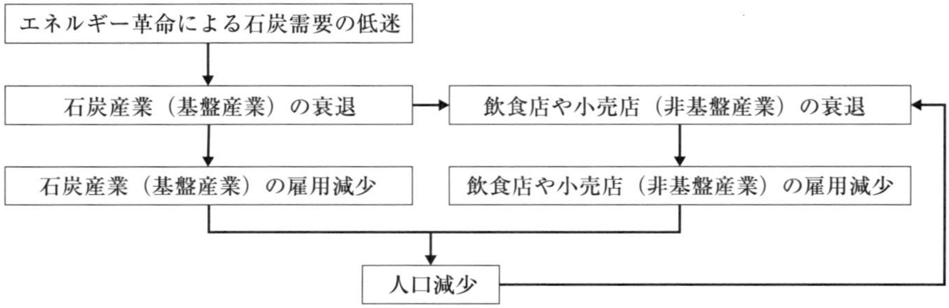

```
┌─────────────────────────────────┐
│ エネルギー革命による石炭需要の低迷              │
└─────────────────────────────────┘
                  │
                  ▼
┌─────────────────────┐      ┌─────────────────────────┐
│ 石炭産業（基盤産業）の衰退      │ ───▶ │ 飲食店や小売店（非基盤産業）の衰退    │
└─────────────────────┘      └─────────────────────────┘
                  │                          │
                  ▼                          ▼
┌─────────────────────┐      ┌─────────────────────────┐
│ 石炭産業（基盤産業）の雇用減少   │      │ 飲食店や小売店（非基盤産業）の雇用減少 │
└─────────────────────┘      └─────────────────────────┘
                  │                          │
                  └──────────┬───────────────┘
                             ▼
                    ┌──────────────┐
                    │   人口減少      │
                    └──────────────┘
```

輸出している地域であれば自動車製造業、北海道のように農産物を生産し他地域
に移出・輸出している地域であれば農業、京都市のように観光振興により他地域
から観光客を誘致している地域であれば土産物屋やホテルといった産業は移出・
輸出産業と言えます。これに対して、美容院や本屋、食品スーパーといった地域
内の消費者をターゲットとしている産業や、移出・輸出産業に部品や工作機械を
提供したり、人材やサービスを供給したりする下請け企業や関連企業は域内産業
です。

　経済基盤説では移出・輸出産業を**基盤産業**（basic industry）、域内産業を**非基
盤産業**（non-basic industry）と呼んでおり、基盤産業（移出・輸出産業）こそ
が地域経済の成長を可能にし、持続させると考えています。域外市場における需
要の増加という基盤産業へのインパクトは基盤産業の雇用者を増やしますが、そ
の後、非基盤産業に対して第2次、第3次の雇用増を発生させ、地域経済は成長
を続けていくのです。

　夕張市の衰退も、経済基盤説を用いて説明することができます。**図4−1**に示
されているように、①エネルギー革命により域外からの石炭に対する需要が低迷
し、②夕張市の基盤産業である石炭産業の生産活動が鈍化するとともに、③石炭
産業の雇用者数が減少します。石炭産業の雇用者数が減少すると、④炭鉱労働者
が通っていた飲食店や小売店などの非基盤産業の生産活動も鈍化し、その結果、
⑤常連客を失った飲食店や小売店などの非基盤産業の雇用者数も減少します。⑥
基盤産業・非基盤産業の雇用者数が減少した夕張市からは人口が転出し、⑦人口
の減少は地域内の需要を縮小させることから、非基盤産業のさらなる衰退につな
がります。そして、⑧非基盤産業の衰退は雇用者数の減少を通じて、人口をさら

第4章　地域経済の成長と衰退のメカニズム

に減少させるのです。このように、夕張市では基盤産業である石炭産業に対する域外市場からの需要の低迷によって、夕張市全体の雇用に大きな影響が生じ、人口が減少したのです。

2.3　基盤産業に対する需要の変動が地域経済に及ぼす影響

基盤産業の成長（衰退）は基盤産業だけでなく、非基盤産業の雇用にも影響を及ぼします。それでは、基盤産業に対する需要の増加（減少）は、地域の雇用に対してどのようなインパクトを及ぼすのでしょうか。理論で考えてみましょう。

☞ 理論で考える：基盤産業の盛衰と地域経済

基盤産業の雇用者数を LB、非基盤産業の雇用者数を LN、地域内の総雇用者数を L とすると、

$$L = LB + LN \tag{4-1}$$

となります。基盤産業は域外市場からの需要に左右されますので、雇用者数は外生的（域内の状況とは独立して決まるという意味です）に決まり、一定の大きさとなります。これに対して非基盤産業の雇用者は、地域内で消費される財・サービスを提供したり、基盤産業の下請企業で働いたりする人びとを示しています。したがって、地域内の総雇用者数が多ければ、非基盤産業の雇用者数も多くなるといったように、非基盤産業の雇用者数は地域内の総雇用者数と連動していると考えることができます。そこで、非基盤産業の雇用者数 LN は地域内の総雇用者数 L に対して一定割合 a（値は1よりも小さくなります）であると仮定すると、非基盤産業の雇用者数 LN は、

$$LN = aL \tag{4-2}$$

と表すことができます。

(4-2)式を(4-1)式に代入すると、地域内の総雇用者数 L は、

$$L = \frac{1}{1-a} \times LB \tag{4-3}$$

と表すことができます。つまり、域外からの需要が増加したことにより基盤産業の雇用者数が ΔLB 人増加したとすると、地域内の総雇用者数 L は、

$$\Delta L = \frac{1}{1-a} \times \Delta LB \tag{4-4}$$

61

増加することが分かります。

ここで $\frac{1}{1-a}$ は**経済基盤乗数**と呼ばれます。例えば、地域内の総雇用者数に占める非基盤産業の雇用者数の割合 a が0.8であるとすると、経済基盤乗数は5（＝1÷(1−0.8)）となります。域外市場からの需要が増加した結果、基盤産業の雇用者数が100人増加したとすると、地域の総雇用者数は500人増加することになるのです。そのうち400人は非基盤産業の雇用者数の増加分です。反対に基盤産業の雇用者数が100人減少すると、地域内の総雇用者数は500人減少することになります。基盤産業の盛衰の影響は a の値が1に近づけば近づくほど大きく（経済基盤乗数が大きく）なるのです。このメカニズムは図を使って説明することもできます。

経済基盤説の図による説明

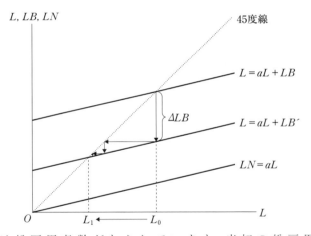

横軸には総雇用者数がとられています。当初の総雇用者 L は、$L = aL + LB$ が45度線と交わる水準 L_0 です。この水準で地域の雇用量は均衡状態となります。ここで大規模工場の転出等によって基盤産業の雇用者数が ΔLB だけ減少すると、それは非基盤産業に対する需要を減少させ、雇用量の第1次的減少が生じます。この第1次的なインパクトは矢印のプロセスのように第2次、第3次の雇用量の減少を派生させ、均衡状態が回復するまで雇用量の減少は続き、総雇用量は L_1 にまで減少します。このように、基盤産業に対する需要の変化によって最初に生じた雇用者数の変化（ΔLB）の何倍かの雇

第4章　地域経済の成長と衰退のメカニズム

┃用量の変化（L_0 から L_1 までの減少分）が地域に生じるのです。

　人口が減れば生産年齢人口、したがって雇用者数は減少します。しかし一般的には、労働者が「主たる家計支持者」（世帯の生計費を主に稼いでいる人）である場合には、雇用者が他地域に移動すると、（最近では単身赴任も多くなっていますが）被扶養者である家族も移動することが多いでしょう。つまり、雇用者数の増減が人口の増減に影響すると考える方が理にかなっているのです。

　このように、基盤産業が衰退すると雇用者が減り、地域の総人口を減少させることによって域内の財・サービス市場が縮小し、非基盤産業の雇用の縮小がさらなる人口減少を引き起こすという循環が発生するのです。このプロセスは第2章でも展望したとおりです。基盤産業の盛衰は単にそこで働いていた人たちの数を減らすだけでなく、地域経済全体に及ぼす影響がいかに大きいかが分かるでしょう。

2.4　地域経済に及ぼす影響の違い

　基盤産業の需要に与える外生的インパクトが同じ規模であっても、非基盤産業を含めた地域経済全体への影響は地域によって異なります。つまり**経済基盤乗数**は地域ごとに異なるのです。(4-4)式を見ますと、経済基盤乗数の大きさは a の値（地域内の総雇用者数に占める非基盤産業の雇用者数の割合）によって決定づけられることが分かります。いま、2015年のデータを用いて、大阪府と鹿児島県における a の値を求めてみましょう。a を算出する際、本章では各地域における各産業の全国ベースでの構成比を上回る部分を基盤産業部分と考えて求めました（Column2参照）。

　その結果、鹿児島県の a の値は0.866、大阪府は0.953となりました。つまり、大阪府の方が非基盤産業への雇用の依存率が高いのです。この値を (4-4) 式に代入し経済基盤乗数を算出すると、鹿児島県は7.46、大阪府は21.2になります。仮に基盤産業に対する需要の減少によって基盤産業の雇用者数が1万人減少した場合、総雇用者数は鹿児島県では7万4566人の減少、大阪府では21万1821人の減少となります。

　なぜ、地域によって経済基盤乗数が異なるのでしょうか。基盤産業に属する企

63

Part2　地域経済の衰退と活性化戦略

Column2　非基盤産業割合の算出

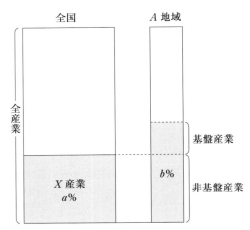

輸出が存在しないと考えるなら、全国ベースでは各産業は国民の需要を満たすための、非基盤産業ということになります。いま、全国ベースで X 産業の構成比が a ％、 A 地域における X 産業の構成比が b ％であったとします。すべての地域の産業ごとの非基盤産業比率が全国レベルと同じであると仮定すると、 a ％は域内需要にこたえる部分、 a ％を上回る部分（ b ％マイナス a ％）が域外需要に応える部分と考えられます。ちなみに、ある産業の構成比が全国ベースよりも低い場合には、域内の需要を自給できず、他地域から移入・輸入しなければならないことを意味します。以上の方法を用いて、産業毎に基盤産業雇用量と非基盤産業雇用量とに区分した上で、地域における全産業の総雇用者数に占める非基盤産業の雇用者数の割合を求めています。

業が生産活動を行う際、非基盤産業に属する下請け企業に対して原材料を発注するなど、企業同士は結びついています。しかしながら、基盤産業によっては、自動車製造業のように裾野の広いものから、農業のような裾野の狭いものまで多種多様です。また、企業などの民間経済主体は行政区域を越えて活動を行っていることから、原材料を同じ行政区域に立地する企業から取り寄せる必要はなく、同じ行政区域内から必要な原材料を調達することができなければ、他の行政区域に位置する企業と取引を行うことになります。

いま、**図 4 - 2** に示されているように、ある地域の基盤産業が生産のための中間投入物をすべて域内の非基盤産業 A から購入していたとすれば、基盤産業が財を移出したことによって手に入れた収入は、基盤産業の雇用者の所得と非基盤

図4-2 需要の漏出と経済基盤乗数

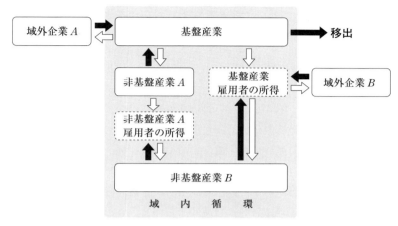

注）黒色の矢印は財・サービスの流れ、白色の矢印はお金の流れを表しています。

産業Aの雇用者の所得になります。そして、基盤産業の雇用者と非基盤産業Aの雇用者が手に入れた所得を全額使い、非基盤産業Bから買い物をしたとすれば、基盤産業が財を地域外に移出したことによる効果がすべて域内に循環することになります。

しかし、生産における中間投入物をすべて域外企業Aから購入していたとすれば（この場合、他地域における企業Aは他地域にとって基盤産業となります）、基盤産業が財を移出したことによって手に入れた収入の多くは域外に漏出し、また、基盤産業の雇用者が手に入れた所得をすべて使い域外企業Bから買い物をしたとすれば、基盤産業が財を移出したことによる効果は地域外に漏出してしまうことになります。

つまり、**経済基盤乗数**の大きさは、地域内における基盤産業と非基盤産業の結びつきの強さを表していると考えられ、①基盤産業の裾野が広く、②基盤産業の下請けとなる非基盤産業が地域内に存在している地域ほど、経済基盤乗数が大きくなります。鹿児島県と大阪府を比較した場合、鹿児島県の経済基盤乗数の値（7.46）が大阪府の値（21.2）より小さいのは、鹿児島県は大阪府に比べて基盤産業と非基盤産業の結びつきが弱く、また、産業構造の多様性が乏しいことから基盤産業の下請けとなる非基盤産業を他地域に依存せざるを得ない状況を示して

Part2　地域経済の衰退と活性化戦略

いるといえるでしょう。

2.5　需要主導型メカニズム（経済基盤説）から得られる地域政策の目標

　経済基盤乗数が大きいと、基盤産業の衰退は地域経済全体に大きな波及効果を
もたらします。これに対して、乗数の小さな地域では、基盤産業の衰退による波
及効果は相対的に小さくなりますが、だからといって「ダメージが小さくて助か
った」というのでは良くありません。経済基盤乗数が大きいということは、基盤
産業が成長すれば地域経済全体に大きな波及効果をもたらすことになるからです。

　経済基盤説では、基盤産業に対する需要の変動は、経済のグローバル化や国内
外の景気といったマクロ経済情勢のような外生的なインパクトによって生じると
考えています。しかし、このことは、地域が対策を講じることができないと言っ
ているわけではなく、①地域外からの需要を獲得できる移出・輸出産業を育てる
とともに、②波及効果を大きくするために、域内調達率を高めること、つまり、
移入・輸入代替型産業の育成が重要だということを教えているのです。

　大規模工場跡地に**大型ショッピングセンター**を誘致する動きが各地で見られま
すが、地域活性化につながるのでしょうか。たしかに、若者の転出に悩む自治体
にとって、人気のショッピングセンターは魅力的でしょう。しかし、小売という
業種は店舗が大規模であっても基本的には域内の需要に対応した非基盤産業であ
り、その地域の人口、経済力に合わせた規模でしか成り立ちません。つまり小売
という業種は、意図的に導入、振興するというよりは、ある程度の人口集積、産
業集積が高まった地域において、自然発生的に集積していくものなのです（林・
中村（2018））。

　多くの地域と同様、2000年から2015年までの間に人口が10.5％減少し、域内市
場が縮小している高知県では、域内市場縮小により活力を失いつつある経済を立
て直すため、「**地産外商**」という考え方のもと産業振興計画を策定し、移出・輸
出を重視した経済への転換を図っています。今後加速度的に人口が減少していく
地域においては、高知県同様、域外の需要を獲得できる競争力のある産業を見出
し、首都圏や近畿圏などの国内の大消費地、そして、海外をターゲットにし、域
外市場に活路を見出すことが地域を持続させる上で重要です。経済基盤説は、人
口減少時代において地域経済が発展するための重要な方向性を示しているといえ
るでしょう。

第4章 地域経済の成長と衰退のメカニズム

3 供給主導型の成長・衰退メカニズム

3.1 新古典派経済成長理論

「労働や資本といった生産要素の増加こそが地域の成長を可能にする。」これは新古典派の地域経済成長理論として展開されてきた基本的な考え方です。需要面に地域経済の盛衰の源泉を求める需要主導型モデルに対して、新古典派は供給面に地域経済成長の源泉を求めています。第1章で見たように地域の経済成長率に差が生まれるのは、地域によって労働や資本の増加率に差があるとともに、技術力をはじめとした要因にも地域間格差があるからだと考えるわけです。この点をもう少し詳しく検討してみましょう。

地域の産出量を Y、民間資本ストックを K、労働を L、技術（**集積の経済**のような他の要因もありますが、ここでは技術としておきます）を A とし，**生産関数**は、

$$Y = AF(K, L) \tag{4-5}$$

と表されるとします。この式は，産出量 Y は資本ストック K と労働 L によって決まる（これを $F(K, L)$ と表し、「Y は K と L の関数である」と表現します）が、同時に技術水準である A に影響されることを意味しています。技術水準が高い地域は、K と L が同じ量であっても、より大きな産出量を実現することができるのです。

ここで、「生産は**規模に関して収穫一定**（K と L を同じ比率だけ増加させると、産出量もそれと同じ比率で増加するという意味）」を仮定すると、生産関数は、

$$Y = AK^{\alpha}L^{1-\alpha} \tag{4-6}$$

という形になります。規模に関して収穫一定については **Column3** を参照してください。

この生産関数ですと、経済成長率（$\Delta Y/Y$）と労働の増加率（$\Delta L/L$）、資本の増加率（$\Delta K/K$）、**技術進歩率**（$\Delta A/A$）のあいだには、

$$\frac{\Delta Y}{Y} = \frac{\Delta A}{A} + \alpha\frac{\Delta K}{K} + (1-\alpha)\frac{\Delta L}{L} \tag{4-7}$$

の関係があることが知られています（関心のある読者は **Column4** を参考に導出

Part2　地域経済の衰退と活性化戦略

Column3　$Y = AK^\alpha L^{1-\alpha}$はなぜ「規模に関して収穫一定」になるのか

K と L をそれぞれ 2 倍にすると、
$$Y = A(2K)^\alpha (2L)^{1-\alpha}$$
になります。
$(ab)^n = a^n b^n$、$a^m \times a^n = a^{m+n}$という公式を使うと、
$$Y = A \times 2^\alpha K^\alpha \times 2^{1-\alpha} L^{1-\alpha}$$
$$Y = 2 \times A(K^\alpha L^{1-\alpha})$$
というように 2 倍になります。

Column4　(4.7)式の導き方

(4-6)式の両辺を対数変換すると、
$$\ln Y = \ln A + \alpha \ln K + (1-\alpha)\ln L$$
になります。
この式を時間で微分すると、
$$\frac{1}{Y}\frac{\partial Y(t)}{\partial t} = \frac{1}{A}\frac{\partial A(t)}{\partial t} + \alpha \frac{1}{K}\frac{\partial K(t)}{\partial t} + (1-\alpha)\frac{1}{L}\frac{\partial L(t)}{\partial t}$$
になります。
$$\frac{\partial Y}{\partial t} \text{ を } \dot{Y}、\frac{\partial A}{\partial t} \text{ を } \dot{A}、\frac{\partial K}{\partial t} \text{ を } \dot{K}、\frac{\partial L}{\partial t} \text{ を } \dot{L}$$
とすると、
$$\frac{\dot{Y}}{Y} = \frac{\dot{A}}{A} + \alpha \frac{\dot{K}}{K} + (1-\alpha)\frac{\dot{L}}{L}$$
になります。

してください）。

　α と $1-\alpha$ は、資本と労働の投入量それぞれの、産出量に対する寄与度です。生産は資本と労働の両方を使って行われるため、資本ストックが 1 ％増加しても、産出量は 1 ％増加するわけではありません。資本と労働の増加率をそれぞれ x、

第4章　地域経済の成長と衰退のメカニズム

表4-3　地域別に見た成長とその要因（民間部門）：2001-2014

（単位：％、1000円）

	年平均成長率	労働力の伸び	資本ストックの伸び	その他要因	就業者1人当たり域内総生産（2014年度）
北海道	0.04	−0.50	0.30	0.24	6,183
東北	0.84	−0.55	0.48	0.90	6,841
首都圏	0.81	0.35	0.44	0.01	8,466
北関東・甲信	1.46	−0.30	0.49	1.27	7,764
北陸	0.57	−0.38	0.49	0.46	7,074
東海	1.42	−0.01	0.54	0.89	8,346
近畿	0.62	−0.15	0.45	0.31	7,484
中国	0.95	−0.26	0.52	0.68	7,400
四国	0.44	−0.46	0.56	0.34	6,797
九州・沖縄	0.87	−0.02	0.53	0.36	6,202
全国	0.88	−0.05	0.48	0.46	7,637

注1）成長要因を求めるための労働と資本の寄与度は、期間中における全国の労働分配率を用いた。
　2）地域区分は表2-1と同じ。
資料）内閣府「県民経済計算」、総務省「経済センサス」より作成。

y とすると、経済成長率に与える影響は、資本は $x×α$、労働は $y×(1-α)$ ということになります。また、資本と労働の伸びが0であっても、技術進歩は同率だけ経済を成長させます。

　この式は経済成長率の地域間格差を発生させる3つの理由を提示しています。①技術進歩が地域間で異なること、②労働力の増加率が地域間で異なること、③資本の増加率が地域間で異なることです。ここで、供給主導型の地域成長理論をふまえて、日本の地域経済成長格差を検証してみましょう。

　表4-3は、民間部門について地域別に2001年度から2014年度の実質域内総生産の年平均成長率（成長率の算出方法は第1章のColumn1を参照してください）と、それに対する労働、資本、その他要因の寄与を示したものです。あわせて、2014年度の就業者1人当たりの域内総生産をのせています。ここから以下の点を指摘することができます。

① 　期間中、成長率には地域間格差が存在します。とくに地方圏において成長率が低くなっていることは第1章ですでに確認済みです。ただし、東海地方が

69

Part2　地域経済の衰退と活性化戦略

1.42％と高い成長率を示しているのに対して、首都圏の成長率は0.81％、近畿圏は0.62％と、大都市圏間で成長率に差が出ています。

② 　この期間中、人口の受け皿となっている首都圏を除くと、すべての地域で労働者数はマイナスになっていることから、労働力は経済成長にマイナスに影響しています。とくに、労働力が大きく減少した北海道、東北、四国においてマイナスの影響が大きくなっています。

③ 　労働力がマイナスに影響しているのに対して、民間資本ストックは全地域で増加し、地域経済の成長に寄与しています。そして、経済成長への寄与度は全地域で大きな差は存在しません。

④ 　労働力と資本の変動が地域の経済成長率に影響を与えますが、実際の成長率は、「労働力の増加（減少）の寄与分」と「資本ストックの増加（減少）の寄与分」を足し算したものと異なった値を取ることが普通です。この差は**技術進歩**の差（表では「その他要因」としています）によって生み出されたものです。とくに北関東・甲信地方で1.27％という高い寄与度を示しています。この要因はとりあえず「技術進歩」としていますが、その他にも**集積の経済**等の要因が考えられます。この点に関しては後ほど詳しく触れることにします。

⑤ 　就業者1人当たり域内総生産は首都圏と東海地方において高くなっています。同じ大都市圏でも近畿地方は低くなっています。労働者1人当たり域内総生産の差は労働生産性の差であり、賃金水準の差となり、生活水準にも影響を与えることになります。

3.2　人口減少時代における**労働生産性向上の重要性**

第1章には、2014年度における47都道府県の県内総生産が示されていました。そして、最大である東京都が約99兆3441億円、最小である鳥取県は約1兆9641億円というように、地域間に大きな差があることが明らかになりました。県内総生産は「労働者1人当たり県内総生産」×「労働者数」に分解することができますので、地域間で県内総生産格差が生じている背景には、「労働者数が異なるからではないか？」、「労働者1人当たり県内総生産が異なるからではないか？」という予想が立てられます。

3.1節で解説した理論では労働力の増加が地域経済成長の一つの要因でしたが、労働力が変化しなくても、労働者1人当たり県内総生産が大きくなれば地域経済

第 4 章　地域経済の成長と衰退のメカニズム

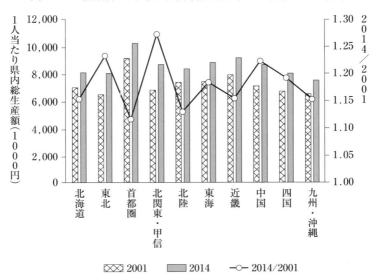

図 4-3　就業者 1 人当たり県内総生産（2001年度、2014年度）

資料）内閣府「県民経済計算」より作成。

は成長します。それでは、実際の労働者 1 人当たり県内総生産をみてみましょう。図 4-3 には、2001年度と2014年度の地域別就業者 1 人当たり県内総生産が示されています。首都圏は両年度とも 1 人当たり県内総生産額は最高ですが、伸びは1.12倍と全国平均（1.17倍）よりも低く、最低でした。最高の伸びを示したのは北関東・甲信地方の1.27倍であり、東北地方の1.24倍、中国地方の1.22倍が続いています。

　第 1 章でも示したように、2010年から2035年にかけて生産年齢人口が30％を超えて減少する都道府県は実に11道県にも上ります。生産年齢人口の減少は労働者数の減少にもつながりますから、とくに人口が転出超過になっていて人口減少が大きい地方が経済力を強化し成長するためには、労働者 1 人当たり県内総生産すなわち**労働生産性**を高めることが不可欠といえるでしょう。

　それでは労働生産性の決定要因について、地域経済学はどのように考えているのでしょうか。(4-5)式の生産関数にここでもう一度登場してもらいます。

$$Y = AF(K, L) \tag{4-5}$$

「生産は規模に関して収穫一定」を想定します。この想定のもとで資本と労働を

71

図 4-4 労働生産性の決定要因

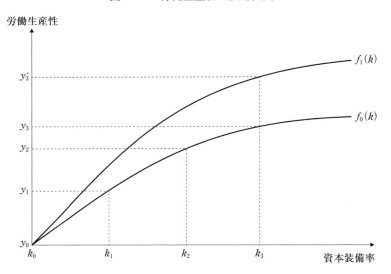

ともに 1/L 倍した場合、生産量も 1/L 倍になりますから、(4-5)式の両辺を 1/L 倍することで、労働者 1 人当たりの生産関数

$$\frac{Y}{L} = AF\left(\frac{K}{L}, 1\right) \tag{4-8}$$

が得られます。(4-8)式の右辺の関数の中の「1」は定数であるため、「労働者 1 人当たりの産出量（Y/L）」つまり労働生産性は、「労働者 1 人当たり資本量（K/L）」によって決まることを意味しています。「労働者 1 人当たり資本量（K/L）」のことを**資本装備率**とも呼ぶことから、ここからは資本装備率という呼び名を使うことにします。

資本の増加率が労働の増加率よりも大きいと資本装備率が上昇しますが、これを**資本の深化**（deepening of capital）と呼びます。資本の深化が進むと労働生産性は高まるのです。しかし、資本装備率が高くなればなるほど、資本を追加したことによる労働生産性の上昇幅は小さくなると考えられます。例えば、ある労働者が機械設備を全く用いずに生産活動を行うケースと、機械設備を 1 台導入し生産活動を行うケースを比較した場合、後者の方が数多くの物を生産できることは容易に想像がつきます。しかし、機械設備の台数を増加し続けるとどうなるでし

ょうか。1人に対して機械設備が複数台割り当てられたとしても、使いこなすことは困難になるでしょう。つまり、**図4-4**で示されているように、機械設備を利用していない状況（k_0）と1台利用する状況（k_1）とを比較をすると、1台導入することで労働生産性が飛躍的に上昇するのに対し、1台目（k_1）から2台目（k_2）、2台目（k_2）から3台目（k_3）を導入したことによる労働生産性の上昇幅は徐々に小さくなっていくのです。このように、資本が増加するにつれて労働生産性の上昇効果が小さくなる性質を**限界生産力逓減の法則**と呼びます。

以上のことから、①人口減少に直面している地方が地域経済の衰退を食い止めるためには労働生産性を向上させる必要があること、②そのためには資本装備率を高めることが重要であること、③しかしながら、資本装備率を高めることで労働生産性を向上させるには限界があることが分かりました。

そして、資本と並んで労働生産性の決定要因として重要であると考えられているのが**技術水準**（A）です。現在、**ICT**（情報通信技術：Information and Communication Technology）の発達によりさまざまな経済活動がデータ化されるとともに、**AI**（人工知能：Artificial Intelligence）の導入により複雑な判断をともなう労働が機械によって行えるようになるなど、技術水準の向上にともない**労働生産性**は飛躍的に上昇しています。図4-4に技術進歩の存在を想定すると、技術進歩にともなって労働者1人当たりの生産関数は$f_0(k)$から$f_1(k)$へとシフトし、同じ資本装備率であったとしても労働生産性はy_3から$y_3{}'$へと上昇することになります。つまり、技術水準が継続的に向上する場合、経済は持続的に成長し続けるのです。

3.3 労働生産性格差は収束するという考え

新古典派経済成長理論では**資本装備率**の違いによって地域間で労働生産性格差が生じていたとしても、将来的には資本装備率が地域間で等しくなり、労働生産性格差は無くなると考えています。そのプロセスをみていきましょう。

新古典派経済成長理論が想定している通り、①地域間の資本や労働の移動に障害がなく、②すべての地域において「労働の賃金率」や「資本の収益率」といった要素価格についての完全な知識が存在し、③技術は瞬時に波及することから地域間において技術格差は生じていないと仮定します。このような仮定のもと、資本装備率が低く、その結果、労働生産性が低いA地域と、資本装備率が高く、

Part2　地域経済の衰退と活性化戦略

その結果労働生産性が高い B 地域があった場合、企業はどちらの地域に設備投資を行い、労働者はどちらの地域に職を求めるでしょうか。

　利潤最大化を行動原理としている企業は、設備投資を行う際、最も収益率の高い地域に設備投資をしたいと考えているはずです。資本蓄積が遅れており資本装備率が低い A 地域と、資本蓄積が進んでおり資本装備率が高い B 地域では、企業はどちらに対して設備投資を行うでしょうか。先ほど説明した**限界生産力逓減の法則**を思い出してください。資本を追加することによる生産量の増加効果は、資本が増加するにつれて低下するということでした。つまり、資本蓄積が十分に行われている B 地域では、限界生産力逓減の法則により、設備投資を行ってもそれほど大きな効果が得られないのに対し、資本蓄積が不十分である A 地域では、設備投資を行うことで相対的に大きな効果を得ることができるため、企業は資本蓄積が不十分であり投資の収益率が高い A 地域に設備投資を行うという選択をします。

　それでは労働者はどうでしょうか。労働者は最も賃金率の高い地域で職を求めたいと考えているはずです。**労働生産性**が相対的に高い B 地域では、労働の対価である賃金率が高くなるのに対し、労働生産性が相対的に低い A 地域では賃金率が低くなりますから、労働者は賃金率の高い B 地域に移動します（地域間の労働移動については、第3章の「**理論で考える：人口の地域間移動と労働市場**」を参照してください）。以上の結果、資本は資本装備率の低い A 地域に、労働は資本装備率の高い B 地域に移動することから、やがて両地域の資本装備率は等しくなり、資本や労働の地域間移動はなくなると考えるのです。以上が、新古典派経済成長理論が考える地域間格差の収束プロセスです。つまり、新古典派経済成長理論に基づけば、労働生産性の地域間格差は将来的には消滅することになります。

3.4　労働生産性格差は収束しているのか？

　それでは実際に労働生産性の格差は収束しているのでしょうか。この点を検証するために、資本装備率（就業者1人当たり民間資本ストック）と労働生産性（就業者1人当たり県内総生産）の関係を東京都と鳥取県の間で比較してみましょう。**図4-5**には、1975年度から2014年度までの期間における比較結果が示されています。資本装備率をみてみると、1975年度の時点では東京都は約504万円、

74

第4章　地域経済の成長と衰退のメカニズム

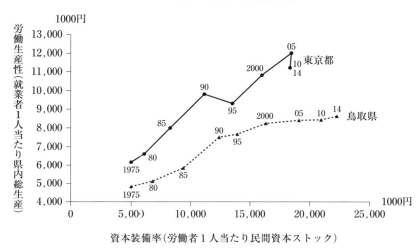

図4-5　資本装備率と労働生産性

資料）内閣府「国民経済計算」、「県民経済計算」より作成。

鳥取県が約507万円と両地域にはほとんど差がありません。一方、労働生産性をみてみると、1975年度の時点では東京都は約614万円、鳥取県が約481万円と東京都の方が高くなっています。そして、2014年度には、東京都の資本装備率が約1840万円であるのに対して、鳥取県は約2234万円と東京都よりも大きくなっています。となると、鳥取県の資本装備率が高まっているのですから、1975年度時点で生じていた労働生産性の差は小さくなっても良いはずです。

　ところが、東京都と鳥取県の労働生産性の差は年度を追うにつれてむしろ拡大する傾向にあり、2014年度の時点では、東京都の労働生産性が約1121万円であるのに対し、鳥取県は約861万円となっています。これはなぜでしょうか。その要因として、地域間で技術水準や集積の経済に差がある可能性が考えられます。また、道路、空港、港湾といった**産業基盤型社会資本**の蓄積量の違いも、労働生産性の格差を収束させない要因の一つだと考えられます。産業基盤型社会資本が存在することにより民間の生産活動が円滑に行われることから、地域間における産業基盤型社会資本の蓄積量の違いが、労働生産性格差を収束させていない可能性があるのです（社会資本の効果については第5章で説明します）。それでは、これらの要因が労働生産性格差を収束させていない可能性について検証していきま

Part2 地域経済の衰退と活性化戦略

しょう。

3.5 技術進歩と労働生産性格差

新古典派経済成長理論では技術は瞬時に波及すると考えられているため地域間の技術水準格差は想定しておらず、資本と労働といった生産要素からどれだけの財が生産されるかという技術的な関係性（生産関数）は全地域で同じであると考えていました。しかし、現実には技術が波及する速度は新古典派経済成長理論が想定するほど早くはなく、地域間で技術水準格差が生じている可能性があるのです。

Gomulka（1971）や Dosi（1988）は、特定の発明や技術革新が会社や分野や地域を越えて採用されるまでにかかる時間には技術の伝播速度が関係し、最初は技術が伝播するスピードが遅く、新技術が次第に広まるにつれてスピードが速くなり、その後再びスピードが再び遅くなるという「S字」の形を示すと考えました。このような伝播速度の変化を図示したものが**図4-6**の OY 曲線です。技術が伝播する速度は始めのうちは非常に遅く、そして次第に早くなり、最大の伝播速度を示す RR' 線に接したのち、速度は次第に遅くなり、技術はすべての会社・分野・地域に広がり、追加的な技術の伝播はなくなっていくと考えたのです。

技術は瞬時に波及すると考えている新古典派経済成長理論の伝播プロセスを図示すると、図4-6の OX 曲線のようになり、技術は企業・分野・地域を越えて即座に普及し、地域間の技術水準には長期的にみると違いがなく、新しい技術による恩恵を全ての地域が受けるということになります。しかしながら、「技術の空間的普及についての実証分析は、それが決して即時的ではないことを示唆している」と Armstrong and Taylor（2000）は指摘しています。

ここでは、技術進歩には、①新しい商品（サービス）の導入あるいは既存の商品の改良という**生産物革新**、②既存の商品のための新しい生産技法に関する技術進歩である**工程革新**の2つがあると考えています。そして、工程革新は地域間で大きな違いがないのに対して、生産物革新は地域間で違いが生じているというのです。このように、技術進歩の内容によって普及率が異なるのは、工程革新は革新を取り入れた機械を買うという形によって普及するのに対し、生産物革新（新しい生産物を生産する方法）は秘密の保持・特許の取得などによって他の地域へ普及しにくいことが背景にあります。

第4章　地域経済の成長と衰退のメカニズム

図4-6　時間経過と技術伝達レベル

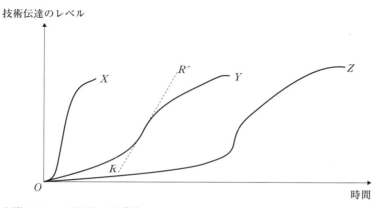

出所）McCann（2001）より作成。

　技術の普及が即時的ではない場合、技術の伝播は図4-6において OZ 曲線という軌道を示すことになります。そしてこのような技術の普及の遅れによって生じる技術水準（A）の違いが、資本と労働といった生産要素からどれだけの財が生産されるかという技術的な関係性（生産関数(4.8)式）を地域ごとで異ならせ、結果として地域間の労働生産性格差を生じさせる要因になっているのです。

　それでは、なぜ地域によって技術の普及に違いが生じるのでしょうか。1980年代、ローマー（P. M. Romer）やルーカス（R. E. Lucas）が提案した成長モデルを基礎とした、新しい地域経済成長理論が考案されます。**内生的成長理論**と呼ばれるこの理論は、①労働者に体化された知識・技能の水準である**人的資本**が地域間で異なる場合、②技術進歩の速度が地域間で異なり、その結果、③地域間で労働生産性格差が生じると考えており、人的資本こそが地域経済力を決定するとしています。新しい技術を活用するためには、その技術を最大限に活かすための知識や技能が必要になります。また、地域内で新しい技術を開発する際には、より洗練された知識や技能が必要となるでしょう。労働者に対する教育が十分に行われ人的資本が蓄積されている地域では技術水準が高まる一方、人的資本の蓄積が乏しい地域では技術の普及が遅れて技術水準が低くなり、その結果、労働生産性が地域間で異なることになるのです。また、第2章でも指摘したように、地方から若者が転出することによって新しい技術を使いこなせる人材が少なくなること

Part2 地域経済の衰退と活性化戦略

も、技術の普及を遅らせ、地域間の労働生産性格差を収束させない要因ともなりかねません。

3.6 集積の経済と労働生産性格差

3.6.1 集積の経済とは

労働生産性の格差を収束させないもう一つの要因は、人口や企業が一定の地域に集積することによって生じるメリットである**集積の経済**の存在です。**マーシャル**（Marshall（1920））は人や企業が地理的に集積し続ける背景には、①特殊熟練労働市場の発達、②関連供給産業の発達、③関連する知識・技能の伝播という３つのメリットがあることを明らかにしました。マーシャルが明らかにした３つのメリット、すなわち集積の経済について詳細にみていきましょう。

いま、ある地域に企業が集積し始めるとします。労働者にとっては数多くの企業が存在する地域の方が、より良い雇用条件を提示してくれる企業を見つけやすく、失業時にも再雇用先を見つけやすいことから、企業が集積している地域に労働者が集まってきます。また、特定の産業に属する企業が集積した場合、その産業に必要不可欠なスキルを持つ人材が集まります。その結果、企業にとって必要なスキルを有した人材の調達が容易になることから、企業がさらに集積していくことになります。以上のように、**特殊熟練労働市場**の発達というメリットを享受するために人や企業が一定の地域に集積していくのです。この点は、第２章の「地域経済衰退のメカニズム」でも少し触れました。

地域内に集積している個々の企業の規模が小さかったとしても、地域全体としてみるとまとまった需要が存在することになるため、生産に必要な部品や原材料の供給に特化した関連産業が、企業が集積している地域に集まってきます。その結果、部品や原材料の調達が容易になり、企業間の取引費用や輸送費用が節約されることになります。また、関連産業の集積により**アウトソーシング（外部委託）**が可能になることから、企業間で分業が行われ、個々の企業自体の規模が拡大しなくても**規模の経済**が発生し、生産費用が削減されます。以上のように、**関連供給産業の発達**というメリットを享受するために企業が一定の地域に集積していくのです。

限られた空間内に企業が集積することにより、多様な技術・知識・アイデアを持つ人びとの交流が行われることになります。また、企業の集積は大学や研究機

関や業界団体といった関連機関の集積を引き起こし、さらに多くの交流が行われます。地理的に集積したことで生じる企業間の結びつきは、新技術の開発といった効果を生み出し生産効率を高めます。そして、これらの効果を求め企業がさらに集積していくのです。こうして、**関連する知識・技能の伝播**が企業の集積を招くことになります。

　以上のことから、①ある地域に企業が地理的に集中しはじめると、②労働市場の拡大を通じて人材調達が容易になり、③部品やサービスを供給する企業の集積を通じて部品等の調達が容易になり、④大学などの関連機関の集積を通じて重要な情報や知識をもった関係者との協力が容易になることから、⑤企業のさらなる地理的集中が引き起こされ、⑥これらのメリットがさらに高まることで、いっそうの地理的集中が生じていくのです。一度集積が形成されると、集積が集積を呼ぶ累積的な連鎖のメカニズムが働くことから、集積は企業の地理的集中の結果であると同時に、企業の地理的集中を促す要因であるともいえます（こうした集積の経済の例としてアメリカの**シリコンバレー**があります（**Column5**を参照））。

　上述したメリットは、どちらかと言えば同種産業に属する企業が近接立地することによって得られるメリットでした。愛知県豊田市で見られる自動車関連産業の集積は、これらのメリットを享受することを目的としたものといえるでしょう。しかし、大阪や東京といった都市地域では多種多様な業種の企業が近接して立地しており、愛知県豊田市で生じている集積とは異なるもののように思えます。地域経済学では前者のような「特定の地域における同種産業による集積」によって得られるメリットを**地域特化の経済**（localization economies）、後者のような「特定の都市地域における異種産業による集積」によって得られるメリットを**都市化の経済**（urbanization economies）と区別して考えています。

　特定の都市地域に異種産業が集積する背景には、以下のようなメリットがあると考えられています。①人口の多い都市では安定した労働力が確保でき、②港湾や空港をはじめとした大規模な社会資本の建設を可能にするような需要も十分に確保されること。③多数の企業が近接して立地することによって、質の高い**対面的（face to face）情報**も手に入れることができること。また、④多くの企業や産業が立地したところでは文化施設やレクリエーション施設が建設され、このことが労働者の気持ちをリフレッシュさせることによって、働く意欲を増大させ、地方から労働者を集める要素にもなること。そして、⑤多くの企業が集中して立

Part2 地域経済の衰退と活性化戦略

Column5 シリコンバレーにおける集積の経済

　集積の経済の例として、シリコンバレーにおけるソフトウェア企業があげられます。ソフトウェア企業は一般的には規模が小さく、企業レベルでの規模の経済は発生しません。また、開業費用はあまりかかりませんが、倒産のリスクが非常に高い産業であると言えます。もし、あるソフトウェア企業が倒産すると、その企業で働いていた従業員は他の企業に職を求めざるを得ません。その際、シリコンバレーのように同一産業に属する多数の企業が集中して立地していると、従業員は次の雇用先をすばやく見つけ出すことができます。また、ソフトウェア企業は開業費用がそれほどかからないため、倒産した企業の経営者は新たな企業を開業します。その際、同一産業に属する多数の企業が集中して立地していると、新しい企業を始める際に必要となる熟練した従業員を容易に探し出すことができるのです。このように、シリコンバレーにおけるソフトウェア企業の場合、規模が小さいことから企業レベルでの規模の経済は発生しませんが、同一産業に属する多数の企業が1つの地域に集中することによって、人の流通にかかる費用が節約されており、単一産業レベルでの規模の経済、すなわち地域特化の経済が発生するのです。この効果を享受するために、シリコンバレーではソフトウェア企業の地理的集中が引き起こされました。また、近年ではソフトウェア企業のみならず、半導体、コンピューター、電子部品製造企業やバイオ医療関連企業などがシリコンバレーに集積しており、地域特化の経済から**都市化の経済**へと変貌を遂げています。

地することによって，企業間の製品やサービスの取引費用が抑えられることなどです。以上が都市化の経済の源泉であり、これらのメリットを求めて都市地域に多種多様な産業が集積するのです。

　このような地域特化の経済や都市化の経済といった集積の経済は、(4-8)式のAに技術進歩とともに入り込んでいると考えることができます。したがって、集積の経済が大きな地域においては、技術水準と同様、生産関数が上方にシフトし、仮に資本装備率が同じであったとしても労働生産性は高くなります。地域間

第4章　地域経済の成長と衰退のメカニズム

Column6　密度勾配の推計方法

　密度勾配の推計には、中心部から離れるほど事業所密度の低下度が緩やかになることを近似的に示すために、負の指数密度関数（negative exponential density function）、

$$D(u) = De^{-\gamma u}$$

を用いることとします。$D(u)$ は中心部から u キロメートル離れた地点での事業所密度、e は自然対数の底、D は中心部における事業所密度（中心密度）、γ は中心部から離れるときの事業所密度の低下度（密度勾配）であり、D と γ はいずれもデータから推計されるパラメーターです。推計した結果、密度勾配（γ）が大きければ密度が急激に低下し、小さければ密度が緩やかに低下していることを表します。

　なお、実際の推計方法ですが、上式の両辺を対数変換すると、

$$\ln D(u) = \ln D - \gamma u$$

となることから、各地域の密度勾配（γ）は、中心部から u キロメートル離れた地点での事業所密度（$D(u)$）の自然対数値を、中心部からの距離（u）の関数として推計することによって求めることができます。

で集積の経済の大きさが異なることが、地域間の労働生産性格差を生じさせる要因になっているのです。

3.6.2　地域間で集積の経済の大きさは異なるのか？

　わが国の地域において、集積の経済の大きさは異なるのでしょうか。都道府県データを用いて集積の経済を検証した研究を紹介しましょう。企業が集中して立地しているか分散して立地しているかという地理的分布状況の相違が、集積の経済の効果を変化させると考えられることから、林（2012）は、①地域の中心部における事業所密度（以下、中心密度とします）、② Mills（1972）の手法を用いて計測をした、中心部から離れる際の事業所密度の低下の程度（以下、密度勾配とします）という2つの指標を用いて企業の地理的分布状況を数値化しました（密度勾配の推計方法については Column6 を参照してください）。

81

Part2　地域経済の衰退と活性化戦略

図4-7　事業所分布と集積の経済

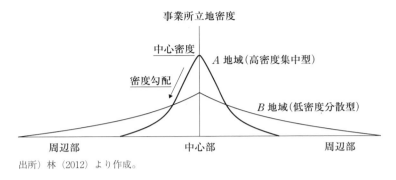

出所）林（2012）より作成。

　図4-7は、地域の事業所数と面積が同じであると仮定した上で、中心部に集中して企業が立地しているA地域、周辺部を含めて地域内に分散して企業が立地しているB地域の様子を示しています。中心密度と密度勾配という2つの指標を用いて、A地域とB地域における企業の地理的分布状況を数値化した場合、A地域では中心密度、密度勾配の値がともに高く、B地域ではともに低くなります。

　2000年における都道府県データを用いて数値化した結果が表4-4に示されています。中心密度と密度勾配という2つの指標を用いて企業の地理的分布状況を近似できた30都道府県のうち、密度勾配の値が最も大きかったのは大阪府で0.0783、最も小さかったのは沖縄県の0.0049でした。この結果は、大阪府の方が中心部近くに事業所が集中立地していることを示しており、地域間の事業所密度にそれほど差がない沖縄県に比べて、集積の経済による効果が大きいことを示しています。以上のことから、地域によって企業の地理的分布状況が異なり、集積の経済の大きさが異なることが分かります。

　最後に、集積の経済による効果を高め、地域の生産活動を最大化するという意味での最適な空間構造を導き出すために行ったシミュレーション結果を紹介しましょう（シミュレーションは、生産量が最も多くなる最適な空間構造を導き出すことを目的としていることから、生産量に影響を与える他の要因である民間資本ストック、就業者数、事業所数、中心部から最も離れた市までの距離については一定としています）。

　例えば、千葉県の場合、事業所に関する現状の空間構造は、中心密度が4.73、

第4章　地域経済の成長と衰退のメカニズム

表4-4　各都道府県における密度勾配（2000年）

	密度勾配		密度勾配
北海道	0.0074	京都	0.0332
青森	0.0337	大阪	0.0783
宮城	0.0461	兵庫	0.0284
秋田	0.0248	奈良	0.0297
栃木	0.0314	島根	0.0054
埼玉	0.0401	岡山	0.0171
千葉	0.0216	広島	0.0228
東京	0.0649	徳島	0.0208
神奈川	0.0357	香川	0.0331
富山	0.0250	福岡	0.0165
石川	0.0135	佐賀	0.0476
福井	0.0324	長崎	0.0188
岐阜	0.0135	宮崎	0.0211
愛知	0.0406	鹿児島	0.0204
滋賀	0.0174	沖縄	0.0049

出所）林（2012）より作成。

密度勾配が0.022ですが、事業所の分布を中心部に集中させ、密度勾配を0.045（中心密度5.53）にすると、生産量が現状より約1.30％増加することが明らかになりました。このように、千葉県では現状の空間構造は集積の経済を完全に取り込むことができていないのです。一方、東京都では現状の空間構造は中心密度が7.38、密度勾配が0.065ですが、事業所の分布を周辺部に分散させることによって密度勾配を0.043（中心密度を6.88）にまで変更すれば、生産量が現状よりも約1.12％増加することが明らかになりました。つまり、東京都では、事業所の中心部への集中が混雑現象という**集積の不経済**を発生させているのです。この分析に関心のある読者は、林（2012）をご覧ください。

　地域や都市の空間構造は、都市計画・土地利用規制といった制度的要因の影響を受けます。しかし、**用途地域制**における第一種低層住居専用地域および工業専用地域を除けば土地利用規制が比較的緩やかなわが国においては、企業立地は市場メカニズムによって決定される程度が大きく、企業立地の空間構造を変更させることで生産活動を拡大できるという林（2012）のシミュレーション結果は、民

Part2　地域経済の衰退と活性化戦略

間経済主体の自由な立地選択を可能にする市場メカニズムでは、必ずしも望ましい空間構造が実現するわけではないことを示唆しています。地域経済力の強化が重要な政策課題となっている今日、事業所における空間構造にまで踏み込んだ地域計画・都市計画の策定により、集積の利益や不利益といった外部性を調整することによって生産力を増加させる空間構造戦略が必要だと言えるでしょう。

第5章

地域経済成長戦略の展開

多様な特性を持つ地域が経済的な発展を遂げるためには、各地域が置かれている状況を踏まえた上で地域自らが取り組むことが重要です。ところが、わが国における地域政策は、国土計画という国レベルの視点からとらえられ、国の政策として立てられた成長戦略に地方が味付けをするという形で展開されてきました。本章では、わが国においてこれまで行われてきた地域政策を検証するとともに、第4章で解説した地域経済成長理論を踏まえた上でこれからの政策のあり方について考えていきます。

1 わが国における地域政策の変遷

1.1 高度経済成長期（1960年代〜1970年代前半）

　戦後日本の地域政策は日本経済の動きとともに変化してきました。しかし、政策の根底にある基本的な考え方が大きく変化したとは言えません。日本における地域政策の歴史を振り返ってみましょう。

　第二次世界大戦後、京浜、中京、阪神、北九州という既存の四大工業地帯に資金や資源を集中的に投入することで、戦後の経済復興が軌道に乗り出したわが国では、1960年、さらなる経済成長の実現に向け**国民所得倍増計画**が政府によって発表されました。1961年からの10年間に名目国民所得（国民総生産）を26兆円に倍増させることが目標として掲げられ、計画目標を達成するために、四大工業地帯に偏在していた工業活動を投資効率の良い太平洋ベルト地帯に分散させるという**太平洋ベルト地帯構想**が立ち上げられます。その結果、太平洋側の大都市圏へ

85

Part2　地域経済の衰退と活性化戦略

と工業活動や人口が集中し、それ以外の地域との格差が拡大していきました。

　太平洋側の大都市圏への工業活動と人口の集中が激しくなるにつれ、政府は大都市圏への集中を抑制し地域間格差の是正を目標とした計画を策定する必要に迫られます。そして、「**国土の均衡ある発展**」を基本理念とし、既存工業地帯の基盤整備から地方振興を重視する地域振興政策へと方向転換していきます。1962年に策定された「**全国総合開発計画（全総）**」では、将来的に地域の中核となるであろう工業開発拠点を整備し、工業開発拠点の開発効果を周辺地域に波及させることで地域経済全体を発展させようとする**拠点開発方式**が採用されることになります。

　拠点開発方式では、**新産業都市**（北海道の道央地区、宮城県の仙台港などの15地区）や**工業整備特別地域**（茨城県の鹿島地区、兵庫県の播磨地区などの6地区）が指定され、これらの地域では国庫補助金の補助率のかさ上げや地方債の利子補給など国による資金援助が行われることで、工業用水道、鉄道、港湾、道路などの産業基盤型社会資本が整備されるとともに、立地する民間企業に対しては税制上の優遇措置や日本開発銀行からの優先的な融資が行われるなどの措置がとられました。その結果、全国総合開発計画策定後、わが国の経済は著しい成長をとげましたが、その一方で、地域間の均衡ある発展という目標は達成できず、関東、東海、近畿以外の地域では人口が減少し、人口と産業の大都市集中に歯止めはかかりませんでした。

　全国総合開発計画により著しい経済成長をとげた代償として、大都市圏における過密の問題や地方圏における過疎の問題、公害問題が深刻化したことから、1969年、地方の開発を加速させ環境との調和を目指した「**新全国総合開発計画（新全総）**」が策定されました。新全国総合開発計画は、①日本の国土を中央帯、北東地帯、南西地帯の3つに分け、中央地帯には中枢管理機能や都市型産業を集積させ、北東地帯や南西地帯には工業基地、農業基地、観光基地の建設を目指すことで分業化を図るとともに、②分業化された各地域を結合するための交通通信ネットワークを整備するという大規模なプロジェクトが中心でした。しかしながら、1973年に起きた石油危機を機に高度経済成長期が終わりを迎え、大規模プロジェクト方式を採用した新全国総合開発計画は見直しを余儀なくされます。

　一方、新全国総合開発計画の策定後、1971年には「農村地域工業等導入促進法」、1972年には「**工業再配置促進法**」など、工業の地方分散を図るための制度

86

が作られていきます。工業再配置促進法では、①過度に工業が集積している「移転促進地域」と、工業の集積度の低い「誘導地域」に全国を分け、②移転促進地域から誘導地域への工業の移転を後押しするための産業基盤型社会資本の整備や金融による支援を行うことで、大都市周辺に立地している工場の地方への移転を促進しました。このような大都市抑制と地方分散政策の成果もあり、1970年代前半には、これまで続いていた地方圏から三大都市圏への人口移動が沈静化するとともに、所得格差の縮小が進むことになります。第3章の図3-2で指摘したように、公共投資の地方圏のシェアがこの時期に拡大し、それにともなって地域間の所得格差が縮小したことを思い出してください。

1.2 安定成長期（1970年代後半〜1980年代）

　高度経済成長期の終焉や、地方圏から三大都市圏への人口移動の沈静化という社会・経済環境の変化を受け、1977年、「**第三次全国総合開発計画（三全総）**」が策定されます。第三次全国総合開発計画は、これまでの地域政策の反省から大幅な軌道修正が図られ、住民の暮らしやすさという生活面に重点が置かれたものでした。第三次全国総合開発計画が開発方式とした「**定住圏構想**」は、各都道府県におおむね1つずつモデル定住圏を設け、居住環境の総合的整備を目標に各省庁にまたがる予算を重点配分することによって魅力ある地方都市をつくり、地方における人口の定住を促進しようというものでした。

　しかしながら、1980年代に入ると、①情報化やサービス経済化の進展による産業構造の変化や人口の高齢化など、第三次全国総合開発計画が当初想定していた社会・経済環境が大きく変化したこと、②首都圏への高次都市機能の集積強化により東京一極集中が進んだこともあり、第三次全国総合開発計画は計画途中で打ち切られることになります。

　情報化やサービス経済化の進展に対し、1980年、旧通商産業省（現在の経済産業省）は「80年代の通商産業ビジョン」において、新たな地方産業振興策としてハイテク産業を重点的に育成する「**テクノポリス構想**」を提唱します。テクノポリス構想は、全国総合開発計画における新産業都市や工業整備特別地域のような国主導による大規模開発ではなく、各地域が開発計画を主体的に作成しそれを国が承認するという、地方の主体性・自主性を重んじた地域づくりという発想を持っていました。そして、1983年には先端技術を核とした産・学・住一体となった

Part2　地域経済の衰退と活性化戦略

まちづくりを促進するという「高度技術工業集積地域開発促進法（テクノポリス法）」が制定されるなど、1960年代から1970年代前半にかけて行われてきた工場誘致中心の地域政策から、地域に多様な機能を導入するための地域政策へと次第に形を変えていきます。その背景には、工場誘致に依存する地域振興策の限界が次第に露呈していったことがあります。地方の重要な資源と考えられてきた労働や土地は、海外に目を向ければもっと安く手に入りますし、これに円高が加わって、企業は生産拠点を海外に移していったのです。

　テクノポリス構想が持っていた地方の主体性・自主性を重んじた地域づくりという発想は、「民活法」（1986年）、「総合保養地域整備法（リゾート法）」（1987年）、「第四次全国総合開発計画（四全総）」（1987年）の「多極分散型国土の構築」を実現するために制定された「多極分散型国土形成法」（1988年）、「頭脳立地法」（1988年）など一連の地域振興関連法の基本となりました。**第四次全国総合開発計画**の開発方式は「交流ネットワーク構想」であり、各地域が主体的にそれぞれの特徴を活かしながら機能分担を行い、地域間・国際間で相互に補完・触発しあいながら交流することで、多極分散型国土の形成を目指すというものでした。そして多極分散型国土形成促進法の制定により、振興拠点地域基本構想を作成し承認された地域は、資金の確保、税制上の優遇措置などの支援を国から受けることが可能となり、多極分散型国土の形成という目標に向かって歩み始めました。しかしながら、サービス産業等の都市型産業が成長を続けたこともあり、東京一極集中には歯止めがかからず、地域間格差は拡大を続けることになります。

1.3　低成長期（1990年代～）

　1991年バブル経済が崩壊すると、これまで続いていた安定成長の時代が終わり、日本経済は低成長期を迎えることになります。バブル経済の崩壊はとくに地方に対して大きな影響を及ぼしました。また、経済活動のグローバル化の進展によって工場の海外移転が進んだことにより、地方は産業の空洞化という問題に直面します。これらの社会・経済環境の変化を受け、1998年、第四次全国総合開発計画に次ぐ全国総合開発計画である「**21世紀の国土のグランドデザイン**」が策定されることになります。21世紀の国土のグランドデザインは、東京を頂点とし太平洋ベルト地帯を中心軸とする一極一軸の国土構造からの脱却を図り、北東国土軸、日本海国土軸、太平洋新国土軸、西日本国土軸の4つの国土軸の形成を通じて、

88

第5章　地域経済成長戦略の展開

自立と相互補完に基づく連携と交流の水平的ネットワークへと国土構造を転換することを目標としました。

　また、経済のグローバル化にともない産業の空洞化問題にあえぐ地方に対しては、従来型の大都市から地方への工場誘致という地域産業振興策では限界が見えてきたことから、①既存産業集積の活性化、②新産業創造のための総合的支援体制の整備を中心とした地域産業振興策へと転換が図られることになります。1998年、地域産業資源を活用した事業環境の整備促進などを目的に制定された「新事業創出促進法」は新たな地域産業振興策の一つであり、この延長線上に経済産業省が2001年に開始した「産業クラスター計画」や、文部科学省が2002年に立ち上げた「知的クラスター創成事業」が位置づけられます。

　産業クラスター計画とは、「地域の中堅中小企業・ベンチャー企業等が大学、研究機関等のシーズを活用して、IT、バイオ、環境、ものづくり等の産業クラスター（新事業が次々と生み出されるような事業環境を整備することにより、競争優位を持つ産業が核となって広域的な産業集積が進む状態）を形成し、国の競争力向上を図ることを目指す計画」（産業クラスター計画ホームページ）であり、世界市場を目指す中堅・中小企業、ベンチャー企業などの新事業展開やイノベーションの創出を支援するというものでした。企業や工場を誘致するという従来型の地域産業振興策から、地域の資源を活かした自律的な地域産業振興策へと政策立案の考え方は大きく変わりましたが、依然としてプロジェクトを指定し、国家戦略としての産業振興策であることに変わりはありませんでした。

1.4　これまでの地域政策のまとめ

　過去の地域政策を時系列的に見てみると、「1960年代から1980年代前半までの期間」と「1980年代後半以降からの期間」との間に、地域政策の転換が見られます。**表5-1**に示すように、1960年代から1980年代前半までの期間においては、①国が主体となり計画をした、②規制と補助による企業（工場）の誘致と公共投資による産業基盤整備を中心とした地域政策であり、③地方側はこれら分散政策の力を借りて、いかにして成長産業を誘致するかに力を注いできました。このような、外部の力に依存をした地域開発手法を**外来型開発**と呼びます。

　一方、1980年代後半以降の期間においては、国の財政支援に依存しない地域主導型の**内発的発展**の重要性が国の立場からも主張されるようになります。地域の

89

Part2　地域経済の衰退と活性化戦略

表5-1　地域政策の変遷

年代	経済情勢	主な地域政策や法律	企画	手法	地方側
1960年代	高度成長期	全国総合開発計画（産業拠点の開発）	国が企画	規制と補助による企業（工場）立地の誘導と公共投資による基盤整備	成長産業や公共投資の呼び込み
1970年代前半	高度成長期	工業の地方分散政策	国が企画	規制と補助による企業（工場）立地の誘導と公共投資による基盤整備	成長産業や公共投資の呼び込み
1970年代後半	安定成長期	定住圏構想	国が企画	規制と補助による企業（工場）立地の誘導と公共投資による基盤整備	成長産業や公共投資の呼び込み
1980年代前半	安定成長期	テクノポリス構想	国が企画	規制と補助による企業（工場）立地の誘導と公共投資による基盤整備	成長産業や公共投資の呼び込み
1980年代後半	安定成長期	民活法、リゾート法	地方が企画し国が許可	規制緩和と地域の主体的な取り組みを重視	地域資源を生かした活性化策の企画
1990年代前半	低成長期	過疎地活性化特別措置法、大阪湾臨海地域開発整備法	地方が企画し国が許可	規制緩和と地域の主体的な取り組みを重視	地域資源を生かした活性化策の企画
1990年代後半	低成長期	新事業創出促進法	地方が企画し国が許可	規制緩和と地域の主体的な取り組みを重視	地域資源を生かした活性化策の企画
2000年代前半	低成長期	産業クラスター計画	地方が企画し国が許可	規制緩和と地域の主体的な取り組みを重視	地域資源を生かした活性化策の企画

　主体的な取り組みのもと、地域に存在するポテンシャルを通じて、地域の生産システムを進化させるという内発的発展を達成するため、①規制緩和と地域の主体的な取り組みを重視した地域政策が実施され、②地方側も地域の資源を生かした自律的な地域活性化を目指すという構図に変化します。しかしながら、内発的発展を主張しながらも、国による地域指定、税制上の優遇措置や補助金交付、地方による指定の争奪戦という「外来型開発」の構図は依然として残されたままであり、地方政府主体の地域政策とはまだ言えない状況です。

　地域の成長戦略は本来、それぞれの地域自らが取り組むべき課題です。しかしながら、わが国では地域活性化が国の政策課題として展開されてきたことは明らかです。そして、①国が国土の空間構造のありかたについて方向性を示し、②必要な手段を準備して該当する地域に対して適用するという方式からは、今なお脱却がはかれているとは言えません。このことが地方の自立を進ませない要因になっていると言えます。

2　地域政策におけるパラダイム・シフト

2.1　外来型開発の問題点①―誘致をゴールと位置付けた企業誘致政策―

　これまで行われてきた日本の地域政策の中心は、国が規制や補助という手段を

用いることで、企業（工場）立地の分散を図るというものでした。例えば、1972年に制定された**工業再配置促進法**では、産業基盤型社会資本の整備や金融による支援を通じて工場の移転を促進し、その結果、1973年から1980年にかけて工場移転が774を数え、1970年代前半にはこれまで続いていた地方圏から三大都市圏への人口移動が沈静化するとともに、所得格差の縮小が進むことになりました。しかしながら、その効果は長く続きませんでした。それはなぜでしょうか。

　国による規制や補助といった手段によって誘致された企業（工場）は、その多くが企業内分業の一部に位置づけられており、他地域にある同じ企業の工場から原材料を持ち込んで生産活動を行うケースが多くみられます。したがって、たとえ生産活動が活発化したとしても域内循環の乏しい結果となってしまいます。第3章や第4章で指摘した「漏れ」の多い地域経済構造です。また、工場が誘致された場合、研究開発などに従事する知識労働者が地方には来ず、地域経済のイノベーション能力の強化に貢献しないケースが多くみられます。つまり、**外来型開発**によって企業や工場が誘致されたとしても、地域経済構造を質的に改善することはなく、地域の持続的発展には寄与しないのです。

　企業は利潤の最大化を目的に活動しています。したがって、地域を単なる立地空間としか見ておらず、より有利な場所があれば活動の場を移してしまいます。補助金によって誘致した企業に居続けてもらうためには補助金を出し続けるしかなく、財政状況の悪化により補助を打ち切ると、企業はより有利な場所を求めて移動をしてしまいます。

　経済のグローバル化が進展する以前は、補助金以外にも「比較的安価な労働や土地」という魅力が地方にはありました。しかしながら、グローバル化が進み、企業が世界規模での立地戦略を展開していくにつれ、企業はより安価な労働や土地を求めてアジアを中心とした海外に生産拠点を移していくことになりました。製造業の**海外生産比率**（海外現地法人売上高を海外現地法人売上高と国内法人売上高の和で除したもの）を見てみると、1996年度には10.4％であったものが2014年度には24.3％と過去最高になっており、国内に立地場所を求める必然性が極めて乏しくなっていることが分かります（財務省「法人企業統計調査」、経済産業省「海外事業活動基本調査」）。

　また、地方の側も企業を税収や雇用を生み出してくれる「マネー・マシン」ととらえている傾向にあったといえます。つまり、誘致企業に対して居続けてもら

91

図 5-1　公共投資の役割

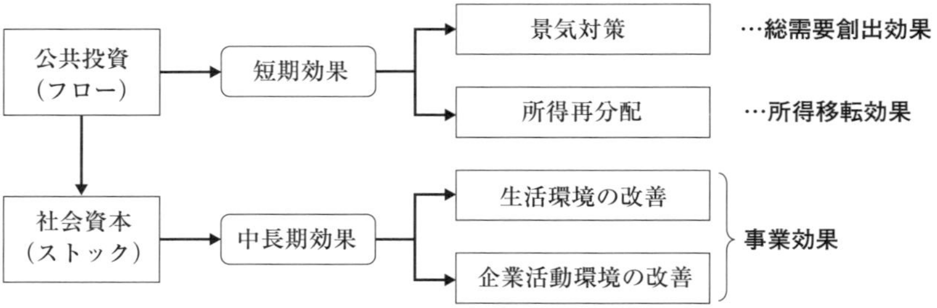

```
公共投資          ┌──────┐    ┌──────────────┐
（フロー）  ───→  │短期効果│──┬→│   景気対策    │  …総需要創出効果
    │             └──────┘  │  └──────────────┘
    │                        └→┌──────────────┐
    │                           │  所得再分配   │  …所得移転効果
    ↓                           └──────────────┘
社会資本          ┌──────┐    ┌──────────────┐
（ストック）───→  │中長期効果│─┬→│ 生活環境の改善 │ ┐
                  └──────┘  │  └──────────────┘  ├ 事業効果
                             └→┌──────────────┐ ┘
                                │企業活動環境の改善│
                                └──────────────┘
```

うという努力をせず、雇用創出や増収効果といった短期的な経済波及効果に満足し、企業誘致をゴールと位置づけていたことが上記の結果を招いたともいえるでしょう。こうした地域が多い中、岩手県北上市のように誘致企業へのフォローアップを大切にし、成功を収めた事例もあります。北上市は岩手県西部内陸に位置し、人口減少が著しい東北地方にあって過去30年（1985年から2015年の国勢調査ベース）で17％もの人口増加を実現しました。北上市は工業振興計画の中に産学官連携支援プロジェクトを位置づけ、地場企業と誘致企業が継続的に操業するメリットを大きくする努力を行ったことが成功の背景にあります（林・中村（2018））。企業誘致を地域の発展に結びつけるためには、地域が企業に対して「ギブ・アンド・テーク」の関係を築く努力をすることで、地域と企業が相互に利益を享受できる状況を作り上げる必要があるのです。

2.2　外来型開発の問題点②―景気対策に重点を置いた公共投資政策―

　日本の地域政策において公共投資は大きな比重を占めてきました。ところが、第3章で示したように、公共投資を大量に投入してきたにもかかわらず、地方は自立型の経済構造を実現できませんでした。その理由の一つは、「漏れ（移入、輸入）」が大きい地域経済の構造にありますが、公共投資それ自体にも問題がありました。それは、公共投資が景気対策に重きを置いていたことです。

　公共投資の役割を経済効果の面から捉えたのが**図 5-1**です。第1の効果は、公共投資というフローの金額が総需要に及ぼす**総需要創出効果（フロー効果）**です。公共投資はそれ自体が経済に対する総需要になるとともに、波及効果によって乗数倍の需要（所得）を創出します。例えば、1億円の公共投資によって失業

者を雇い建設事業を行ったとします。1億円の公共投資がそのまま失業者の所得になったとすると、失業者は手に入れた所得の一部を消費に回すでしょう。そして、この消費支出は誰かの所得となり、再びこの所得の一部が消費支出に回るとすると、所得増、消費支出増、所得増の過程は限りなく続き、1億円の公共投資の乗数倍の需要（所得）が形成されることになるのです（第3章の**「理論で考える：ケインズ・モデルと公共投資」**を参照してください）。この総需要創出効果は短期的な効果であり、効果を持続させるためには公共投資を注入し続けなければなりません。

　第2の効果は、公共投資が社会資本ストックとして蓄積されることによって得られる**事業効果（ストック効果）**です。この効果はさらに「直接効果」と「間接効果」に分けることができます。直接効果とは、①道路、港湾、空港などの産業基盤となる社会資本の整備によって、物資の流通や人の移動が円滑化し、経済効率が高まるといった効果や、②公園、上下水道、病院といった生活関連の社会資本の整備によって、生活の利便性や快適性が高まるといった効果を指します。一方、間接効果とは、公共投資によって整備された社会資本が、土地資源の開発や工場立地を誘発するといった効果を指します。こうした事業効果は中長期的に持続します。重要なことは、これらの事業効果は公共投資という「フロー」の支出がもたらすものではなく、フローの蓄積によって生み出される社会資本という「ストック」によって生まれるものだということです。そして、この事業効果こそが第4章における(4-8)式の A に技術水準とともに入り込んでいると考えることができます。事業効果の大きな地域においては、技術水準と同様、生産関数が上方にシフトし、仮に資本装備率が同じであったとしても労働生産性は高くなります。

　総需要創出効果（フロー効果）や事業効果（ストック効果）が公共投資によって得られる主な効果ですが、公共投資が特に経済的に停滞している地方圏に重点配分されており、その財源を主に都市圏が負担している場合、公共投資は所得移転を目的とした社会保障的な色彩を強く持っていると言えます。このような**所得移転効果**は公共投資の第3の効果であり、この効果は総需要創出効果や事業効果から派生するものです。

　以上のように、公共投資には総需要創出効果、事業効果、所得移転効果があるわけですが、公共投資の本来の役割は第2の事業効果の達成であり、他の効果は

あくまでも副次的な効果であると考えられています。ところが、これまでの公共投資政策は、地方の経済を立て直すことを目的とした景気対策としてとらえられ、総需要創出効果や再分配効果への期待が大きすぎたために、事業効果に対する配慮に欠いていました。そのため、公共投資の「質」よりも、むしろ「量」が重視されたのです。このことが、第3章で見たように、公共投資が抑制されるとたちまち大都市圏との所得格差が拡大するという、地方経済の弱さを生み出したと言えます。それどころか、公共投資に依存した経済は土木・建設業をはじめとした公共工事依存型の産業構造からの転換にブレーキをかけることになりました。地域経済の活性化には、地域に存在する「シーズ（種）」を最も効果的に活かす方法を地域自らが考えなくてはなりません。各地域に適した公共投資の質は全国画一的ではなく、地域の特性を踏まえて決定する必要があるのです。

2.3 地域政策におけるパラダイム・シフト

　これまで行われてきた日本の地域政策は、地域を真に発展させるものではありませんでした。公共投資や企業誘致は確かに地域の所得を高めましたが、財政制約が強まる中で公共投資額が減額されたり、グローバル化の進展によって企業が海外へと転出したりすると、第3章において示された**累積的衰退**が生じ、地方経済は再び縮小していくことになりました。人口減少時代において地方が衰退を食い止め、持続的な発展を実現するためには、外来型開発からの脱却と地域主導型の内発的発展への転換が不可欠です。それには、地域政策におけるパラダイム・シフトが必要です。

　ある時代に支配的な物の考え方や認識の枠組みを**パラダイム**と言います。時代が進み社会経済情勢が変化すればパラダイムも変わらなくてはなりません。地域政策も例外ではないのです。第二次世界大戦後の復興期には、産業再生のためには国の強力な取り組みが必要でしたし、経済成長の負の側面としての地域間格差の拡大や大都市における過密問題に国が対応しなければならない時代もありました。経済活動のグローバル化と新興国の経済発展、少子化による労働力の減少といった社会経済環境の変化が起こっている現在、日本では新しい形の経済に移行することが求められています。知識集約型・高付加価値型経済への移行もその一つです。それには高度な技術や専門性を持った労働力やイノベーティブな企業が必要であり、これらを引きつけ、とどまらせることに成功した地域が強い競争力

表 5-2 地域政策におけるパラダイム・シフト

	旧パラダイム	新パラダイム
目的	停滞地域の立地上の不利な条件を改善するために時限的に支援	地域競争力向上のために全地域を対象に、地域ポテンシャルの掘り起こし
政策の地理的範囲	行政区域単位	経済活動という機能上の圏域単位
戦略	部門別アプローチ	総合的発展プロジェクト
政策手段	補助金等の財政支援	ソフト・ハード（資本ストック、労働市場、企業活動環境、ソーシャル・キャピタル、ネットワークの組み合わせ）
実施主体	中央政府	複数段階の政府

出所）OECD のレポートより作成。

を持つことになります。

　表 5-2 は OECD（経済協力開発機構。欧州諸国、米国、日本などを含む先進諸国によって構成されている）のレポートで示された地域政策の新旧パラダイム比較を示したものです。地域政策のパラダイムの変化は日本だけのものではなく、先進国に共通した課題なのです。旧パラダイムは停滞地域を補助金などの財政手段で支援するという格差是正型であり、国（中央政府）が中心となって再分配政策を実施するものでした。日本でも、国は大都市集中の抑制と工場等の地方分散政策、補助金、税制、融資などの優遇措置をテコとした地域指定方式による産業立地の推進、公共投資の地方への重点配分等、あらゆる手段を講じてきたことは上で述べたとおりです。一方、地方は安い地価と豊富な労働力を材料に工場を誘致し、地域の活性化を図ろうとしてきました。しかし、こうしたパラダイム（外来型開発）では、先進諸国を取り巻く社会経済環境の変化に対応することが困難になってきたのです。

　旧パラダイムが事後的な再分配政策的であったのに対して、新しいパラダイム（内発的発展）は地域のポテンシャルを掘り起こし競争力を強化するという、地域の構造改革の色彩を強く持つものです。政策手段はソフトからハードまで多様であり、地域の特性に応じて組み合わせを工夫する必要があります。したがって、過去の地域政策のように国が全国画一的な基準で政策を決定してはなりません。政策は国と地方を含む複数段階の政府が連携を保ちながら決定し、実施していく必要があるのです。また、旧パラダイムが地域政策の実施エリアを県や市町村と

いう行政区域単位としていたのに対して、新パラダイムでは経済活動エリアという機能上の圏域を対象とする必要があります。このことは、人や企業の活動が行政区域を越えて行われている現在、複数の自治体が連携して地域政策を行わなければならないことを意味します。

3　地域発展戦略

3.1　総合的発展プロジェクト

　地域社会や地方自治に関する行政を担うイギリスの行政機関である Department for Communities and Local Government（コミュニティ・地方政府省）(2006) は、地域が高い生産性、高い就職率、高い賃金、高い 1 人当たり GRP を達成するためには、革新的で収益性の高い企業やクリエイティブで企業家精神に溢れた労働力を惹きつけることが重要であり、そのためには、**図 5 - 2** に示されているように、企業活動環境や物的・社会的・文化的インフラを継続的に強化していくことが重要であると述べています。また、イギリスの Office of the Deputy Prime Minister（副首相府）(2004) は、50を超えるヨーロッパの都市の経済力について量的データを検証した結果、地域力の推進要因として、①経済的多様性、②高度な技術を持った労働力、③地域内外との接続性（交通・情報通信）、④企業や諸機関のイノベーション、⑤生活の質、⑥長期発展戦略を立て実行する能力があげられると結論付けました。

　どちらも、地域経済の発展のためには、経済的側面だけではなく、住宅、交通、医療、福祉、教育といった生活に関する社会的側面を発達させることが重要であり、自治体の役割は産業政策のみならず教育などの環境整備を含めた総合的な発展を推し進めることにあると指摘しているのです。すなわち、地域政策の新パラダイムにおける「総合的発展プロジェクト」の重要性を説いていると言えるでしょう。それでは、どのような視点を持って総合的な発展を推し進めていけば良いのでしょうか。そのヒントとして、**コミュニティ・キャピタル・アプローチ**を紹介します。

　人びとの生活はコミュニティ単位で行われています。ただし、コミュニティとは一般にイメージされるような小さな地理的範囲の集団を指すものではなく、特

第5章 地域経済成長戦略の展開

図5-2 地域力の決定要因

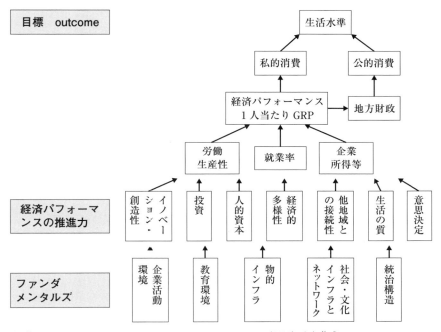

出所) Department for Communities and Local Government (2006) より作成。

定の地理的エリア内で生活し相互に関係を持つ人びとの集団を意味しています。したがって、コミュニティは、農村地域の小さなエリアから、交通ネットワークが発達し、中心都市が周辺地域にとっての業務地としての役割を果たしている大都市圏域まで幅広いものです。このように、人の営みを意識したものをコミュニティととらえるなら、そのエリアにあったコミュニティを対象に発展戦略を立てる必要があります。

　Flora他 (2004) は、「地域にある資産こそがコミュニティの持続可能性を決定づける」というコミュニティ・キャピタル・アプローチを展開しました。キャピタルつまり資本は「新たな資源を追加的に生み出すことのできる資源」のことです。したがって、コミュニティ・キャピタルは「新しい資源を創り出すためにコミュニティに存在し、利用される資本」であり、それは工場、機械設備、工業団地のような有形のものから、人と人との結びつき、地域遺産への誇りといった

無形のものまで、広範囲に及びます。

そして、Flora 他は、発展を遂げ持続可能性を保つのに成功したコミュニティは、7つのタイプの資本（①自然資本、②文化資本、③人的資本（ヒューマン・キャピタル）、④社会関係資本（ソーシャル・キャピタル）、⑤政治資本、⑥金融資本（フィナンシャル・キャピタル）、⑦建設資本）のすべてに注意を払っているという事実を見出しました。これらの資本は活用しなければ劣化していきますが、活用されればさらに増加しコミュニティの発展につながるのです。また、コミュニティ・キャピタル・アプローチでは各資本の存在とともに、それらが相互に依存関係を持つことの重要性を述べています。第2章において、地域経済は家計（住民）、企業、自治体等の経済主体が、財・サービス、労働等の市場（しじょう）活動や財政活動を通じて相互に関わり合うことで成り立っていることを指摘しました。コミュニティ・キャピタル・アプローチは地域の成長を幅広くとらえるとともに、要因の相互作用を総合的にとらえることの重要性を述べているのです。なお**図5-3**は、コミュニティ・キャピタル・アプローチであげられている7つの資本と、それに関係する資産、そして資産を増やすための具体的取り組みを、Scottish Government（スコットランド政府）（2012）等を用いて整理したものです。

3.2　クラスター戦略

第4章（「地域間で集積の経済の大きさは異なるのか？」）において、集積の経済を享受できる空間構造を作り上げることで、地域の生産力が向上することを明らかにしました。それでは、集積の経済を享受できる空間構造をどのようにして作り上げればよいのでしょうか。

集積の経済は企業の地理的集中の結果であると同時に、企業の地理的集中を促す要因でもあります（第4章、「集積の経済とは」）。しかし、集積の経済が累積的な「正の連鎖」のメカニズムであったとしても、最初に企業の地理的集中が始まるきっかけがなければ、その地域において集積の累積的な連鎖は生じません。それでは、企業の地理的集中はどのようなきっかけで始まるのでしょうか。市場への近接性やコアとなる企業の存在などさまざまな理由がありますが、その一つは**産業クラスター**の形成です。日本でも、2001年に開始した産業クラスター計画や2002年に立ち上げられた知的クラスター創生事業など、近年、産業クラスター

第 5 章　地域経済成長戦略の展開

図 5 - 3　コミュニティ・キャピタルと関係資産

資本	関係する資産（例示）
金融資本	インフラ整備や企業の設備投資、市民のスキルや能力の向上など、コミュニティ強化のための投資に必要な資金
建設資本	コミュニティ内での住民や企業の活動を支える公共インフラと民間の施設
人的資本	住民がコミュニティ内の資源を開発し拡大するためのスキルと能力、進取の気風、リーダーシップ
社会関係資本	個人間・組織間・コミュニティ間を結びつけるためのネットワーク
自然資本	地形、天然資源、快適性、自然の美しさなど、特定場所における資産
文化資本	資産言語（方言）、社会の見方、物事の考え方を決定する要因（伝統・風土・習慣）
政治資本	国とのパイプ、政策を決定し、実行する能力、住民自らがコミュニティへの貢献に従事する能力

出所）Scottish Government（2012）等により作成。

政策が地域政策の中心に位置づけられています。産業クラスター政策は**ポーター**（M. E. Porter）が提唱したクラスター論に基づいた政策であり、地域経済の発展に欠かせない地域開発手法としてヨーロッパやアメリカなどにおいても幅広く取り入れられています。

　ポーターは、地域の競争力が、①人的資源や資本などの量やコストといった**投入要素条件**（factor conditions）、②コスト削減や品質改善、イノベーションに貢献する**関連・支援産業**（related and supporting industries）の存在、③供給サイドを刺激する高度で要求水準の高い顧客が存在するかといった**需要条件**（demand conditions）、④ライバル企業間の競争の激しさや地域的集積による相互刺

99

Part2　地域経済の衰退と活性化戦略

図5-4　ダイヤモンド・モデル

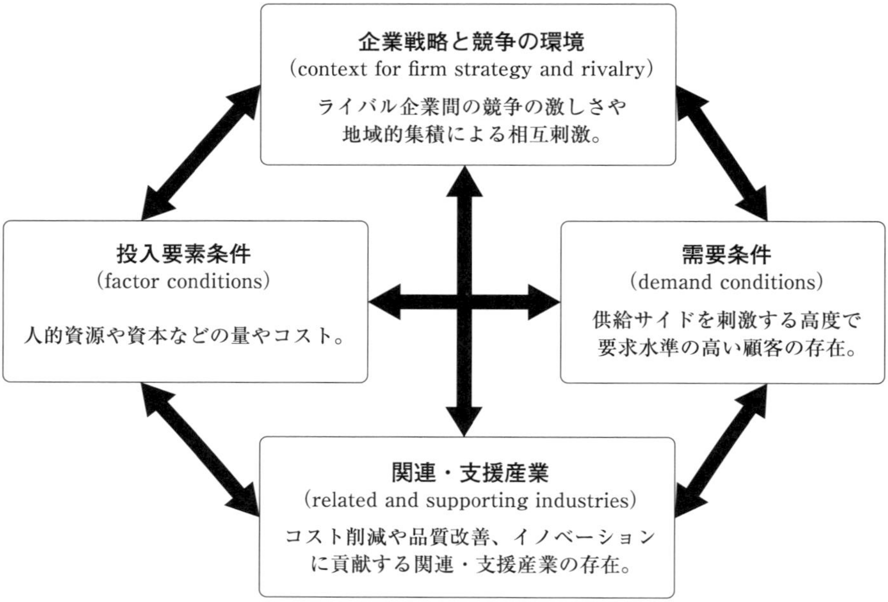

企業戦略と競争の環境
(context for firm strategy and rivalry)
ライバル企業間の競争の激しさや
地域的集積による相互刺激。

投入要素条件
(factor conditions)
人的資源や資本などの量やコスト。

需要条件
(demand conditions)
供給サイドを刺激する高度で
要求水準の高い顧客の存在。

関連・支援産業
(related and supporting industries)
コスト削減や品質改善、イノベーション
に貢献する関連・支援産業の存在。

出所）Porter（1998a）より作成。

激といった**企業戦略と競争の環境**（context for firm strategy and rivalry）という
４つの要因の相互作用によって決定づけられると考えました。そして、**図5-4**
に示されているこれらの相互作用システムを**ダイヤモンド・モデル**（diamond
model）と名付け、このシステムを作り上げることで地域間競争における優位性
が確立・維持されると考えました。
　イノベーションを次々に引き起こすことで産業の競争力を強化することが、地
域経済を継続的に成長させる上で重要であると考えたポーターは、ダイヤモン
ド・モデルにおける４つの要因の中でも特に関連・支援産業を重視し、特定の産
業分野でライバル関係にある企業、関連サービスを供給する専門業者、大学や研
究所などの関連機関が同じ地域に集積して存在し、互いに激しい競争を展開する
中でイノベーションが引き起こされるシステムが必要であると考えました。この
システムこそが**クラスター**（cluster）であり、クラスターを形成することがで
きれば、相乗効果により地域経済を継続的に成長させることができると考えたの

100

図5-5　カリフォルニアにおけるワイン・クラスター

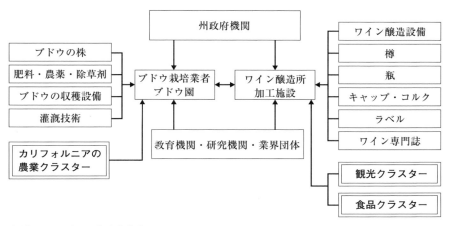

出所）Porter（1998b）より作成。

です。

　ポーターはクラスターを「ある特定の分野において、相互に結びついた企業、原材料やサービスを供給する専門業者、関連産業の企業、大学・政府機関・業界団体等の関連機関が地理的に近接して立地し、相互に協力をしながら競争をしている状況」と定義しています。産業クラスターの典型的な事例であるカリフォルニアの**ワイン・クラスター**を例にあげると、**図5-5**に示されているように、①ブドウの生産者やブドウ園とワイン醸造所や加工施設が相互に結びつくとともに、②肥料や瓶やワイン専門誌に関する専門業者、③ブドウ栽培やワイン醸造の研究機関として著名なカリフォルニア大学デイビス校やワイン研究所といった関連機関が地理的に近接してクラスターを形成しており、ワイン製造におけるカリフォルニアの競争力を高めています。それでは、なぜクラスターを形成することが、地域の競争力の向上につながるのでしょうか。

　クラスターの形成が地域競争力を高める第1の経路は**企業の生産性向上**です。クラスター内には競争力のある関連産業（原材料等の供給業者）や関連機関（大学や研究機関）が存在します。これら関連産業・機関にアウトソーシングすることにより、企業は競争優位のある部門・分野のみに経営資源を集中することができるため、生産効率を高めることができるのです。そして、クラスター内でサー

Part2 地域経済の衰退と活性化戦略

ビス、知識、情報を調達することで、輸送コスト、取引コスト、情報コストの削減が可能になるため、さらなる生産効率の向上につながります。このようにクラスターの形成は、生産性向上を通じて地域の競争力を高めます。

第2の経路は**イノベーション能力の強化**です。クラスターには民間企業だけではなく、大学や研究機関といった関連機関もメンバーに加わります。こうして、多様な知識や企業文化を持つ異質なメンバーが相互に交流することで新しいアイデアが生まれ、新技術や新商品の開発が実現するのです。また、顧客となる企業が地理的に近接して立地していることから顧客ニーズを把握しやすく、新たなビジネスチャンスを見いだすことも可能になります。このようにクラスターの形成は、イノベーション能力の強化を通じて地域の競争力を高めます。

第3の経路は**新規事業の形成**です。クラスター内では情報が豊富に存在していることから、新規事業を興しやすいという利点があります。クラスターの存在が新規事業の創業を容易にし、地域の競争力を高めるのです。

ポーターはクラスターを形成することにより、①企業の生産性向上、②イノベーション能力の強化、③新規事業の形成という経路を通じて地域競争力が向上すると考えました。これは、第4章で導きだした、地域経済成長のメカニズムにのっとった地域経済力強化のための知見と合致します。つまり、**図5-6**に示されているようにクラスターは、①クラスター内でサービス、知識、情報を調達する環境を戦略的に創り出すことで、供給側面の「コスト削減」につながり、資本投入量の増加を実現するとともに労働生産性を向上させます。また、②クラスターを形成することによって生じるイノベーションは、供給側面の「技術水準の向上」につながり、労働生産性を向上させます。そして、③新しいアイデアや新技術・新商品の開発は、移出・輸出財の対外的な価値を高めることから、需要側面の「需要を獲得できる産業」につながり、④**前方・後方産業連関**によって産業クラスターを形成し、クラスター内に存在する関連産業から原材料等を調達することは、域内調達率の高い「漏れ」のない地域経済構造を生み出します。つまり、クラスターの形成は地域経済成長メカニズムを踏まえた地域開発手法であると考えられ、地域経済力強化が課題となっているわが国にとって必要不可欠なものと言えるでしょう。

前述した通り、**産業クラスター政策**自体は目新しいものではなく、わが国では1980年に提唱された**テクノポリス構想**の時代からクラスターのエッセンスが取り

第5章　地域経済成長戦略の展開

図5-6　クラスター形成と地域経済成長メカニズム

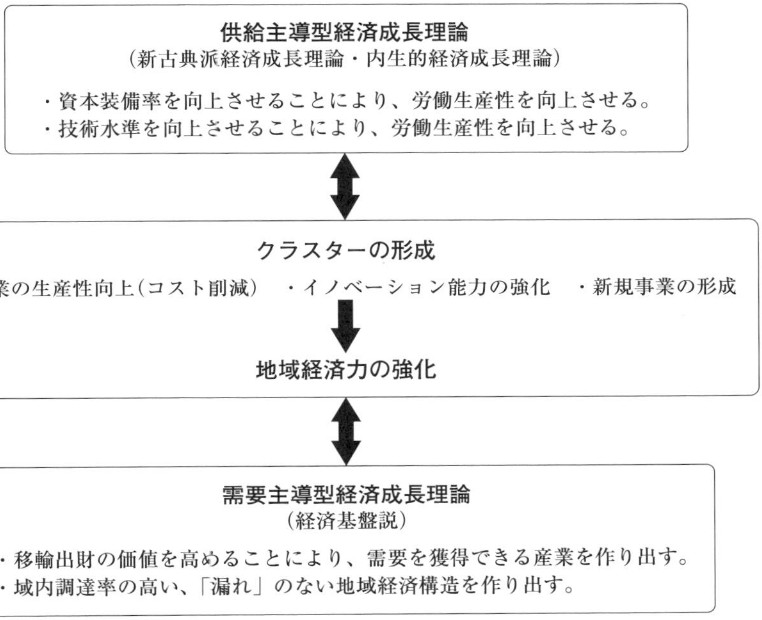

```
┌─────────────────────────────────────────────┐
│            供給主導型経済成長理論              │
│     （新古典派経済成長理論・内生的経済成長理論）  │
│ ・資本装備率を向上させることにより、労働生産性を向上させる。│
│ ・技術水準を向上させることにより、労働生産性を向上させる。│
└─────────────────────────────────────────────┘
```

```
┌─────────────────────────────────────────────┐
│                クラスターの形成                │
│ ・企業の生産性向上（コスト削減） ・イノベーション能力の強化 ・新規事業の形成 │
```

```
│                地域経済力の強化                │
└─────────────────────────────────────────────┘
```

```
┌─────────────────────────────────────────────┐
│            需要主導型経済成長理論              │
│                （経済基盤説）                 │
│ ・移輸出財の価値を高めることにより、需要を獲得できる産業を作り出す。│
│ ・域内調達率の高い、「漏れ」のない地域経済構造を作り出す。│
└─────────────────────────────────────────────┘
```

入れられていました。しかしながら、ハイテク企業が計画地に集積したにも関わらず、地域からイノベーションが次々に生まれるような結果を得ることができませんでした。それではなぜ、これまでの産業クラスター政策はうまく機能しなかったのでしょうか。

　その原因の一つとして、クラスターが地域的ネットワークとして機能していなかった可能性があげられます。**ダイヤモンド・モデル**の4つの要因がクラスター内にそろっていたとしても、クラスター内のアクター間に相互連関がなく地域的ネットワークとして機能していなければ意味がないということです。イノベーションは偶然起こる現象ではなく、意識的・組織的な取り組みによって生じます。したがって、イノベーションの創出には、多様な人材が自由に交流し、相互に学習し刺激し合う場の形成が極めて重要になります。企業横断的なネットワーク関係を発展させることで、初めてイノベーションが生まれるのです。

　しかしながら、中村（2014）において指摘されているように、日本の大企業は

Part2　地域経済の衰退と活性化戦略

垂直統合的経営を行っており、産業クラスターの成功事例としてあげられる「ルート128（アメリカのボストンにあるハイテク産業地域）」におけるハイテク企業のような独立企業型産業システムではありませんでした。したがって、クラスター内に企業が集積をしたとしても企業間の連携はほどんど生まれず、その結果、イノベーションが創出されなかったのです。つまり、シリコンバレーやルート128のようにクラスターがうまく機能するためには、各アクターが相互に連携しあうシステムの形成が重要であるといえるでしょう。企業が特定の地域に集積をしたとしても、集積の経済を生み出すとは限りません。集積が集積を呼ぶ累積的な連鎖のメカニズムを生み出すためには、産業集積がゴールではなく地域的ネットワークの形成に努めなければならないのです。

Part3

都市の衰退と再生

第6章

都市構造の変化とそのメカニズム

日本人の多くは都市に住んでいます。ところが、一口に都市と言ってもその規模、人口や産業活動の密度、成長や衰退の程度、発生する問題等は都市によって大きく異なります。地域政策の課題は全国レベルでの格差としてとらえられがちですが、特定の都市エリアの中でも格差をはじめとした問題が発生しています。本章では人や企業の分布という都市の空間構造がどのようなメカニズムで変化しているかを解説しましょう。都市問題の多くは人や企業の活動拠点が移動することによって発生するからです。

1 都市空間構造の変化

1.1 都市化の進行と沈静化

日本は世界で最も都市化が進んだ国です。**図6-1**には、全国ベースでの都市化の状況が示されています。2015年の国勢調査の結果から、**人口集中地区（DID）**人口比率（人口集中地区はKey Wordを参照）をみると全国で68.3%となっており7割弱の人がDID地区に居住していることが分かります。

このように都市化が進んでいる日本ですが、1960年にはDID人口比率は43.7%にすぎませんでした。ところが、わずか20年後の1980年には59.7%にまで上昇したのです。このように大規模で、しかも世界にも例を見ない速度で都市化を進行させたのは、「**国民大移動**」とも言われた農村から都市への人口流入でした。大量の人口を受け入れた都市では、住宅不足、交通混雑、大気汚染や水質汚濁等、過密による弊害への対応に多くのエネルギーを注がなければなりませんで

106

第 6 章　都市構造の変化とそのメカニズム

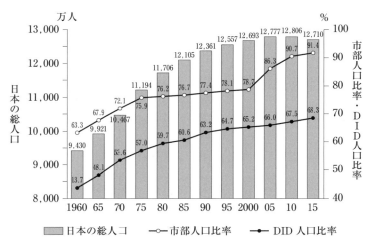

図 6-1　都市化の状況

注）2005年に市部人口が上昇しているのは平成の大合併による町村の市への移行が原因である。
資料）総務省「国勢調査」

した。

　その後も DID 比率は上昇していますが、上昇速度は落ちています。人口が減少する中で東京圏以外の日本全体の都市化の進行にはブレーキがかかってきたと言えるでしょう。しかし、少子化による人口減少に加えて、東京への経済機能の集中による人口の転出によって、一般の都市はもちろんですが、大都市ですら人口が減少する時代に入りました。静岡、浜松、神戸、北九州といった政令指定都市は2010年から15年にかけて人口が減少しているのです。このように人口数の減少だけでなく、都市エリア内での人口や企業の分布（立地状況）にも変化が見られます。

　一部の都市を除けば、都市政策は人口増加にどう対応するかという時代を終え、人口減少にどう対応するかの時代に入ったと言えるでしょう。つまり、混雑を回避するために膨張する都市の成長を管理する時代から、再成長を促す時代に入ったのです。

Part3　都市の衰退と再生

Key Word　人口集中地区（DID, Densely Inhabited District）

　国勢調査基本単位区あるいは調査区を基礎単位として、昭和35年に人口集中地区（DID）が設定されました。人口集中地区となるための基準は、簡単に言いますと①人口密度が1 km^{2}当たり4000人以上の基本単位区等が隣接していて、②隣接した地域の人口の合計が5000人以上である、ということです。人口密度だけでなく、そもそも人が少ないところは当てはまりません。①の国勢調査の基本単位区の広さは、いわゆる街区に相当しており、だいたい3000 m^{2}から5000 m^{2}程度です。1つの単位区ではDIDにはなれませんし、たとえば人口密度が5000人/km^{2}の面積5000 m^{2}の3つの街区が隣接していても、①の人口密度要件はクリアしますが、②の人口規模が5000人以上でなければDID地区には当てはまりません。2015年においてDIDに占める人口割合が最も高いのは東京都の98.4%、そしてもっとも低いのが島根県の24.2%となっています。またこのDID人口をもとに中心都市を定め、その中心都市に10%以上の人が通勤している地域を郊外と定め、その両方からなる地域を都市圏としたものが**都市雇用圏**（UEA）と呼ばれるものです。いずれも市町村単位で集計されます。このうち中心都市のDID人口の合計が5万人以上の場合は大都市雇用圏、1万人以上5万人未満の場合は小都市雇用圏と呼ばれています。

1.2　郊外への分散から都心回帰へ

　図6-2は大阪都市圏について、大阪都心部（大阪市役所）からの各市町村の市役所や役場までの距離別に人口増減率を3期間について比較したものです。ただし、ここでの大阪都市圏は、距離と人口増減率の関係の傾向を観察することが目的ですので、Key Wordで解説した都市雇用圏という厳密な圏域ではありません。

　高度経済成長時代の終焉とともに、大都市への人口移動は沈静化しました。しかし、大都市圏では、都心と郊外とを結ぶ鉄道や道路の整備によって通勤や通学に要する時間が短縮されたり、より広い住宅地を求める都心居住者が郊外に移動したりすることによって、1985～95年の期間においては都心に近いところでは人口は減少し、郊外では人口が増加しています。かつては大都市の周辺に独立した市街地があり、**衛星都市**と呼ばれていましたが、大都市からの人口移動や地方圏からの人口の転入とによって市街地が大都市周辺を取り巻くようになります。そして都市の境界は都心から遠隔化し、いわゆる**低密度分散型都市圏**が形成されていきました。

第 6 章 都市構造の変化とそのメカニズム

図 6-2 都心からの距離と人口増減率

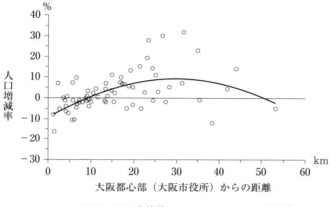

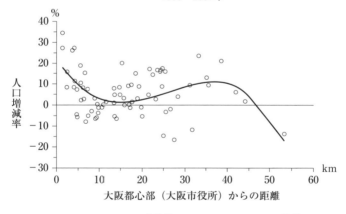

109

Part3 都市の衰退と再生

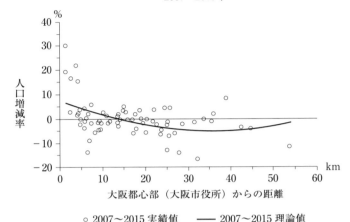

図6-2 都心からの距離と人口増減率
2007〜2015年

資料）人口は「住民基本台帳人口」、都心からの距離は「速攻！全国ゼンリン地図帳」

　ところが、バブル経済崩壊後には人口分布に変化が生じています。1995年から07年にかけて大阪都心部において人口が急増している一方で、20〜40キロ圏では人口増加率が低下あるいは人口が減少しているのです。**都心回帰**という現象です。都心部にはタワーマンションが建設されるようになります。そして、2007〜15年にかけては東京一極集中の影響を受けた大阪都市圏は人口増加が頭打ちになる中で、都心回帰が続いたために、郊外の人口は減少を始めています。

　クラッセン＝パーリンク（Klaassen ＝ Paelinck（1979））は、都市化と人口の関係について、都市圏を中心部分と郊外に分けて**表6-1**のように4つの発展段階に分類する**都市発展段階仮説**を唱えました。まず、中心都市の人口増加が郊外の人口を上回り都市圏全体で人口が増加する**都市化**が訪れ、次に、郊外の人口増加が中心都市のそれを上回りながら（中心都市の人口が減少する場合も含めて）都市圏全体の人口が増加する**郊外化**が、その後、郊外の人口増加では中心都市の人口減少を相殺しきれなくなり都市圏全体で人口が減少する**逆都市化**（反都市化ということもあります）が訪れると考えるのです。そして衰退した都心部に再開発などが行われ、うまくいけば再び都心に人が戻り始める**再都市化**を迎えることができます。

第6章　都市構造の変化とそのメカニズム

表6-1　クラッセン＝パーリンクの都市化の人口変化のプロセス

中心都市	郊外	大都市圏	状況	段階
＋	－	＋	絶対的集中	都市化
＋＋	＋	＋＋	相対的集中	
＋	＋＋	＋＋	相対的分散	郊外化
－	＋	＋	絶対的分散	
－	＋	－	絶対的分散	逆都市化
－－	－	－－	相対的分散	
－	－－	－－	相対的集中	再都市化
＋	－	－	絶対的集中	

注）＋や－で人口の増減を、またそれらの数で増減の程度を表している。
出所）Klaassen and Paelinck（1979）

　大阪は古くから都市としての機能を備えていましたが、高度経済成長期におけ
る地方からの人口転入は都市化の段階に位置づけることができます。その後、居
住地を求めて郊外へ人びとは中心地から移動し始めます。これが郊外化と呼ばれ
る段階で、中心市と郊外をあわせた都市圏全体で人口は増加しています。しかし、
その後、中心の人口が減少し、さらには郊外の人口も減少していきます。それが
逆都市化の段階で、都市圏全体の人口が減少します。その後再び中心市へ人が戻
り始めると、都市は再都市化の段階を迎え、都市化の段階へと再び進み始めます。
　大阪圏は逆都市化の段階に入っているとも考えられますが、都心回帰によって
中心部の人口が再び増加しながら、現在、都市圏全体で人口が減少するという現
象が起こっています。また、一つの都市全体が必ずしも同じ段階を迎えていると
はかぎりません。東京圏は人口流入が激しい一方で、衰退が進んでいる地域も存
在するなど、都市成長の過程と都市衰退の過程が共存していると言われています。
このように、都市発展段階仮説に対しては懐疑的な見方もあります。

2　郊外化や都心回帰はなぜ起こったのか？

2.1　都市構造の変化のメカニズム

　第3章で詳しく見たように、人びとが転入する要因としては、雇用や転職の機

Part3　都市の衰退と再生

会の多さ、賃金の高さなど労働市場における格差のほかに、毎日の生活をどれくらい魅力的に過ごす機会があるのか、といったことも影響します。そのような魅力は三大都市圏が他の都市に比べて高く、中でも東京圏が抜きんでているのが現状です。ただ、本章でとりあげるのは多くの場合、働く場を変えずに居住地のみの選択という、都市圏内部での移動ということになります。中心から郊外への転居も、最近の都心回帰も、労働市場の格差というよりは、むしろ居住環境面での有利さを求めての結果生じると考えられます。つまり、居住地を変更することによって発生するメリットとデメリットの大小関係が重要なのです。例えば、職場のある都心から郊外に住居を移すとき、地価が安くなるというメリットが生まれますが、同時に通勤時間を含めた通勤費用が高くなるというデメリットが生まれます。

　都市圏内での居住地の変更はアロンゾ（Alonso）やミュース（Muth）によって展開された「**トレードオフ・モデル**」によって説明できます。このモデルは、職場が都心部にあるとしたうえで、人びとは一定の所得水準のもとで、トレードオフの関係にある通勤費用と地代水準をにらみながら、自分の満足が最大になるような地点に住むことを決定するというものです。つまり、都心部から少しだけ遠ざかることによって生じる通勤費用の増加分が、地代の減少分とちょうどバランスするところに、人びとは住むと考えるのです。この立地点は住民の満足を最大にするという意味で、最適立地点です。中心部から郊外への人口移動と、現在の都心回帰がなぜおこるのかを「**理論で考える：住宅立地のモデル**」で解説しましょう。

☞**理論で考える**：住宅立地のモデル―大都市圏内での人口移動―

【仮定】

　モデルは①から④の仮定をおきます。

①都市は特徴のない平野にあり、すべての空間は前もって特定化された中心地からの距離によってのみ、他の空間と区別される。

②すべての雇用機会は中心地で提供される。

③市場で決定される地代 r は、中心地からの距離 x の関数であり、地代は中心地から離れるにつれて逓減する。これを式で表すと、

$$r = r(x) \qquad \Delta r / \Delta x < 0 \tag{6-1}$$

第6章 都市構造の変化とそのメカニズム

となります。というのも、他の事情が等しければ、都心に近づくほど通勤費が安くなり、その分だけ家計の満足は上昇しますので、都心に近い土地に対する需要は増加し、その結果、地代 r が上昇するからです。

④通勤費 T は中心地からの距離の増加関数（遠くなれば通勤費がかさむ）です。式で表すと、

$$T = T(x) \qquad \Delta T/\Delta x > 0 \qquad\qquad (6\text{-}2)$$

となります。ここで単純化のために、

$$T = t \times x \qquad\qquad (6\text{-}3)$$

とします。t は例えば1 km 当たり運賃と考えればよいでしょう。ただ、ここで注意しなくてはならないのは、T には運賃だけでなく、通勤にともなう肉体的・精神的苦痛や通勤にともなう**機会費用**（Key Word 参照）が含まれていることです。

【均衡条件】

いま、ある住民が都心から Δx だけ離れたところに転居したいと考えているとしましょう。そのとき、地代は下がります。地代の下落を Δr、土地の広さを L とすると、転居による地代の節約額は $\Delta r \times L$ となります。これは住民にとってありがたいことですが、一方で都心から離れるために通勤費が多くかかってしまいます。これが $t \times \Delta x$ です。

もし、地代の節約額（メリット）が通勤費の増加（デメリット）よりも大きいなら、都心からさらに離れたところに住む方が有利です。しかし、都心から遠くなるほど地代の下がり方は小さくなっていくのが普通ですので、$\Delta x \times L$ は次第に小さくなっていき、いずれは、

$$-\Delta r \times L = t \times \Delta x$$

$$-\frac{\Delta r}{\Delta x} \times L = t \qquad\qquad (6\text{-}4)$$

となります。この人が均衡点よりもさらに遠くに居住すると、通勤費の増加が地代の節約額よりも大きくなってしまいます。したがって、この条件が満たされるところがこの住民の満足を最大にするという意味で最適な住宅立地点なのです。左辺に「－」を付けているのは、Δr が負だからです。

次ページ上図は以上のモデルを図示したものです。

113

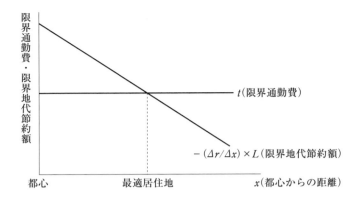

【なぜ郊外居住が進んだのか】

　ここで、かつて中心部から郊外への人口の移動が発生した理由を考えてみましょう。第1の理由は住民の所得水準が上昇したり子供が成長したりすることです。どちらも、より広い家に住みたいと考える動機です。L が大きくなりますから、限界地代節約曲線は上にシフトし、最適立地点は都心から遠ざかります（下の左図）。第2の理由は都心と郊外を結ぶ交通手段（とくに鉄道）が整備されたことです。これによって通勤時間が短くなり、通勤費が小さくなります。t が小さくなりますから、限界通勤費曲線が下にシフトし、最適立地点は都心から遠ざかります（下の右図）。

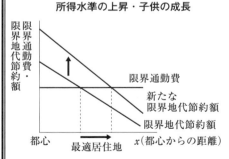
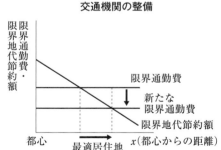

【人口の都心回帰はなぜ起こったのか】

　日本ではバブル経済が崩壊した後、東京や大阪といった大都市の地価は大きく低下しました。ここでは地価ではなく地代を採用していますが、地代は、土

地が生み出す収益を反映しており、地価と同様、賃貸用の土地市場で決まります。バブル崩壊後の経済の停滞によってオフィスの賃貸料は低下しており、地代も下がっていると考えて良いでしょう。とくに大都市都心部の地代はバブル経済によって上昇した分、崩壊後に大きく下落しました。そのため、住宅立地点が都心から離れることによる地代の下落幅はバブル崩壊後には縮小します（下の左図）。そうすると、限界地代節約額曲線は下にシフトし、最適住宅立地は都心部に近づいていきます（下の右図）。このように、バブル経済の崩壊が人口の都心回帰を引き起こしたと考えられます。

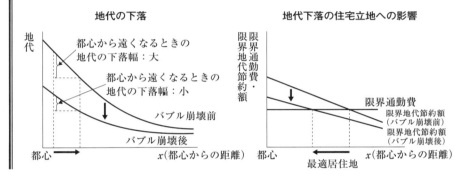

Key Word　機会費用

ある選択を行ったとき、他の選択肢を採用していたなら得られたであろう利益のこと。通勤の機会費用は、その時間働いたなら得られるはずの収入等です。その潜在的な損失分を他の選択肢を選ぶ上での費用と表現しています。

2.2　所得階層の違い

住宅立地のモデルでは都市内の人びとの所得水準は同じであり、所得の上昇は全住民に等しく発生すると考えています。しかし、実際にはさまざまな所得階層の住民が都市内に居住しています。話を単純にするために、低所得と高所得の2つの所得水準の人びとが存在する場合で考えてみましょう。どちらの所得層も通勤が必要だとすると、低所得層は通勤費を節約して都心近くの狭い住宅に住み、高所得層はより広い住宅面積を求めて郊外に移住する、という居住パターンを考

Part3　都市の衰退と再生

えることができます。

　しかし、高所得者の中には通勤の金銭的費用よりも、時間を節約するために都心に住む人もいるでしょう。上の「**理論で考える**」では、高所得者が時間節約型だとすれば、それは限界通勤費曲線が上方にシフトすることを意味します。この場合、高所得者の最適居住地は都心に近づいていくことを確かめてください。

　また、歴史ある都市では、中心部に歴史、芸術、自然といったアメニティーが存在し、これらをより選好する高所得層が住む、といったことも考えられます。こういった都市の場合は、高所得者が都心に住み、郊外に低所得者が住む、というパターンになります。

　逆に、成長が進んだ都市で、混雑や大気汚染といった悪い住環境が目立つようになり始めると、それを嫌って都心から離れて居住しようとすることも考えられます。高所得層は比較的自由に移動を行うこともできますから、都心部に建つ高密度・老朽化住宅を避け、郊外に新しい住宅を建てて住み始めます。すると、都心近くに残るのは低所得層ということになります。このような問題を、**インナーシティ問題**と呼びます。インナーシティの構造については、次の節で多面的に検証します。

　では、このような混雑や老朽化といった、居住環境に負の影響を与える要因が、政策やディベロッパーによる再開発で突然取り除かれるとどうなるでしょうか。都心居住を避けていた高所得層が、再開発され、快適さをとりもどした都心に大量に流入し始めます。その結果、地価や家賃、固定資産税などが上がり、それまでの居住者が住みづらくなり、追い出される、という現象が起こります。これが**ジェントリフィケーション**と呼ばれる現象です。

　例えば、2000年代に入り、東京都心でも防災対策の一環として老朽化した密集住宅地域などで再開発が多く行われてきました。再開発前からいる居住者にとっては、家賃や固定資産税の高騰など、負の影響が及ぶ可能性もあります。また、新しく居住する人びとにとっても、特定地域の急激な人口増加により、育児、教育施設などの公共サービスが十分に供給されないといったようなことが起こります。大規模な再開発は、その後の人口の変化によってさまざまな影響をもたらします。この点に関しては第7章で取り上げます。

第6章 都市構造の変化とそのメカニズム

図6-3 高層マンションの都市部での建設

出所)『住宅・土地統計調査(1993、2013)』

3 大阪に見る都市構造の変化

3.1 業務地区の住宅地化―業務機能の衰退―

　人口の都心回帰が起こっていること、そしてその背景を理論的に解説しました。しかしながら、いくら都心居住の希望者が増えたとしても、都心部に住宅の受け皿がないと都心回帰は発生しないはずです。ところが現実には、都心部に住宅が立地し、人口が増加しているのです。図6-3は1993年から2013年の20年間に、建物階数が6階以上の集合住宅の建築件数の増加率を表したものです。濃い色の区はこの20年間で6階以上の集合住宅が200%以上増えた区で、北区、福島区、中央区、西区、浪速区、阿倍野区になります。これらの地域は、大阪市の中心であり、業務地区としても栄えていた地域です。このように、かつては業務に特化

117

Part3　都市の衰退と再生

していたエリアに近年、住宅が増えてきています。これは大阪だけではなく、東京をはじめとした日本の大都市に共通した減少です。この理由を「**理論で考える：都心部にも住宅が立地するようになった理由**」で解説しましょう。

☞**理論で考える：都心部にも住宅が立地するようになった理由**

　ここで**付け値地代**（bid rent）という新しい概念を導入します。企業は利潤の獲得を目的に活動していますので、企業が正常な利潤をあげながら、各地点において支払うことのできる最大の地代が付け値地代です。

　右頁の左図には商業、住宅、工業の付け値地代と都心からの距離との関係がとられています。住宅は不動産賃貸業と考えると理解しやすいかもしれません。商業の場合、都心に近いところは顧客も多く大きな売上げが期待できます。また、都心に近いほどさまざまな情報も入手しやすく、取引のための交通費も少なくてすみます。したがって、商売を行う上で有利な都心に近いところでは付け値地代は高く、都心から離れるにつれて地代は低下します。

　住宅も同様です。働く場が都心にあれば住宅を借りようと思っている人は、都心に近い住宅には高い家賃を払いますので、都心に近いところほど付け値地代は高くなります、しかし、商業地ほど都心が有利というわけではありません。都心に近いところでは商業地の付け値が最も高くなりますが、都心から離れると急速に付け値は低下していきます。住宅地は商業地よりも都心での付け値は低いのですが、都心から離れても付け値地代が商業地ほど急激に低下することはありません。工業地はこれら2つの用途よりも都心の有利さは小さく、そして付け値地代はより緩やかに低下していきます。

　このように3つの用途を重ね合わせたとき、都市の空間構造（土地の用途）はどうなるでしょうか。土地の所有者は最も高い地代を支払ってくれる企業に土地を貸すはずです。となると、左図のように都心に近いところに商業地が、次に住宅地が、そして都心から最も遠いところに工業地がきます。これが市場メカニズムによって生じる都市の空間構造なのです。そして、図の実線部分が市場で形成される「市場地代曲線」ということになります。

　バブル経済が崩壊するとともに、東京一極集中の影響を受けて商業活動が縮小し、商業地への需要が減少したとします。すると、商業地の付け値地代曲線は右図のように下にシフトします。一方、住宅ですが、タワーマンションは中

低層マンションに比べて同じ土地面積でも入居戸数が多く、賃貸料収入も増加します。つまり、土地の利用効率が良くなるために不動産賃貸業の付け値地代は上昇し、曲線は上にシフトします。このように、商業活動の衰退とマンションの超高層化によって、かつては商業地であったエリアにマンションが建ち、住宅地が拡大するのです。これが、人口の都心回帰の受け皿になったと言えます。

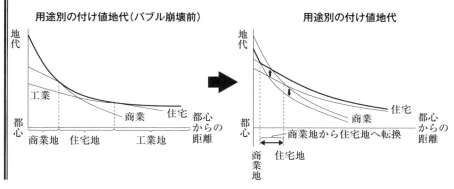

　以上、理論によって人口の都心回帰が発生した理由を説明してきました。これによって大阪市の人口は下げ止まったのです。しかしながら、このことは大阪の業務機能が低下したことを表しており、人口増加を喜んでばかりはいられないのです。また、大阪市の人口が増加したと言っても、人口増加が都心部のような特定のエリアに偏っていたのでは都市全体の活力が増したとは判断できません。

3.2　地価で見る大阪市の空間構造

　1.2節では、1985〜95年の期間においては大阪市の中心やその周辺で人口が減少し、その後1995年からは人口の都心回帰が起こっていることを明らかにしました。つまり、北区、中央区を中心とする都心で人口が増加している一方で、周辺の区では、引き続き人口減少が起こっています。とくに2005年からの10年間では、西成区や大正区で20％以上の人口減少が起こりました。こうした人口の動向は大阪市内でも地域力に格差が生じていることを示しています。

　人口、とくにその増減は地域の活力を示す指標ですが、人口と並んで重要な指標となるのが地価です。地価は土地の需要と供給の関係で決まりますが、地価が

Part3　都市の衰退と再生

高いところは土地需要が多く、地価の低いところは需要が少ないといえるでしょう。そして土地需要は対象となる土地がどれくらいの収益を上げてくれるかどうかによって決まります（「**理論で考える：地価の決定メカニズム**」を参照してください）。経済活動が活発で高収益が見込めるなら地価は高くなるのです。したがって、地価を見ることで地域の経済活力を知ることができるわけです。

☞**理論で考える**：地価の決定メカニズム

　図の横軸は土地の量、縦軸は地価です。通常の財・サービスの供給曲線は右上がりになりますが、土地の供給は、例えば○○市△△町□□丁目の土地はそこにしかなく、多の地域で土地が余っているからといって移動させることはできません。そのため、供給曲線 SS は垂直になります。

　需要の大きさを決めるのは、土地が生み出す収益力であり、地価が低くなれば土地需要は増加しますので、需要曲線は右下がりの通常の形となります。ただ、ここで注意しなければならないのは、通常の財・サービスはフロー、つまり新しく生み出される量であるのに対して、土地はストックだということです。そのため供給量は一定量になるわけです。

　そして、土地に対する需要は、①現在の所有者が土地を持ち続けたいと考える需要と、②別の人や企業が新たに住宅やオフィスを建てるための土地需要とがあります。①を**留保需要**、②を**新規需要**と呼ぶことができます。図の土地需要曲線は留保需要と新規需要の合計です。$D_1 D_1$ は経済活動が活発な地域の土地需要曲線、$D_2 D_2$ は経済活動が停滞している地域の土地需要曲線です。地価は土地の需要と供給が等しくなるところで決まりますので、経済活動が活発な地域では P_1、停滞している地域では P_2 となるのです。こうして、地価を見ることによって地域の活動が活発かどうかを判断することができます。また、同じ地域での地価の変動を見れば、地域の経済活動の変化を知ることもできます。

第 6 章　都市構造の変化とそのメカニズム

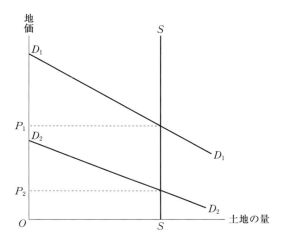

　図 6 - 4 は大阪市の地価の推移を見たものです。地価は**公示地価**の全用途の 1 m² 当たり平均値です。用途によって市場の地価は異なるため用途が変われば地価は変化しますが、ここでは用途の変更も含めて地価を経済活動の指標と考えましょう。

　1983年に 1 m² 当たり53万円であった大阪市の地価はバブル経済の影響を受けて91年には393万円に上昇しました。この地価上昇にはオフィスや住宅の建設という「実需」によるものだけでなく、投機目的で土地を購入することによるものが多く含まれていました。バブル経済がいかに異常であったかが分かります。金利の上昇等、地価下落への力が働くと地価は下落し、下落予想がさらに土地需要を減らし（留保需要を小さくする）地価が下落するという下落の連鎖が起こります。そして2005年には46万円にまで下がりました。

　大阪市内の地価はいったん上昇し始めますが、2008年 9 月15日に、アメリカ合衆国の投資銀行であるリーマン・ブラザーズ・ホールディングス（Lehman Brothers Holdings Inc.）が経営破綻したことに端を発した、いわゆる**リーマンショック**で下落します。そして近年のマクロ経済の回復を受けて、大阪市内の地価は上昇に転じました。このように大阪市の地価は世界や日本のマクロ経済状況とともに、大阪あるいは関西経済活動の動向に左右されながら変化しているのです。

　大阪市全体の平均地価は上昇傾向にありますが、地域的な偏りがあるかもしれません。そこで、地価が反転上昇し始める2012年から2017年の地価（住宅地と商

Part3　都市の衰退と再生

図6-4　大阪市の地価動向

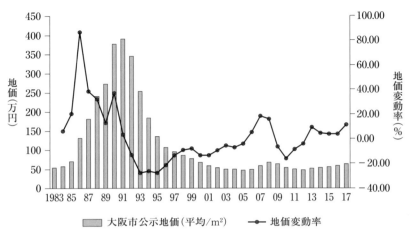

資料）土地代データ（https://tochidai.info/osaka/osaka/）

業地。国土交通省「都道府県地価調査」による）の変動を区別に見たものが**表6-2**です。これを見ると、商業地の地価が大きく上昇していることが分かります。近年の再開発やインバウンド客の増加によるのですが、上昇率には区間で大きなバラツキが見られます。北区や阿倍野区のような大規模再開発が行われた区は大きく上昇していますが、大正区や東住吉区のように下落している区もあるのです。また住宅地については多くの区で下落傾向が続いています。とくに都心周辺区での下落が目立っています。

　このように、地価という経済指標で見るかぎり、商業活動や観光客の増加によって経済が活発化している都心部と、依然、停滞が続いている都心周辺部との間の格差が拡大していると言えるでしょう。この停滞地区の活性化が大都市の主要な課題の一つとなっています。

　本書は大阪市を対象に地価の分析を行いましたが、地価については国土交通省の「標準地・基準地検索システム」（http://www.land.mlit.go.jp/landPrice/AriaServlet?MOD =2&TYP =0）で詳細な情報を入手することができますので、関心のある地域について分析してみてください。

第6章　都市構造の変化とそのメカニズム

表6-2　区別に見た地価の変動（大阪市）

（単位：1000円、％）

住宅地				商業地			
	2012年7月	2016年7月	変動率		2012年7月	2016年7月	変動率
天王寺区	4,605	4,853	5.39	北区	10,880	24,776	127.72
中央区	4,315	4,495	4.17	中央区	10,306	22,384	117.19
阿倍野区	3,076	3,410	10.86	西区	5,786	7,535	30.23
北区	3,050	3,153	3.38	淀川区	5,592	6,963	24.52
住吉区	2,591	2,603	0.46	天王寺区	5,060	6,458	27.63
都島区	2,590	2,585	− 0.19	福島区	4,293	6,035	40.58
福島区	2,577	2,967	15.13	浪速区	3,851	5,125	33.08
城東区	2,420	2,494	3.06	阿倍野区	3,840	9,813	155.55
港区	2,393	2,334	− 2.47	東住吉区	3,550	3,450	− 2.82
旭区	2,367	2,265	− 4.31	都島区	3,540	3,767	6.41
淀川区	2,272	2,308	1.58	港区	3,240	3,250	0.31
東住吉区	2,267	2,255	− 0.53	東淀川区	2,980	3,060	2.68
東成区	2,170	2,170	0.00	旭区	2,950	2,880	− 2.37
住之江区	2,165	2,145	− 0.92	平野区	2,945	3,140	6.62
鶴見区	2,120	2,055	− 3.07	西淀川区	2,930	2,930	0.00
東淀川区	1,956	1,940	− 0.82	東成区	2,900	2,917	0.59
西淀川区	1,940	1,918	− 1.13	住之江区	2,890	2,920	1.04
此花区	1,935	1,933	− 0.10	城東区	2,865	2,935	2.44
大正区	1,930	1,880	− 2.59	生野区	2,423	2,385	− 1.57
平野区	1,870	1,834	− 1.93	鶴見区	2,370	3,170	33.76
浪速区	1,800	1,950	8.33	住吉区	2,350	2,890	22.98
生野区	1,800	1,780	− 1.11	大正区	2,330	2,175	− 6.65
西成区	1,647	1,583	− 3.89	此花区	2,230	2,430	8.97
西区	—	2,590	—	西成区	1,870	2,030	8.56
大阪市	2,409	2,400	− 0.37	大阪市	6,017	10,595	81.07

資料）国土交通省「都道府県地価調査」

Part3 都市の衰退と再生

4 インナーシティ問題

4.1 インナーシティとは

　リンゴを半分に切って放っておくと、「芯」の部分と「皮」の部分とが残り、「実」の部分はひなびていきます。芯は**中心業務地**（CBD, central business district）、皮は郊外の住宅地、そして、実の部分が**インナーシティ**と呼ばれる衰退地区です。人口および地価という指標で見ると、大阪市内でもとくに都心周辺部の停滞が依然として続いています。このエリアがインナーシティに当たります。インナーシティは、商業や住居、工場などが混在している地域でもあります。昼間人口も多く、商業も盛んにおこなわれ栄えているときはいいのですが、人がいなくなり、商業も衰え、住宅の劣化、空き家の増加などの環境の悪化が進むと、そのエリアは衰退していきます。

　インナーシティ問題は欧米先進国の主要都市の重要な政策課題です。1940年代以降、イギリスでは新しい街への投資が盛んにおこなわれ、その結果古い大都市のインナーシティ地域では、建物の荒廃などが進み、それに関連して住民の貧困、犯罪の発生など多くの問題がみられるようになりました。住宅や建物の物理的な荒廃だけでなく、そこに生活している人びとの貧困や孤独感等からの精神的なダメージなども含め、1970年代になってインナーシティ問題として認識され始めました。このようなインナーシティでの環境の悪化は、失業者を多く生み、粗悪な住宅建築を招き、老朽化を早め、さらには子供たちの教育の低下や犯罪の多発につながっていきました。

　1977年6月、イギリスの環境省（当時）が「インナーシティ政策」を発表したことを契機に、インナーシティ問題はにわかにクローズアップされるようになりました。それまで大都市郊外のニュータウン政策に注いできたエネルギーを、ロンドン、リバプール、バーミンガムといった大都市内部地域の再生に注ぐことを提案したこの報告書によって、イギリスの地域政策はこれまでの大都市抑制策から大都市の再生へと方向転換をせまられたのです。

　インナーシティ問題は、国によっても、また地域によっても現れ方は違っていますが、一般に、人口の減少、住環境の悪化、経済基盤の低下、老齢化・高失業

第6章　都市構造の変化とそのメカニズム

率・低所得化といった社会構造を特徴とすると言われています。欧米の主要都市には多量の未利用地が存在し、インナーシティの最も困難な問題の一つと言われています。土地利用規制の厳しさが、未利用となった土地の他の用途への転換を困難にしているという面もありますが、衰退地域であるために再開発の採算がとれず、ディベロッパーの開発意欲が盛り上がらないという点が大きいことも原因の一つであると考えられます。わが国では土地所有権が細分されていることもあって、大規模な空地が放置されるという問題はそれほど深刻ではありません。しかし、上で見たように経済的な衰退は着実に進んでいるのです。

4.2　日本におけるインナーシティの実態—大阪市の事例—

　ここで、大阪においてインナーシティがどのような状況にあるかをいくつかの指標で見てみましょう。

4.2.1　高齢化の進行

　図6-5では都心へ人びとが戻ってきた1995年から2015年の期間における老年化指数の変化と老年人口指数の変化を示しています。老年化指数とは、老年人口（65歳以上人口）を年少人口（15歳未満人口）で割った値を百分率で表した指数です。また老年人口指数は、老年人口を生産年齢人口（15歳以上64歳以下人口）で割った値を百分率で表した指数です。いずれの指数も高齢化をあらわすのに用いられる指標ですが、老年人口との比率をとっているという点で、年齢3区分による人口のバランスをみることができます。

　どちらの指数も、値が大きいと老年人口が相対的に多いわけですから、高齢化がすすんでいることを示します。指数の値が小さいと年少人口や生産年齢人口とのバランスがとれ、高齢化が是正されていることを意味します。高齢化率の指標が、総人口に対する65歳以上人口の割合ですから、それに比べるとこれらの指標は、世代間のバランスをより強く反映している指標と言えます。大阪市ではほぼすべての区でこの20年の間に指標の値が大きくなり、年齢間のバランスが悪くなって高齢化が進んでいることが分かります。しかしながら、中央区では老年人口指数の値が低下しているのに対して、西成区、生野区、旭区といった都心周辺区でとくに高齢化が進行しています。大阪市全体でも高齢化が進んでいますが、進行の度合いはエリアによって異なっているのです。

125

Part3　都市の衰退と再生

図6-5　高齢化の進行

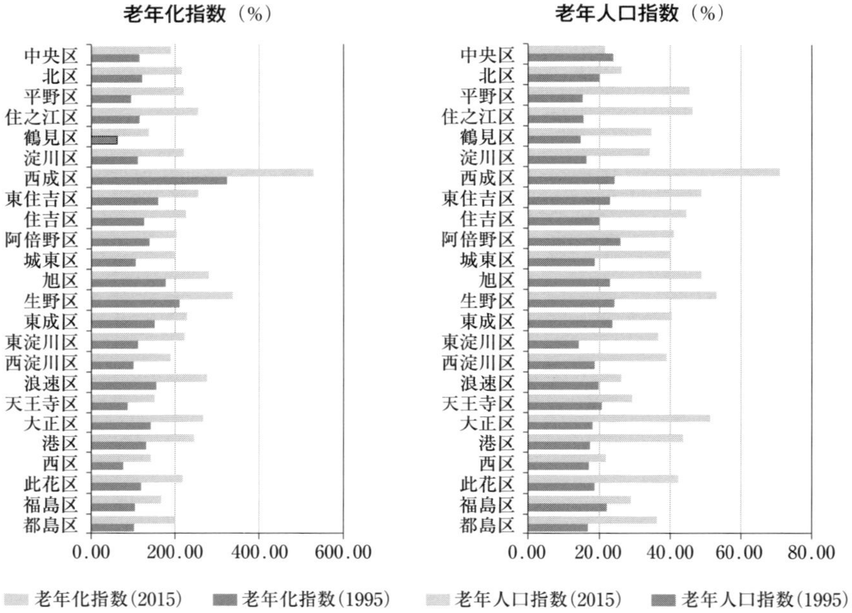

老年化指数（％）　　　　　　　　　　　　老年人口指数（％）

■ 老年化指数（2015）　■ 老年化指数（1995）　■ 老年人口指数（2015）　■ 老年人口指数（1995）

資料）総務省「国勢調査」

4.2.2　産業活動の停滞

　産業、労働の点から大阪市の構造がどのように変化したのかを見てみましょう。

　図6-6では、1994年から2016年の全産業の事業所数と製造業の事業所数の変化を表しています。大阪市のすべての区でこの期間、事業所数が減少しています。市全体で1994年には26万6100であった事業所数が2016年には19万1854と、約28％減少しました。しかし、区別に見ると偏りが見られます。中央区などの中心地では20％前後の減少率ですが、周辺区になると40％以上減少している区もあるのです。

　製造業は大阪市全体で50％程度の減少となっており、市の製造業の衰退が顕著です。しかし、とくに東淀川区、旭区、城東区、住吉区、西成区では65％以上の減少率となっています。こうした従来から工業が盛んであったエリアでの産業活動の停滞が、第3章3節で見た「累積的衰退」を引き起こしていると言えます。

　インナーシティの特徴の一つは経済活動の停滞とそれにともなう高い失業率で

第 6 章　都市構造の変化とそのメカニズム

図 6-6　事業所数の変化（1994－2016年）

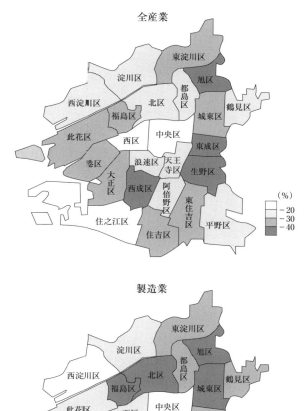

資料）総務省「事業所・企業統計調査」（1994）、経済センサス-基礎調査（2016）

127

Part3　都市の衰退と再生

図6-7　完全失業率（2010年）

資料）総務省「国勢調査」

す。**図6-7**には2010年の完全失業率が示されています。大阪市の中心である北区、中央区、西区等の中心部の区では低い失業率となっており、しかも、1995年に比べて低下しています。これに対して西成区の17.9％（1995年は15.0％）、淀川区の11.8％（同7.7％）等、周辺区で高くなっています。

「**理論で考える：住宅立地のモデル**」で、所得水準が上昇することで人びとは都心から遠いところに転居することを示しました。その他にも子供が大きくなったり、交通機関が整備されたりすることも郊外居住の原因となります。ところが、理論では、所得水準等の属性はすべての住民で同じであるとして、最適住宅立地を考えていました。しかし、住民の間には所得水準に差が存在し、郊外に転居したくてもできない所得の低い人びとや、近所づきあいの関係で転居したくない高齢者がインナーシティに残る可能性があります。一方、所得水準が高く、通勤の機会費用が大きい人びとは職場に近い都心部に居住する可能性があります。このように考えるなら、所得の低い人びとが都心部と良好な住宅地（郊外）とにはさまれたインナーシティに低所得者が多く居住する可能性が出てきます。**図6-8**は年収300万円未満世帯比率を区別に見たものです。周辺区において相対的に低

第6章 都市構造の変化とそのメカニズム

図6-3 大阪における低所得層の分布

資料）総務省「住宅・土地統計調査」

所得層の比率が高くなっていることが分かります。

4.2.3 住宅事情

　住民生活にとって住宅の質は重要な要素です。インナーシティの住宅事情を検証してみましょう。**図6-9**は総住宅数に占める空き家の割合を2003年と2013年について見たものです。都心部では空き家率は低下していますが、周辺部ではむしろ上昇しています。**空き家問題**はインナーシティだけでなく、大都市圏郊外の住宅地においても発生しており、社会問題にもなってきているところです。

　図6-10は住宅の広さの地域的特徴について、最低居住水準に達しない住宅の比率で示しています。**最低居住水準**とは健康で文化的な住生活の基礎としての必要不可欠な水準のことで、単身者の場合25 m²、2人以上の世帯の場合は、10 m² × 世帯人数 + 10 m² として計算されます。区によって高低差はありますが、大阪市内全域で最低居住水準未満の住宅比率が高いことが分かります。全国平均が7.1%であるのに対して大阪市は14.9%と高くなっているのは、狭い市域に多くの世帯を抱える大都市としての特徴と言えるかもしれません。ただ、居住水準の

Part3　都市の衰退と再生

図6-9　空き家率の変化（2003年、2013年）

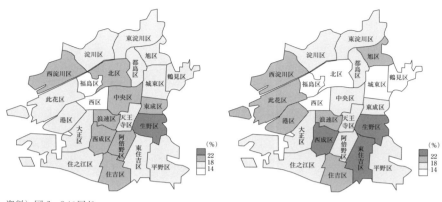

資料）図6-8に同じ。

図6-10　最低居住水準未満住宅の比率

資料）図6-8に同じ。

低い住宅は新規の入居者を探すのが困難なため、空き家化する可能性が大きいと言えます。

図6-11は古い住宅の地域分布を見るために、1970年以前に建てられた住宅の比率を見たものです。少なくとも築後40年以上が経過している古い住宅は市南部

第6章　都市構造の変化とそのメカニズム

図6-11　1970年以前建築の住宅比率

資料）図6-8に同じ。

および東部の周辺区に多いことが分かります。

ここで、大阪市内の2013年の区別データを使って、①1970年以前に建てられ少なくとも築後40年以上が経過している住宅の比率と、②最低居住水準未満住宅の比率が空き家率に影響を及ぼしているかどうかを、回帰分析を用いて検証してみました。回帰分析については第10章を参照してください。結果は以下の通りです。

　　　空き家率＝5.3＋0.707×（1970年以前住宅比率）
　　　　　　　（2.25）（3.77）
　　　　　　　＋0.387×（最低居住水準未満住宅比率）
　　　　　　　（3.62）

　　　　　　　　　　　　　　　　　自由度修正済み決定係数＝0.505

古い住宅の比率が高い区ほど、また居住水準の低い住宅の比率が高い区ほど、空き家率が高くなっています。そして、建築年と居住水準で空き家率の差の50.5％が決まるという結果です。

インナーシティは、高齢化が進んでいるエリアでもあります。空き家問題が住民の高齢化を背景としている場合には、古い住宅が空き家化している可能性が大

Part3　都市の衰退と再生

きいと考えられます。また、古い住宅の場合には新たな入居者が現れないことも空き家を増やす原因になっています。住環境が整っている郊外であれば、家屋を取り壊して新しい住宅として販売される可能性も大きいでしょう。ところが大都市内部の場合には、リノベーションによって住み続けられる京都の町家もありますが、多くの古い住宅は入居者がないままに放置されることが多いのです。

　インナーシティの再生にはさまざまな政策が必要ですが、再開発によって居住環境や企業の活動環境を改善することが必要だと言えます。

第 7 章

都市の再開発

都市の活性化を実現するためには、人や企業の活動に合わなくなった都市構造を変えていくことが不可欠です。そのための戦略の一つが再開発です。ただ、再開発の影響はさまざまなところにまで及び、都市の姿を大きく変えていくことから、実現はそれほど容易ではありません。本章では、再開発について経済学的にとらえながら、再開発がなぜ実現困難なのかを明らかにし、防災型再開発を取り上げ再開発における留意点を提示します。そして、少子高齢時代の地方都市での再開発の目的である縮小都市について考えます。

1　都市再開発の経済学

1.1　民間再開発の収支計算

　衰退している都市にとって救世主のように考えられているのが再開発です。第6章で見てきたように、とくにインナーシティは再開発による活性化が期待されているエリアと言えます。人口や事業所の転出を郊外で受け止めるためにはインフラを整備する等新たな費用が必要になり非効率です。それよりはむしろ既成市街地を再開発する方が効率的と言えます。ところが、既存の建物を壊して新しく建築することはそれほど容易ではありません。

　市場メカニズムの中で、土地所有者やディベロッパーが土地を再開発するかどうかは、既存の建物を取り壊して新しい建物を建築することによって得られる収益の大きさと、既存の建物を使い続けることによる収益との大小関係にかかっています。とくに、再開発のためには、既存の建物を取り壊し、新しい建物を建設

133

Part3 都市の衰退と再生

するという費用がかかります。成長著しいエリアであれば、高い将来収益（賃貸料収入等）を見込むことができます。ところが、衰退エリアの場合、高い収益を見込めず、取り壊し費用や建築費用を回収できない可能性すらあります。つまり、本来なら再開発の必要性が高い衰退・停滞エリアにおいて再開発の実施が困難なのです。エリアによっては老朽化したビルがそのまま放置される可能性があります。この点を、Harvey（1996）を参考にしながら理論的に考えてみましょう。

　理論のポイントは既存ビルと新築ビルの資産価値の比較です。資産価値は当該資産が将来発生させてくれる純収益を現在価値に換算（現在価値についてはKey Word を参照してください）したものです。そして、「新築ビルの資産価値＞既存ビルの資産価値」という条件が満たされる場合に再開発が実現することになるのです。

Key Word　現在価値

10年後に100万円もらうのと現在99万円もらうのとでは、おそらく今99万円をもらう方が得でしょう。それは、10年後の100万円を現在の価値に換算すると、99万円よりも小さくなると考えられるからです。このように将来の価値を現在の価値に換算したものを現在価値と言います。n 年後に受け取る収入の現在価値は一般に次の式で求めることができます。

$$現在価値 = \frac{n年後に受け取る収入}{(1＋金利)^n}$$

☞ 理論で考える：再開発を「実施するかしないか」の決定

　図には既存ビルをそのまま利用する場合の各時点の資産価値（V_0）と、再開発を行ったときの資産価値（V_1）が描かれています。ビルの資産価値は、ビルが発生させる将来の純収益（＝総収益－総費用）の割引現在価値の合計額です。賃貸用ビル（住宅でもオフィスでもよい）を考えると、年間賃貸料収入からビルのメンテナンス費用（この中には建物にかかる固定資産税も含まれる）を差し引いた額が年間純収益となります。ただし、再開発の場合には、既存のビルを撤去し、新たにビルを建築する必要がありますので、撤去費用と新築費用とを年間純収益の現在価値から差し引かなければなりません。資産価値を求める式は Column7 を参照してください。

第7章 都市の再開発

　建築後間もないビルは高い賃貸料収入を生み、一方、ビルのメンテナンス費用は少なくてすみます。ところが、ビルが古くなるにつれて賃貸料収入は低下し、他方メンテナンス費用は増加していきます。そのため、たとえビルの耐用年数が残っていたとしても、予想年間純収益はゼロになり、ビルの資産価値はゼロになる時がやってくると考えられます。それが t_c です。

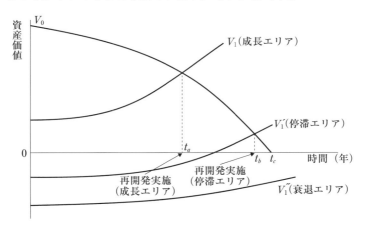

　再開発を実施した時間（年）毎の資産価値は V_1 です。再開発の実施を遅らせる（つまり、右にいく）ほど資産価値が大きくなっているように描かれているのは、再開発はその時々に最も有利な用途向けに開発を行うことができますので、年間賃貸料収入が上昇することを想定したためです。再開発後のビルの資産価値は成長、停滞、衰退と、エリアによって異なります。停滞・衰退エリアでの資産価値は、ビルの賃借需要が小さく賃貸料が高く設定できないために低い位置に、成長エリアでは賃貸料を高く設定できるために上方に位置します。

　再開発は既存ビルの資産価値 V_0 よりも新築ビルの資産価値 V_1 が高く時点で実行に移されます。成長エリアでは t_a ですが、停滞エリアでは t_b と遅くなります。また、衰退エリアではビルの撤去や建築にかかる費用を将来の賃貸料収入では回収できないために再開発は実行されません。

　本来なら、再開発が必要なのは停滞・衰退エリアですが、上で見たようにこれらのエリアでの再開発は困難です。とくに、採算性の低い住宅地としての再開発を民間に完全に委ねるのでは実現しない可能性が大きいのです。このようなエリ

Part3　都市の衰退と再生

Column7　ビルの資産価値の求め方

いま、B_{0t}を既存ビルの予想年間賃貸料収入、C_{0t}を既存ビルの予想年間メンテナンス費用、iを割引率、jを建築後年数、nをビルの耐用年数とすれば、既存ビルの現在の資産価値V_0は、

$$V_0 = \sum_{t=1}^{n-j} \frac{B_{0t} - C_{0t}}{(1+i)^t} \qquad ただし、1 < j < n$$

で表されます。

B_{1t}を新築ビルの予想年間賃貸料収入、C_{1t}を新築ビルの予想年間メンテナンス費用、Dをビルの撤去費用、Bを新築費用とすると、再開発時点での新築ビルの資産価値V_1は、

$$V_1 = \sum_{t=1}^{n} \frac{B_{1t} - C_{1t}}{(1+i)^t} - (D+B) \quad ただし、1 < j < n$$

です。

アでは、税の優遇や補助金の交付によって民間部門に再開発のインセンティブを与えたり、**公民連携**で再開発を実施したりすることも考えなくてはなりません。

1.2　再開発を阻むその他の要因

エリアの経済力以外にも、再開発を阻む要因があります。

第1は、住宅の価値が近隣の住宅水準に影響されるという、住宅が持つ外部性の問題です。ある所有者が住宅を建替えて、その市場価値を上げようとしても、近隣の住宅が低水準のままでは、建替えのための投資に見合うだけの市場価値の上昇は見られません。逆に、近隣の住宅が建替えられれば、エリアの環境が改善されることによって、何もしなくても資産の市場価値は上昇します。すべての住宅所有者が同じ状況におかれるなら、誰も率先して建替えを行わないでしょう。これは、**囚人のジレンマ**（prisoner's dilemmma）という状態が住宅市場にも発生することを示しています（Otto and Andrew（1961））。囚人のジレンマとは、お互い協力する方が協力しないよりもよい結果になることが分かっていても、協力しない者が利益を得る状況では互いに協力しなくなる、というジレンマのことで、ゲーム理論におけるゲームの一つです。Key Wordを参照してください。

第7章　都市の再開発

Key Word　囚人のジレンマ

いま、2人の犯罪者（共犯）が逮捕されたとします。2人とも犯罪を自白するか、それとも黙秘するかの決断に迫られます。2人とも黙秘したとすれば1年の服役、両方とも自白すれば服役5年になるとします。もちろん、2人とも黙秘を続けるのが2人にとって最も刑を軽くする方法です。ところが、自分は黙秘しているのに、もう1人が自白している可能性があります。その場合、自白した人は釈放、黙秘を続けた人は10年の服役になるとしましょう。このとき、2人が互いに協力して黙秘するようにしないかぎり、2人とも自分が有利になるように自白し、結局2人とも自白し、5年の服役になります。

いまAさん、Bさんという隣り合った土地の所有者がいるとします。現在建っているビルが古く高い賃貸料が入らないために、土地の収益（リターン）が低下してきました。そこで2人とも建物を建替えて（投資）収益を改善したいと考えています。ところが実際には再開発が実現しない可能性があるのです。**表7-1**のように、2人とも投資をすればお互い8％の収益率を手に入れることができます。ところが、投資をしてももう1人が投資しなければ、負の外部性が発生するため4％の収益しか確保できません。一方、投資をしない土地所有者にとっては、隣の土地に建つビルが新しくなることによる正の外部性が生まれるために現在の土地の収益率は10％に上昇します。このような状況下では、2人が協力し合わないかぎり、ともに投資をしないことを選択します。その結果、収益率は5％のままになるのです。この理論は、土地所有者が協力して地域全体の土地収益を改善するという取り組みをしないかぎり再開発は実現しない可能性があることを示しています。

第2は、固定資産税の存在が再開発を阻むことです。日本の固定資産税は、土地に対するもの、家屋に対するもの、償却資産に対するものに区分されます

表7-1　再開発と囚人のジレンマ

		Bさん	
		投資しない	投資する
Aさん	投資しない	5％、5％	10％、4％
	投資する	4％、10％	8％、8％

注）各欄の収益率の数値は、左がAさん、右がBさん。

（Key Word を参照）。土地に対する固定資産税は、土地の保有コストであり、それを支払うためには、土地利用を高度化して、より高い収益が見込める用途に土地を利用することを促進します。

　これに対して、家屋に対する固定資産税は、**再建築価格**という、現時点で建替えた場合にかかるであろう建築費に減価償却を考慮したものが課税標準となっているため、建替えによって税負担が増加する仕組みになっているのです。そのため、建物を新しくすることを抑制する効果を持つことになります。建物に対する固定資産税を軽減すると、建築後数年を経過した既存のビルに比べて、新築ビルの**資本還元価値**を大きく増大させ、その結果、民間再開発が促進される可能性が生まれます。

　土地に対する固定資産税については、住宅利用に関しては負担能力が弱いとみなし、税負担を軽減するため、課税標準額は**小規模住宅用地**（住宅1戸あたり200 m²までの部分）については評価額の6分の1、一般住宅用地（住宅1戸あたり200 m²を超える部分）については評価額の3分の1とする軽減措置が設けられています。日本の場合、業務用地と住宅用地とが隣り合っているケースが多いのですが、かりに地価が同じだったとしても、住宅に使っている方が固定資産税の負担は軽いのです。土地の所有者が住宅地から商業地等に利用形態を変更すれば、固定資産税の負担は一気に増加します。このことが業務用地への転換を妨げる結果になっている可能性があります。用途に関係なく負担水準が同じであれば、土地という資源の利用に対しては影響を与えないという**土地保有税の中立性命題**が、日本の場合は満たされていないのです。中立性命題については、「**理論で考える：土地保有税の中立性命題**」を参照してください。

Key Word　固定資産税

固定資産税は固定資産（土地、家屋、償却資産）の価値に着目して課される税であり、納税義務者は固定資産の所有者です。税収は2015年度で8兆7550億円、市町村税収の41.5％に達し、市町村民税と並ぶ基幹税となっています。税収面では、バブル期の地価高騰によって土地分が家屋分を上回りましたが、現在では家屋が最大となっています（家屋3兆6911億円、土地3兆3952億円、償却資産1兆5776億円、2015年度）。税率はすべての固定資産に1.4％が適用されますが、課税標準は、土地に関しては適正な時価、家屋が再建築価格、償却資産は取得価格というように異なった方式で計算さ

第7章　都市の再開発

れます。土地分の税額を計算するために土地の評価を行いますが、固定資産税評価額は、実際に売買がなされる際の取引の目安とされる「地価公示価格」の70%の水準になるように調整され、ここから税率が適用される課税標準が算出されます。その際、住宅地に関しては、負担を軽減するために特例が設けられています。このことが本文で示したような用途間の負担の差を生んでいるのです。

　都市において住宅地を確保したり、住民の負担を軽減したりするという政策上の配慮から住宅を軽課することはあるかもしれませんが、一方で、現行の固定資産税は再開発、とくに住宅地から業務地への転換をともなう再開発を妨げているとも言えるのです。このように、負担軽減という公平性の基準と、資源配分の効率性確保という基準の間にはトレード・オフの関係が存在するのです。再開発によって住民が転居を余儀なくされるという現象については次節で解説します。

☞理論で考える：土地保有税の中立性命題

　土地税制において用途間に課税標準の違いがあれば、それは実効税率（税負担額÷地価）の差を生み、経済主体の土地利用行動に楔を打ち込むことになります。つまり、課税標準の特例によって実効税率が低い住宅用途に土地利用が偏るのです。

　現行の住宅地軽課がどのような効果をもたらすかを次頁の図で説明しましょう。一定量の土地が存在し、それが商業と住宅に用いられるとします。商業用途の土地需要曲線は左から右下がりの AA、住宅用途の土地需要曲線は右から左下がりの BB です。土地は高い価格を付ける用途に利用されますので、課税が無い場合には、土地総量は、商業用途は ab、住宅用途は bc となります。

　地価は土地の収益を資本価値に還元したものですから、課税は土地の保有コストを増加させ、土地収益が減少するので、需要曲線は下方にシフトします。問題はシフトの幅です。もし、商業地と住宅地に同じ税率で課税されるなら、商業用途の需要曲線は $A'A'$ に、住宅用途の需要曲線は $B'B'$ にシフトし、土地総量の商業と住宅の配分は課税前と変わりはありません。土地保有税の課税後も土地の用途に変化が生じない、つまり、資源配分に歪みが生じないことを土地保有税の中立性命題と呼びます。

　ところが、現行の固定資産税のように住宅地を軽課すると、住宅用途の需要

曲線は $B''B''$ となり、このときには商業用地は de に減少し、住宅用地は ef に増加することになり、土地の配分に歪みが生じるのです。

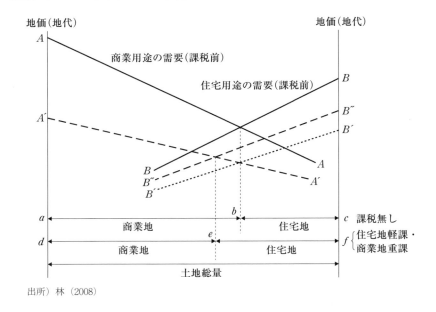

出所）林（2008）

　第3は再開発が必要な衰退地区の土地所有が細分化されていることです。わが国の土地所有形態の特徴は、小規模の土地が多数の人によって所有されているところにあります。とくに再開発が必要とされるインナーシティにおいては狭小な敷地面積の住宅が密集しています。まとまった規模の土地を集約しなければ再開発の効果は上がりません。しかし、土地が細分化され所有者の数が多い日本において、先の囚人のジレンマの発生を防止するためにも、協力関係を強化する仕組みと仕掛けが必要なのです。そのためにも公共部門の介入によって土地の集約化も必要になるかもしれません。

　第4は、再開発によって困窮する人びとがいることです。たしかに、都心居住を避けていた高所得層が、再開発され、快適さをとりもどしたエリアに大量に流入し始めます。その結果、地価や家賃、固定資産税などが上がり、それまでの居住者が住みづらくなり、追い出される、という現象が起こります。これが**ジェン**

第7章　都市の再開発

トリフィケーションと呼ばれる現象です。低質住宅の市場が低所得層の住宅需要によって維持されているという面は、高度成長期ほどではないにしても、完全に解消されたわけではありません。低水準の住宅が持つこのような機能を再開発によって失わせてしまわないためにも、立ち退き者に対する住宅の確保は重要です。

2　再開発の推進と政府の役割

2.1　防災対策としての再開発

　1.1節で採算性の低い住宅地としての再開発を民間に完全に委ねることの困難さを述べました。その際に何らかの政府の介入が必要になってきます。政府介入の必要性が高い再開発事業の一つが、防災に関する例です。古い木造家屋が密集して立ち並ぶ、いわゆる木造密集地域は、阪神・淡路大震災での被害状況をみると明らかです。しかしこのような地域では、民間による一部の再開発を行っても、1.2節で述べたような住宅のもつ**外部性**によってなかなか採算が見込めないため、再開発が進みません。しかし放置しておくことによる災害時の被害は、そのエリア内にとどまらず、周辺の道路ネットワークを寸断したり、火災被害の延焼を招いたりします。このような地域では、居住者自身が大きな災害リスクにさらされているだけでなく、外部性によって周辺地域の被害をさらに大きくする可能性が非常に高いのです。このような場合、居住者は自らのリスク軽減のためだけでなく、外部性をも考慮して耐震化等の投資を行う必要があるのですが、居住者自身もこのような多くのコストをなかなか支払うことはせずに、現状維持を選択してしまいます。このように、開発者も居住者も環境を改善しないという状態の放置は、決して望ましいものではなく、国や自治体が何らかの施策をとる必要があるのです。では具体的にはどのような政策を国は行っているのでしょうか。

　1995年に「建築物の耐震改修の促進に関する法律」、1997年に阪神・淡路大震災の経験を踏まえて、「密集市街地における防災街区の整備の促進に関する法律」（以降、**密集法**と記載）などを国が制定しています。この法律には、「密集市街地について計画的な再開発又は開発整備による防災街区の整備を促進するために必要な措置を講ずることにより、密集市街地の防災に関する機能の確保と土地の合理的かつ健全な利用を図り、もって公共の福祉に寄与することを目的とする」と

141

Part3　都市の衰退と再生

記載されています。地域の安全度向上のための建替え等による整備が促され、さらにこれにのっとった整備を進める上で障害になってくる建築基準上のさまざまな規制は、緩和や合理化がすすめられているのです。

　さらに2003年に密集法の改正が行われ、地震時に特に大きな被害が想定される地域については、「防災再開発促進地区」として自治体が定め、国からの補助などを通して、整備を重点的に促進する試みがとられています。このような密集市街地における再開発は、住環境について大きく改善される可能性があり、人口転入が起こったり、居住者の所得層が変化したり、土地の価格が上がったりすることが考えられます。実際、この地域の再開発がすべて完了しているわけではありません。しかし、指定を受けたことで、再開発が行われる可能性が非常に高くなったわけです。このような情報によって地価は変動すると考えられ、この価格差を用いて政策の効果を算出することができます。ある地域に鉄道駅ができる、ということが決まるだけでその地域の将来の地価の値上がりを見越して、需要が出てきます。その結果、まだ駅ができていないのに地価が上昇します。それと同じです。

　採算性の低い地域での再開発を推進するためには政府の介入と支援が必要であり、そのためには費用がかかります。しかし、再開発がもたらす住環境の改善という便益を計測することができれば、再開発政策の評価が可能になります。

2.2　「差の差」の手法による政策の評価

　ここでは、政策の評価を算出する手法として用いられることが多い、**差の差の手法**（Difference in Differences）を用いて、東京23区内の「**防災再開発促進地区**」として指定されたことがどの程度の効果をもたらしたのかを、地価を用いて簡単に調べてみましょう。効果をみる指標として、地価と居住者の所得水準を例にみてみましょう。差の差の手法は、法整備や政策転換といったイベントが市場にどのような影響を与えるかを、4つに分けたグループごとの指標の平均値を比較する方法です。4つのグループとは、イベント発生の前と後の2グループを、さらにイベントが起こった地域と起こっていない地域の2つに分けた合計4つのグループです。これらグループ内の平均値の差から、グループ間でさらに差をとる手法です。詳しくは第12章「「差の差」の手法」で示していますので参考にしてください。

142

第 7 章　都市の再開発

表 7-2　平均年収と地価の「差の差」の値

	平均年収(万円)			地価(万円/m²)		
	2005年	1990年	差(年度間)	2011年	1993年	差(年度間)
再開発促進地域	467.91	467.34	0.57	305,321	490,857	−185,536
その他の地域	462.09	516.02	−53.93	283,884	490,607	−206,724
差(地域間)	5.82	−48.68	54.50	21,438	250	21,188

　表 7-2 では、この 4 つの区分によるそれぞれの値の平均値を示しています。住宅地での木造密集地域においては、借家世帯が多いと思われますので、平均年収の値は、一般借家世帯の平均年収を用いています。また、地価の値は用途地域でいう低層住居専用地域の値を用いています。また「防災再開発促進地区」が指定されたのが2000年前後ですので、データの利用可能性とその年度の前後の年度のデータを用いています。なお、東京都では1999〜2004年にわたって82地区が指定されています。詳しくは東京都都市整備局の「防災街区整備方針の概要」を参照してください。

　それぞれの平均値について、まずは指定後の値から指定前の値を引きます。その値が右列の差（年度間）になります。そしてそれをさらに指定地域から指定外地域の値を地域間で引き算することで、右下の網掛けの「差の差」の値になります。この値がプラスであると、政策の効果がプラスであることを意味します。年収については、それほど大きな値ではありませんが、54万円のプラスの値となっており、「防災再開発促進地区」の指定の効果が年収にして54万円であることが分かります。指定を受け、再開発事業が行われた地域では、防災や防犯といった点での居住環境が大きく改善されたため、これまでより高い所得層の人びとが流入してきている可能性があるということです。

　同様に地価についても「差の差」の値は正で算出されており、環境改善の影響が地価に正の影響を与えたことが分かります。地価バブル崩壊後の1993年から2011年までの地価は下落しているのですが、「差の差」の値が正であることは、「防災再開発促進地区」に指定された地域の下落幅が、そうでない地域に比べて小さかった、ということになります。再開発等により居住環境が改善された分、地価が上昇し、その他の地域よりも下落が抑えられたということです。

　防災対策を目的とした再開発は地区の生活環境を改善する効果を持っていることが地価の上昇という形で検証されました。ところが、再開発をきっかけに、よ

143

Part3 都市の衰退と再生

り高い所得層の人びとが当該地域に流入しますが、一方で、それまで住んでいた人びとにとって、家賃や地価の上昇により、住みにくくなり流出していってしまうという**ジェントリフィケーション**と呼ばれる現象が23区の「防災再開発促進地区」指定地域において起こっている可能性があるとも考えられます（山鹿（2011））。再開発による住環境の改善という効果を失わせてしまわないためにも、立ち退き者に対する住宅の確保を並行して行うことが重要です。

3 都市の縮小

3.1 コンパクトシティ

　1970年代以降、先進工業国では、工業都市の衰退が顕著になってきました。2016年のアメリカ大統領選で脚光を浴びた、**ラストベルト（Rust Belt）**と呼ばれるアメリカの五大湖から東海岸にかけての地域はその典型で、石炭、鉄鋼、自動車産業で栄えた都市が産業の衰退で大きく変化し、都市の姿だけでなく人びとの心までもが活気を失っていった様子がクローズアップされていました。日本においても、郊外化により大きく膨らんだ都市の規模が、人口減少時代をむかえて、過大になってきており、効率的な都市運営ができなくなってきていると言われています。

　都市とは、人やモノが集積していくことで、そのメリットが発揮され、成長していくものと思われていました。しかし日本においても実際は、高度成長期に確かに人やモノは都市へ流入してきましたが、一方で郊外化により都市規模は大きくなり、都市機能は集積するというより、むしろ拡散していきました。そこへ人口減少が起こって、人や都市機能の穴あきが表面化し、都市の空間的な連続性が失われてきました。いわゆる**都市のスポンジ化**です。そこで、中心市街地に人や都市機能を再び集めることで、規模は小さくなっても集積の力を復活させようという縮小都市の議論が起こってきました。日本では効率的な都市を築いていこうとする策として、**コンパクトシティ構想**が重要視され、政府もさまざまな支援を行っています。公共交通ネットワークと中心商業地、そして住宅地の関係を空間的にどう配置し、コントロールしていくのか、そのためアイデアが多く提案されています。

しかし実際には、都市をコンパクト化する万能な処方箋は存在しません。都市ごとに現状は大きく異なっていますので、現状の都市がどのような状況になっているのかを、人口構成、産業構造、地価分布などについてきっちりと分析をした上で、その都市ごとにあった政策を行ってコンパクト化を進めていく必要があるでしょう。例えば、顧・中川・齊藤（2018）では、地方都市を対象に、コンパクトシティ政策実現の可能性について、都市の中心部と周辺部の地価などの格差に着目して詳細に分析しています。コンパクトシティ構想とは、周辺部から人や都市機能を中心部へと移すという方法ですから、中心部と周辺部の地価の格差が大きいと、人や都市機能の移動コストの点で中心部への移動が難しくなります。

この点に関しては、第6章の「**理論で考える：住宅立地のモデル—大都市圏内での人口移動—**」を思い出してください。中心部と周辺部との地価の差が大きい都市圏ほど、都心部から離れてすむことのメリット、つまり地価の下落分が大きくなります。そのため、**最適住宅立地点**は都心部から遠くなるということでした（「人口の都心回帰はなぜ起こったのか」参照）。コンパクトシティは中心部に居住地を移すということですから、郊外に住んでいる人びとにとっては利益にはならないのです。また、交通機関が郊外にまで伸びている都市圏では、やはり最適な住宅立地点は中心部から遠くなります。

このように、中心部と周辺部の地価の開きが大きかったり、交通機関が発達したりしている都市圏においては、市場メカニズムはコンパクトシティ化を難しくするのです。したがって、コンパクトシティ構想を実現するためには市場の力を上回るほどの公的介入が不可欠だと言えるでしょう。コンパクトシティ政策で有名な富山市は、地価の中心部と周辺部の格差があまり大きくなかったことに加え、積極的に周辺部から市内中心への人の移動を促す政策を導入したため、一定の成功をおさめることができたのです。

3.2　コンパクト化のための支援制度

国はコンパクトシティ構想に対してどのような支援策を行っているのでしょうか。国土交通省が導入している「集約都市（コンパクトシティ）形成支援事業制度」について紹介しましょう。この制度は、「コンパクトなまちづくりを推進するため、立地適正化計画の計画策定や、医療、福祉施設等の集約地域への移転促進、移転跡地の都市的土地利用からの転換等に対する支援を行う」ものとしてお

Part3 都市の衰退と再生

り、「医療・福祉施設、教育文化施設等の地域の生活に必要な都市機能の中心拠点への移転に際し、旧建物の除却処分費用や跡地の緑地化費用等へ助成を行う」としています。また2015年には「コンパクトシティ形成支援チーム」と言われる都市のコンパクト化に関係する省庁が横断的に支援できる枠組みができています。この支援チームでは、目指す都市像や目標値が明確で、コンパクトシティ化の効果の発揮が期待される都市をモデルケースとして選び、重点的に支援を行っています。その第1号が北九州市でした。北九州市の事業は、中心部での定住や中心部への移住を強力に推進するため、**居住誘導区域**での住宅取得のための費用の一部を補助する事業です。このように中心地への移動費用を補助することで、居住誘導区域内での新築住宅の建設や既存住宅の取得を促進しているのです。2017年には10都市がモデル都市として選定されましたが、その一つ、山形県鶴岡市はこの制度を利用して、居住誘導区域内での空き家や空き地利用をあっせんし、誘導区域内での居住再集約を促進しました。その結果、居住誘導区域内の空き家が5年で13%減少するという成果をあげています。

　このように国をあげての支援を後押しに、各自治体も明確な目標値を定め、一定の成果をあげている自治体も出てきています。一方で課題もあります。一つは**ガバナンス**の問題です。人びとが生活する上での実質的な都市圏は一つの市町村内でおさまっていない場合があります。より効率的に都市を縮小していく際に、行政区域を越えたガバナンスを考える必要があるでしょう。より効率的に都市を縮小し運営していくためには広域行政についての議論は不可欠です。また、コンパクトシティのように、公共施設や民間施設の再整備が不可欠な地域開発・都市開発を実現するためには公民が協力して事業にあたる必要があります。こうした「広域連携」と「公民連携」は地域発展のための重要な戦略であり、第9章で取り上げます。

　そしていま一つは、縮小が進んでいったとしても、高齢者などは移動が難しく郊外で取り残される可能性が十分にあることです。実際に富山市においても、コンパクト化により郊外の人口が減少し、中心部への移動がみられましたが、周辺部での高齢者比率の上昇がみられ、移動が難しい高齢者が取り残されています。取り残された人びとへの対応をどうするのか、コンパクト化が進めば進むほど、この問題への対応が重要な政策課題になってきます。この点についてより深く学ぶには中川・齊藤（2018）を参考にしてください。

Part4

公共部門の役割とあり方

第 8 章

地域政策効果の最大化とその条件

第 2 章では、「地域の資源を有効に活用して地域住民の幸せ（経済学でいえ
ば「効用」）を最大にする」ためには、①利用可能な地域資源を拡大するた
めの地域経済成長とともに、②限られた資源を効率的かつ適正に活用する
（２つの効率性：配分の効率性と生産の効率性）必要があることを指摘しま
した。本章では、②の資源配分の適正化について、政策課題と政策のあり方
について考えてみましょう。公共部門の効率化は地域政策に必要な財源を生
み出すことで地域活性化にもつながるのです。

1　配分の効率性

1.1　公共サービスの最適規模

　民間財・サービスの場合、企業や消費者は「価格」というシグナルに導かれて
行動し、それによって適正な資源配分が実現します。しかし、公共財・サービス
（以下では公共サービスとします）は市場での供給が不可能か、あるいは可能で
あっても望ましくありません。それは、公共サービスが、①対価を支払わない人
が財を消費することを排除できず、ただ乗りが可能であるという**非排除性**、②サ
ービスの消費者が競合しない、つまり同じサービスを複数の消費者が同時に消費
できるという**非競合性**を持っているからです。例えば道路は利用者が１人、２人
と増えていったとしても、追加的な費用（**限界費用**）はかかりません。したがっ
て、かりに何らかの方法で排除性を適用できたとしても、限界費用がゼロなので
すから、利用者から料金を徴収して利便性を奪ってしまうことは望ましくないの

148

第8章　地域政策効果の最大化とその条件

です。

　国や自治体といった公共部門の活動が非効率（2つの効率性を満たさない）になるのは、供給するサービスがこのような特徴を持つことが原因であり、公共部門の宿命と言えるかもしれません。また、公共部門は独占的であることからも効率的な資源配分への関心も薄くなりがちです。しかし、こうした要素があるとしても、公共サービスの財源は税金なのですから、非効率性を生む要因をできる限り排除し、最適規模のサービスを効率よく供給するための工夫が必要であることは言うまでもありません。

　それでは公共サービスの最適規模とは何か、それはどのように決定されるかを**「理論で考える：公共サービスの最適規模」**で解説しましょう。経済学における効率性のルールに従うなら、公共サービスの最適供給規模は、「公共サービスの供給を1単位追加したときに発生する社会的限界便益（社会的便益の追加分）が供給に必要な社会的限界費用に等しくなるところで決定される」ということになります。

☞ 理論で考える：公共サービスの最適規模

　いま、1種類の公共サービスと3人の住民からなる社会を考えます。次頁の図において、MB_a、MB_b、MB_c はそれぞれ、A、B、C という住民が公共サービスのさまざまな量の最後の1単位に対して支払ってもよいと考えている金額、つまり私的限界便益を表しており、各住民の需要曲線です。消費量が増えれば増えるほど、追加的なサービスから得られる満足は小さくなり（限界効用逓減の法則）、支払っても良いと考える金額は小さくなるため曲線は右下がりになっています。この公共サービスに対しては、C さんが最も大きい需要を示し、多くの公共サービスが供給されることを望んでいることになります。そして A さんの需要が最小です。このような需要量の違いは住民の所得水準の差や嗜好の違いによってもたらされると考えられます。

　公共サービスは競合せず、複数の人が共同で消費するという物理的特性を持っています。したがって、公共サービスの消費において混雑現象が発生しないとするなら、公共サービスがもたらす社会的限界便益は、MB_a、MB_b、MB_c を「垂直」に加えることによって得られます。これが MB_s であり、公共サービスに対する総需要曲線です。付け加えておくと、消費が競合する民間財の場

149

合には、総需要曲線は各個人の需要曲線を「水平」に加えることによって導かれます。ここで、公共サービスを生産するのに必要な限界費用を MC とし、単純化のために供給量にかかわらず一定であるとします。このとき、社会的にみた公共サービスの最適な供給量は、MB_s と MC とが等しくなる Q^* となります。このとき、社会にとっての純便益（総便益－総費用）は $\triangle abc$ と最大になります。供給量がこれより多くても少なくても、社会的純便益は小さくなりますので、Q^* は社会的に見た最適量なのです。

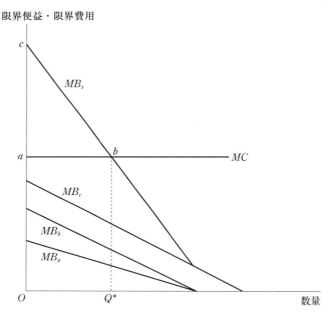

1.2　配分の効率性とオーツの分権化定理

　公共サービスの多くは、その便益の広がりが一定の地域に限られています。現在の中央集権システム下では、こうした**地方公共サービス**についても国が画一的に供給量を決定することが多いのですが、このことによって地域住民の選好に合わない公共サービスが提供され、資源のロスが発生している可能性があります。地方分権は「各地域が地域の特性を踏まえ、自らの責任において主体的に政策形成を行える環境を作り出すこと」であり、政府支出における配分の効率性を実現

第8章　地域政策効果の最大化とその条件

するための改革なのです。

　かつて自治体が供給していた公共サービスの多くは、住民生活にとって基礎的・必需的なものでした。生活必需品の消費は所得水準、性別、職業といった個人の属性にかかわらず大きな差がないのと同様、基礎的・必需的な公共サービスについては、住民間に選好の差はそれほど大きくはなく、国が画一的に供給量を決定したとしても大きな問題はなかったでしょう。しかし、国民の所得水準の上昇とともに私的な消費が高度化・多様化したのと同じように、公共サービスが基礎的・必需的なものから高次・選択的なもの、つまり、昔であればぜいたくだと考えられ、利用するかしないかの選択が可能なものにまで広がっている現在では、地域間で住民選好に大きな差が存在していると考えられ、中央集権は住民選好に合わないサービスを供給するという意味で厚生ロスを生む可能性が大きくなっていると言えます。

　このように、地方分権は財政制約が厳しい現在において、限られた資源を有効に活用することによって財政の無駄をなくすために必要な環境と言えるのです。**オーツ**（Oates（1972））の**分権化定理**は、国（中央政府）に比べて地域住民に身近な地方政府の方が地域に密着した公共サービスへのニーズ・選好について、より正確な情報を有しており、そうしたサービスをより効率的に提供することができることを指摘しました。これは、地方でできることは地方が行うべきという**補完性の原理**と、行政に関する意思決定はできるかぎり住民に近い地方が行うべきという**近接性の原理**を理論的に提示するものです。中央集権的な公共サービスの供給が資源配分の非効率性を生み出すことを「**理論で考える：中央集権による厚生ロス**」によって解説しましょう。

☞**理論で考える：中央集権による厚生ロス**

　いま、社会に2つの地域 A、B があるとします。それぞれの地域内では全住民は公共サービスに対して等しい選好を持つが、地域間では住民の選好は異なっていると仮定しましょう。図において、A 地域の住民の公共財に対する需要曲線は D_a、B 地域の住民の需要曲線は D_b で表されています。この需要曲線の違いは地域間の所得水準や職業、年齢構成といった地域特性の違いが公共財に対する需要の差となって表れていると考えることができます。

　ここで、公共サービスを供給するための限界費用を OP とすると、公共サー

151

ビスの最適な供給量は、A 地域は OQ_a、B 地域は OQ_b となります。ここで、国が全国画一的に公共サービスの供給量を OQ_c に決めたとしましょう。このときには、A 地域にとっての厚生のロスは ΔABC、B 地域にとっての厚生ロスは ΔCDE となります。つまり、A 地域にとっては公共財の供給量は過剰であり、B 地域にとっては過小なのです。

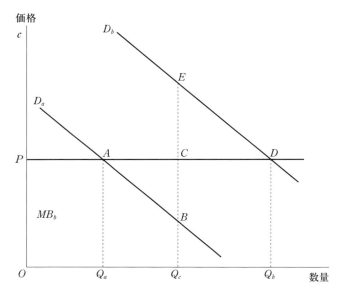

分権化定理は**配分の効率性**のみを念頭に置き、**生産の効率性**を考慮していない、という批判があります。公共サービスの供給において**規模の経済性**が働くなら、住民選好に沿った公共サービスの供給による厚生水準の上昇が、供給コストの上昇によって打ち消される可能性があるというわけです。しかし、中央集権システムにおいては、公共サービスを国（中央政府）が直接供給するというわけではなく、地域公共サービスの水準に関しての意思決定を国が行い、実際の供給は地方が行うというシステムになっていることが多いのです。となると、規模の経済性によるコスト縮減効果が中央集権システムで発揮されるのは難しいと言えます。

1.3 地域空間を考慮した最適化

公共経済学や財政学で公共財・サービスの最適供給という場合、焦点は公共サ

ービスの「規模」や「水準」に当たっています。しかし、便益の空間的広がりや、帰着する便益の大きさは地方公共サービスの**最適供給**を実現する上で重要なポイントとなります。つまり、公共サービスの最適供給を実現するためには、利用者の受益と負担を一致させることが不可欠なのですが、便益の及ぶ範囲が特定のエリアに限られる地方公共サービスの場合には、受益地域と負担地域とを一致させることが前提となります。

分権化定理では、自治体は特定の公共サービスのみを供給していると仮定していますが、実際には自治体は複数の公共サービスをパッケージで供給しています。行政区域は歴史的な産物であり、公共サービスの便益の地域的な広がりを意識したものではありません。受益地域の異なる複数の公共サービスを供給すると、便益が行政区域を越えて他の自治体に広がっていくことは避けられないのです。このような現象を便益の**スピル・オーバー**（spill-over）と呼んでいます。

たとえばA自治体の公園をB自治体の住民も利用することは可能です。公園は無料で提供されているため、財源はA自治体の住民が負担し、B自治体の住民は無償で利用することになります。その他にも、美術館のような公共施設をはじめとして多くの公共サービスがスピル・オーバーを発生させます。とくに、交通機関が発達し、生活圏が行政区域を越えて広がっている大都市圏においてはスピル・オーバーの発生は避けられません。

スピル・オーバーが発生する場合は、受益地域全体を視野に入れた行政運営（**広域行政**）が必要であり、便益が及ぶ市町村からも負担（**補助金**）を求めることが必要になります。逆に、例えば児童公園や図書館、公民館のように、便益が行政区域全域に行き渡らなかったり、遠方の住民には利用しづらいために便益が小さくなったりする公共サービスもあります。この場合には**自治体内分権**が必要です。このように、受益地域と負担地域を一致させ、公共サービスの供給量を最適にするためには、どの地域の「誰に」「どの程度」の便益が帰着しているのかを評価することが極めて重要なのです。便益の評価に関しては後に触れることにします。

地方公共サービスの最適供給に関して便益の広がりと同時にもう一つ考慮しなければならない重要な要素は供給費用です。上下水道、交通をはじめ、公共サービスの多くはそれを供給するために相当規模の施設を必要とします。例えば1つの施設を多くの人びとが利用できれば、受益者数が多くなるにつれて受益者1人

Part4 公共部門の役割とあり方

表8-1 博物館数と入館者数の推移

	博物館数 (登録博物館数+ 博物館相当施設数)	入館者数	博物館における (1館当たりの 入館者数の推移)
1974	400	96,656,142	241,640
1977	485	98,486,579	203,065
1980	575	116,278,261	202,223
1983	663	109,167,316	164,657
1986	726	120,191,253	165,553
1989	781	130,321,892	166,865
1992	842	134,334,844	159,543
1995	968	124,073,770	128,175
1998	1,030	113,273,000	109,974
2001	1,107	113,977,000	102,960
2004	1,188	117,854,000	99,204
2007	1,240	124,165,000	100,133
2010	1,243	122,831,000	98,818
2013	1,240	129,579,015	104,499

資料) 文部科学省「社会教育調査」より作成。
https://www.e-stat.go.jp/stat-search/files?page = 1&toukei = 00400004&tstat
= 000001017254

当たり費用が小さくなるという**規模の経済**が働きます。また、人口規模に関わりなく市町村長は各自治体に1人しか必要とされないように、ソフト行政についても規模の経済が働く場合もあります。一方で、**規模の不経済**が働くこともあります。利用者が増えると混雑現象が発生し、便益が小さくなるといったような場合です。

　近年、不便な場所での公共施設の建設、自治体の規模に相応しない大規模な施設の建設が問題になっています。**表8-1**は博物館と入館者数の推移を見たものです。博物館ブームを反映して自治体は競うように博物館を建設しました。その結果、施設数は1990年代前半まで急増しましたが、1施設当たり入館者数は大きく減少しています。このことは、近年の博物館が利用者の少ない場所や地域に建設されていることによって**費用対効果**が小さくなっていることを表しています。これを解決する一つの方法は、複数の自治体が共同で博物館を建設し利用者を増やすことです。

　このように施設に対する受益範囲を広げ、利用者を増やすことで平均費用は低

第8章　地域政策効果の最大化とその条件

下します。つまり供給面での効率性を考えるならエリアを広げる方が良いことになります。しかし、一方でオーツの**分権化定理**は、住民ニーズに沿った公共サービスを供給するためにはできる限り狭いエリアでサービスを供給する方が良いとしています。また、供給エリアの拡大は、住民がサービスを受けるために遠隔地まで足を運ばなくてはならないことを意味しており、受益するために必要な**輸送コスト**は大きくなります。例えば、学校教育、図書館サービス、病院などは離れるほど利用者にとって輸送コストがかかるのです。また、警察や消防サービスは、サービス拠点から離れたエリアほど便益は低下します。さらにはエリアを拡大して利用者数が増加すると**混雑現象**が発生する可能性もあります。このように、公共サービスの供給エリアは狭いほど良いという側面もあるのです。

　わが国では戦後復興期から高度経済成長期にかけてインフラが集中的に整備されましたが、これらが耐用年数を迎えつつあり、近い将来、膨大な更新投資が必要となる見込みです（総務省『公共施設及びインフラ資産の将来の更新費用の比較分析に関する調査結果』（平成24年3月）。ところが、国・地方を通じて財政状況は厳しく、インフラ整備の財源を確保していくことが困難になっています。さらに、人口減少が公共施設の利用を変化させたり、市町村合併後の施設の最適化を図る必要があったりすることから、総務省は自治体に対して「**公共施設等総合管理計画**」の策定を要請しています。これも公共施設の地域配分の適正化によって公共サービスの最適供給を実現しようとする動きだと考えられます。

　公共施設の最適な地域配置を考える際には、上で指摘したような広域化を求める力と狭域化を求める力とのバランスを考慮して決定する必要があります。この点を「**理論で考える：公共サービス供給エリアの最適規模**」で考えてみましょう。

☞**理論で考える：公共サービス供給エリアの最適規模**

　下図において、横軸には公共サービスを利用する人口規模が、縦軸には人口1人当たりの便益と供給費用がとられています。*BB*線は公共サービスの便益です。供給エリアが大きくなると、施設までの距離が長くなりその分便益が減少したり、公共サービスの供給水準に関して自らが選好する水準との食い違いが大きくなったりすることから、*BB*線は右下がりになります。*CC*線は住民1人当たりの公共サービスの費用負担分であり、全住民で均等に負担するとすれば曲線は直角双曲線の形をとります。

155

BB 線と CC 線の縦の距離は住民1人当たりの純便益と考えることができ、最適な人口規模はこの距離が最大になるところで決まります。両曲線の傾きが等しくなるところで純便益は最大になり、最適な利用者数は ON となります。

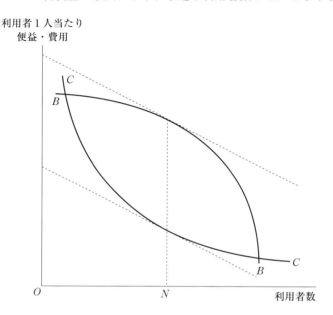

1.4 準公共サービスの最適化

　公共サービスのほとんどは、社会に対して**外部便益**を与えると同時に、利用者に直接的な便益も与える**準公共財**であり、民間による市場での供給も可能です。公的供給であれ、民間による供給であれ、外部便益と私的便益をあわせ持つサービスの供給を最適化するためには財源調達を含めた工夫が必要です。そのメカニズムを**ピグー**（A.C.Pigou）の厚生経済学の考え方から説明できます。「**理論で考える：準公共財の最適供給**」を見てください。

☞**理論で考える：準公共財の最適供給**
　最初に、私的便益と外部便益が生じる財が市場で取引され、政府は一切介入しない場合を考えましょう。まず利用者が1単位追加したときに発生する私的

第8章 地域政策効果の最大化とその条件

限界便益は消費量が増えるほど小さくなり（**限界効用逓減の法則**）、右下がりの需要曲線 MB_p で表します。また、生産に必要な**限界費用**（追加的な費用）は MC_p とし、単純化のため一定とします。このとき完全に市場に任せた場合、純便益が最大になる Q_p まで供給されます。しかし、対象とする財は外部性が発生します。したがって、社会全体で発生する社会的限界便益は、私的限界便益 MB_p と外部限界便益を「垂直」に加えた MB_s であり、社会的にみた最適な供給量は MB_s と MC_p が等しくなる Q_s です。つまり、市場に任せた場合、供給量は最適な供給量よりも $Q_s - Q_p$ だけ過少になり、純便益を最大にする効率性を達成できません。

そこで政府が介入し、公的支援を行います。利用者の需要曲線上で Q_s を達成するように**補助金**を支給することによって、利用者の負担分（市場価格）は P_s まで低下します。消費者は利用しやすくなり消費量を Q_s まで増やします。その結果、政府介入前の純便益は $dP_p af$ でしたが、政府介入後の純便益は $dP_p b$（$dP_s cb$ から補助金分 $P_p P_s cb$ を除いた部分）に増え、**地域厚生水準の最大化**が実現します。このことから、私的便益に対しては最適な価格 P_s を消費

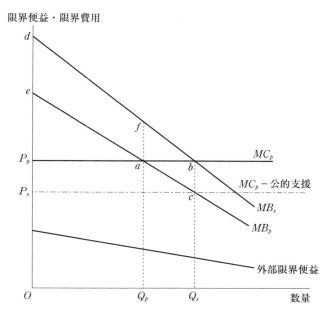

157

Part4 公共部門の役割とあり方

者から徴収し、そして外部便益に対しては最適な補助金を設定し税金を通して受益者から徴収することが**配分の効率性**の条件といえます。

　純粋公共財とも言えず、かといって**純粋民間財**とも言えない、いわばグレー・ゾーンに属する公共サービスが拡大しています。このことは、自治体が伝統的な守備範囲に専念していればよかった時代の「公的に供給するから無料で」という発想からの脱却を要求し、サービスの供給を誰が行うかという問題と、サービスの費用は誰が負担するかという問題とを区分して考えることを求めています。

　ところが多くの公共サービスが無償あるいはコストを下回る安い料金で供給されているのが実情です。それは、公共サービスは原則として無償で提供されることになっているためです。先に取り上げた博物館については、日本の**博物館法**第23条が次のように定めています。「公立博物館は、入館料その他博物館資料の利用に対する対価を徴収してはならない。但し、博物館の維持運営のためにやむを得ない事情のある場合は、必要な対価を徴収することができる。」つまり、博物館は原則無償であり料金徴収は例外とされるのです。こうした費用負担原則は、博物館が持つ公共財としての役割を重視したためですが、一方で博物館は利用者に直接的な便益も与えているのです。

　博物館以外にも自治体は多くの準公共財を供給しており、財源の一部は**受益者負担**（使用料・手数料）でまかなっています。中には受益者負担の水準に関して国が一定の基準を示すものもありますが、自治体は必ずしも国の基準通りに徴収しなければならないわけではなく、自治体によって受益者負担の金額やその徴収割合は異なっています。問題は、自治体が受益者負担の水準を決定する際には、常に公共サービスの供給コストを度外視して低水準に抑える圧力がかかることです。

　表8-2は市町村財政の支出項目別に、受益者負担（使用料・手数料）によって支出の何％がまかなわれているかを示したものです。建設事業などの投資的経費を含めた総経費では住宅費の19.4％を最高に、戸籍住民基本台帳費、清掃費、幼稚園費、高等学校費と続いています。次に、その多くが補助金や地方債でまかなわれる投資的経費と、受益者負担の割合を計算する上で除外した方が望ましいと考えられる他会計への繰出金等を除いた支出に対する比率で見ても、住宅費が68.8％と高い値を示すくらいで、他の支出項目については低くなっています。財

第8章 地域政策効果の最大化とその条件

表8-2 受益者負担のウェート

(単位：%)

	受益者負担のウェート	
	対支出総額	対経常費
戸籍・住民基本台帳費	13.9	14.0
社会福祉費	0.2	0.2
老人福祉費	0.2	1.1
児童福祉費	2.9	3.0
清掃費	12.4	16.5
住宅費	19.4	68.8
高等学校費	6.9	8.2
幼稚園費	6.9	7.9
体育施設費等	4.3	6.9
学校給食費	0.0	0.0

注1）2015年度市町村純計決算額に基づく数値。
注2）経常費は、支出総額から、普通建設事業費、積立金、
　　投資・出資金、貸付金、繰出金を差し引いたもの。
資料）総務省『地方財政統計年報』より作成。
http://www.soumu.go.jp/iken/zaisei/toukei.html

源の多くを授業料等の受益者負担で調達している私立と並存している高等学校や
幼稚園ですら10%を下回っています。このように、現在の地方財政において受益
者負担が果たしている役割は非常に小さいのです。

　準公共財の最適供給の理論は、私的便益に対しては適正な受益者負担を求めな
ければ資源の最適配分が実現されないことを示しています。もし、負担が適正な
水準よりも低く抑えられるなら、サービスに対する需要は過大になります。この
ように、負担を考慮することなく過大に要求することをモラル・ハザード（倫理
の欠如）と呼びますが、自治体がこうした過剰な需要にことごとく応えようとす
ると、便益が費用よりも小さくなるという資源のロスが発生するのです。このよ
うに、準公共財の規模を最適化するために適正な受益者負担が必要だとすれば、
やはり、便益を的確に把握し、評価することが不可欠です。

2　生産の効率性

　公共サービスは民間財と同じように、労働、資本、土地等の資源（生産要素）

159

Part4 公共部門の役割とあり方

を利用して生産されます。**生産の効率性**は、こうした生産要素を効率的に利用することによって、アウトプットの量を最大化することを意味しますが、ここで注意しなければならないことがあります。それは、生産の効率性は複数の要因によって影響されるということです。つまり、**図8-1**に示すように、生産の効率性には自治体の能率の悪さといった、努力次第で改善できる要因以外に、自治体の力では動かせない要因も影響するのです。

　第1は、人口規模や人口密度のような地域特性です。例えば、人口規模が大きければ公共サービスの生産に規模の経済性が働き、生産の効率性は良くなります。もちろん自治体の政策が人口の増減に影響することはありますが、人口が多いことに行政の効率性が影響しているとは考えられません。

　第2は業務の内容です。供給すべきサービスの内容によって手間や時間のかかり具合が異なり、そのため供給コストにも差ができるでしょう。年齢構成や地理的条件等の違いがサービス内容を異ならせ、生産の効率性に影響します。こういった要因は自治体の裁量が及ばないことが多いのです。自治体間の効率性格差を評価する際には、これらの非裁量要因を取り除き、自治体の努力次第で解消できる能率の悪さといった技術的要因を抽出する必要があります。非裁量要因の除去作業を行ったうえで、なお残る非効率性は「技術的」なものであり、自治体の努力や工夫で解消することができるはずです。これを**技術的効率性**と呼びます。

　技術的効率性はさらに次の2つに分けて考えることができます。第1は与えられた一定の資源を用いてアウトプットの量を最大にする、あるいは一定のアウトプットを生み出すのに必要な資源の量を最小にすることです。つまり、これらの条件は、アウトプットの量を減らさない限り、インプットの量を削減できない状態を示し、公共サービスの生産方法を変更すればアウトプットを減らさなくてもインプットを削減できる状態であるなら、第1の条件は満たされていないと言えます。

　第2は一定のアウトプットを生み出すのに必要な費用を最小にすることです。例えば職員を削減し、機械化を進めると、アウトプットを一定に保ったままで総費用を減らすことができるなら、この条件は満たされていないことになります。このとき機械化を促進することによって生まれた費用の節減分で新たにインプットを購入し、アウトプットの量を増やすことが可能だからです。

　生産の効率性を達成するためのこの2つの条件を「**理論で考える：生産の効率**

図8-1　公共サービスの生産効率に影響を与える要因

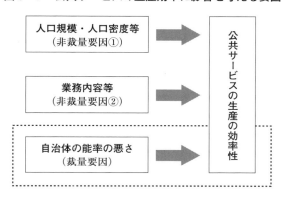

性」によって説明しましょう。

☞ **理論で考える：生産の効率性**

　公共サービスの生産には互いに代替可能である労働と資本が使われるとします。例えば、事務作業をコンピュータと手作業で行うケースが挙げられます。横軸を労働量、縦軸を資本量とすると、II は一定の公共サービスを生産するのに最低限必要な労働と資本の組み合わせを示す**等産出量曲線**です。この線上にある労働と資本のすべての組み合わせは、同じ量の公共サービスを生産することを表しています。

　いま、II と同じ量の公共サービスを生産するのに点 A のような労働と資本を使っている自治体があるとします。この自治体は効率を改善すれば同じ量の公共サービスをより少ない労働と資本で生産可能ですので、生産の効率性の第1の条件を満たしていないことになります。では資本と労働をどのように使えば条件を満たすのでしょうか。OA 線上はどの組み合わせをとっても利用される資本と労働の比率が等しくなります。この比率を変更しないとすれば、II 線上の点 B が最も効率的な生産方法を採用していることになり、第1の条件を満たします。

　次に第2の条件を見てみましょう。PP は一定の予算で投入可能な資本と労働の組み合わせを表す**等費用曲線**です。点 B は第1の条件を満たしてはいますが、PP 線上に接していないことから生産の効率性の第2条件を満たしてい

ないのです。II 線上で費用が最小となる資本と労働の組み合わせは点 C です。つまり、点 B の組み合わせから労働を減らし、資本を増やすことによって、同じ公共財・サービスをさらに少ない費用で生産することが可能になります。

ところで、PP は一定の予算制約式での資本と労働の購入可能な組み合わせを表しますが、同時にこの傾きは資本と労働の相対価格を表しています。ここでコンピュータの価格が下落し、一方で給与が上昇したとしましょう。このときには PP の右下がりの傾きはさらに大きくなり、II と接する点は左に移動します。その結果、生産の効率性の第2条件を満たす資本と労働の組み合わせは、資本を増加させ、労働を減少させることで実現します。以上から、資源の相対価格が変化すれば、投入する資源の望ましい組み合わせも変わることが分かります。つまり、時代が変化しているなかで、投入資源の組み合わせを変えないことは、住民に不必要な負担をかけることになってしまうのです。

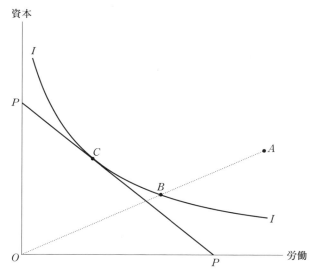

3　最小の経費で最大の効果を生み出す政策プロセス

3.1　政策形成のプロセス

　自治体は地域ニーズにしたがって住民の生活や企業活動に必要な公共サービスを供給しなければなりません。しかし、現在の自治体は、財政収入にあわせて財政支出を決めるという**量入制出**を基本として公共サービスを供給しています。

　その背景には、①**単年度主義**に基づいた予算編成のなかで収支バランスの確保が求められること、②地方税の種類や税率といった基本部分は**地方税法**という国の法律によって決まること、③国が法令によって地方に対して公共サービスの供給を義務づけるとともに、最低限の水準（**ナショナル・ミニマム**）を規定していること、④義務づけに対して地方税で不足する部分は国が財源補填を行うこと、等が挙げられます。このような量入制出を基本とした財政活動は自治体の財政状況や国による画一的な条件や政策の方向性によって大きく左右され、自治体が「最小の費用で最大の効果を達成する」という 2 つの効率性を実現するモチベーションを削いでいるという面も否定できません。しかし、自治体の工夫を活かすことはできるはずです。

　地域政策は本来、**図 8 - 2** に示すようなプロセスで実施される必要があります。まず、地域が置かれている現状をもとに地域のニーズが生まれ、ニーズを踏まえて政策目標が立てられます。この政策プロセスでとくに注意しなければならないのは、政策目標が**アウトカム（成果）**でなければならないことです。そして、公共サービスはあくまでもアウトカムを実現するために必要なアウトプットにすぎないのです。つまり公共サービスを供給すること自体が目標ではありません。例えば、火災に強い都市づくりというアウトカムに対して、消防自動車の通行を容易にしたり、火災が広がることを防止したりする都市計画がアウトプットになります。このことは次節で詳しく触れましょう。

　地域の社会経済状況が異なれば地域のニーズも異なり、したがって政策目標（アウトカム）を実現するために必要なアウトプットも異なります。以上のプロセスは、限りある資源を地域のニーズに沿って配分することで最大の地域厚生水準を達成する**配分の効率性**を実現するためのものです。

Part4　公共部門の役割とあり方

図 8-2　地域政策のプロセス

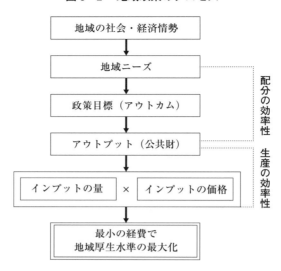

　公共サービスというアウトプットは**インプット**（投入物。労働や資本といった資源）によって生み出されます。そして、地方の公共支出はインプットの価格とインプットの量の積によって求められます。これが**予算**です。予算はインプットを手に入れるための支出にすぎません。老朽化にそなえた新たなインフラ整備の必要性、超高齢化にともなう福祉サービスの増加、地域活性化のための政策等、今後も地方公共支出が大きくなることが予想される中、効率的にアウトプットを生み出すという**生産の効率性**を実現するためには、インプットをどのように組み合わせて利用すれば良いのか、また、インプットをできる限り安い費用で入手できる調達先や調達方法を考えなければなりません。こうしたマネジメントのあり方については第9章でとりあげます。

3.2　アウトカムの計測の必要性

　地域政策の効果を最大にするためには、政策目標がアウトカム（成果）に基づいて具体的かつ目標達成期限が定められていなければなりません。**表8-3**は公共サービスを生産するのに必要なインプット、インプットを用いて供給されるアウトプット、アウトプットによって生まれるアウトカムを比較したものです。ゴ

第8章　地域政策効果の最大化とその条件

表8-3　各サービスのインプット、アウトプット、アウトカム

サービス	インプット	アウトプット	アウトカム
産業振興（中小企業の支援）	インキュベーション施設、セミナー講師	施設利用者数、セミナー開催回数と受講者数	起業、既存事業の成長、市場の拡大
労働者のスキル開発	職業訓練施設、スタッフ	職業訓練施設数、訓練を受けた人の数	追加的な人的資本の価値、稼得能力
レクリエーション、文化施設	施設、スタッフ	収容人数、参加者・利用者数	個人的満足度、健康増進、人的交流、地域経済の活性化

ミの収集・処理、教育、道路整備は、アウトプットを生み出すこと自体が目的ではなく、そこから発生する環境改善効果、学力の向上等に表れる教育効果、道路の場合は移動時間の短縮にともなうさまざまな経済効果の実現が目的なのです。

　したがって、政策効果を判断するのにアウトプットを用いるのは十分ではありません。アウトプットの量が同じでもアウトカムの大きさが異なることがあるからです。学習塾という私的教育の消費量が多い住民が多く住む自治体では、相乗効果によって学校教育のアウトカムは大きくなるでしょうし、健康に注意しない住民が多く住む自治体では、病院での診療・治療のアウトカムは小さくなるでしょう。同じ量のアウトプットを提供されても、どの程度のアウトカムに結びつくかは自治体（地域）によって異なるのです。ところがこれまでの中央集権的システムは、地域特性を勘案せず、**アウトプットの標準化**を目的に、インプットに対して**補助金**を交付してきたと言えます。

　アウトカムでの評価は財政という制約の中で、他の政策目標との優先順位を決定する際の基準として利用されることになります。つまり、費用に対してアウトカムが大きいものが優先的に選ばれます。また、当初に計画した通りの効果が得られたかを評価する際にもアウトカムを計測する必要があります。当初の計画通りのアウトカムが達成されれば、別の計画に移ることが可能ですし、計画通りでなければ、計画の練り直しや実施方法の見直しが行われなければなりません。つまり、サービスの質と維持の向上には、Plan（計画）→ Do（実行）→ Check（評価）→ Act（改善）という**PDCA サイクル**が重要になります。これについては第9章で取り上げることとします。

　ただし、アウトカムが大きければ大きいほど良いということではありません。

165

Part4　公共部門の役割とあり方

住民に対しアウトカムを手厚く提供すると、多くの費用がかかるからです。したがって、住民の視点だけではなく、さまざまな視点から包括的・多面的に政策を評価し実施しなければなりません。その方法として、企業の業績評価ツールとして開発された**バランスト・スコアカード**というマネジメント・ツールが利用できます。バランスト・スコアカードは、政策の目標を実現するために政策目標までの道筋を可視化し、バランス良く向かうべき方向性を定めることを可能にするものです。バランスト・スコアカードの内容については第9章で、実際の適用方法については第13章で解説します。

3.3　便益の内容

　1.1節では、「非排除性」、「非競合性」を持つ公共財・サービスは、価格というシグナルがなく、アウトカムを把握することが難しいことを述べました。このことは、公共サービスが対価を支払わない第三者や社会にまで便益が及ぶ**外部性**を持っていると言い換えることもできます。財・サービスがこのような特徴を持つからと言って、必ずしも公的供給や公的支援を正当化するものではありませんし、逆に、市場では採算がとれないために民間企業による供給が実現しない場合でも、外部性という市場に表れることのないアウトカムを便益に含めることによって、その財・サービスの社会的な価値が拡大され、公的関与が正当化されるかもしれません。とくに1.4節で紹介した**準公共財**は外部性を持つにもかかわらず、私的便益に対する料金収入のみを計算に入れた収支バランスといった直接的な金銭的利益のみで判断され、配分の効率性が達成されないことが多いのです。その背景には、外部性の的確な把握と便益の計測方法が確立されていないことが挙げられます。

　では、外部性とは具体的にどのような便益なのでしょうか。**図8-3**のように外部性は技術的外部性と金銭的外部性に分類できます。**技術的外部性**とは、公共サービスが存在することで地域のアイデンティティの強化や景観の改善等によって周辺の人びとや地域社会にプラスの影響を与える外部性を意味します。例えば、文化施設に訪れた人がその地域の文化を理解し、それによって社会が円滑に機能するかもしれません。また、文化継承のための資料収集や保管、調査研究なども将来世代や地域社会に対して与える外部性として考えて良いでしょう。このように、技術的外部性とは利用者以外の第三者や社会に対して与えられる、市場で処

図 8-3 準公共財の便益

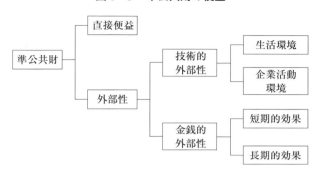

理されない公共財的な便益のことです。これらの技術的外部性は市場で処理されない便益ですが、公共サービスの最適供給を実現するためには便益として計上すべきものであるといえます。

ここで注意しなければならない点は、技術的外部性に関しての科学的な検証が困難だということです。外部性を大きく見積もりすぎると、**モラル・ハザード**（倫理の欠如）によって過大なサービス需要を引き起こしたり、公共サービスの必要性を過大に見積もる役人（エージェント）が住民（プリンシパル）の意向に沿わない政策を行ってしまう**プリンシパル・エージェント問題**を発生させたりする原因にもなってしまいます。

金銭的外部性とは、公共サービスによる雇用の促進や所得の増加など、市場を通じて発生する、直接の利用者が意図しない副次的な効果です。金銭的外部性はさらに短期的効果と長期的効果に分類できます。短期的効果の例としては、レクリエーション施設が存在することで観光客が増加し、周辺の商店の販売額が増加するといった経済波及効果があげられます。このような需要創出による短期効果は、第11章で紹介する**産業連関分析**等を用いて計測することができます。

長期的効果には、レクリエーション施設や文化施設が存在することで労働力の誘致や人的資本の強化等を通じて地域経済のポテンシャルが強化されるといったような、長期間にわたって地域に生じる副次的な経済効果があげられます。長期的効果を考える際に注意すべき点は、第2章で指摘したように、家計や企業等の経済主体は相互に影響し合うとともに、複数の市場が相互に関連しているために、どこかにショックが加わると地域経済全体に連鎖的に影響が及ぶことです。例え

ば、アメリカの社会学者である**フロリダ**（R. Florida）が、文化的に裕福な街が企業の成功へと手助けするクリエイティブな労働者を引きつけることを示したように、クリエイティブな労働者の誘致や学校教育は、労働生産性を向上させ、それによって所得が増加し、消費拡大に繋がり、地域経済の成長や社会の発展をもたらすかもしれません。

　また地域経済の成長は、その地域の財政力を向上させ、第2章の図2-2とは逆の正の循環をもたらす可能性があります。つまり、長期的な経済波及効果は複数の経済主体に及ぼす影響を多面的にとらえ、それぞれの市場に与える影響をトータルに把握することが重要になるのです。こうした金銭的外部性は経済波及効果ではありますが、その費用は市場を通じて負担されることから、**費用・便益分析**を行う際には考慮すべきではありません。

3.4　費用対効果（コスト・パフォーマンス）の改善

　公共財・サービスのあり方を考えるうえで**費用・便益分析**が有効です。費用・便益分析とは、対象となるプロジェクトやプログラムの便益と費用を貨幣タームで評価し、その大小によってコスト・パフォーマンスを評価する方法です。例えば、レクリエーション施設の都心への立地は入館者にとって利便性が高くなり、多くの人が利用することで便益を大きくするかもしれませんが、用地費がかさむという費用面の問題が発生します。このように便益が大きいから良いとは一概に言えないため、費用・便益分析が必要になるのです。

　なお、貨幣タームとは限らず便益と費用を比較することを**費用・効果分析**と呼びます。費用・効果分析はいくつかの政策間の順位付けを可能にしますが、政策ごとの是非は金額表示でないため判断ができないというデメリットがあります。それに対し、費用・便益分析は、順位付けだけでなく各政策の是非の判断も可能にします。費用・便益分析の具体的な事例や分析の際に必要である割引率などの解説は第11章で行います。

　また、アウトカムに対するインプットが効率的であるかを検証する方法として**包絡分析**（Data Envelopment Analysis、以下 DEA とします）があります。DEA とは、複数のインプットで複数のアウトプットを生産する事業体の経営効率を、最も効率的な事業体を基準に相対的な効率値として測ろうとするものです。この方法に関しては第13章で解説します。

4 便益の評価と計測

4.1 便益の計測方法

　費用対効果に注目する際にとくに重要になるのは便益の適正な評価です。ところが、**準公共財**が発生させる私的便益ですらその評価は容易ではありません。というのも、公共サービスは無償あるいは低い料金で提供されていることが多いからです。ましてや、公共サービスが社会に及ぼす**外部便益（外部性）**を評価することは困難です。だからといって、実際に徴収されている料金収入という金銭的利益のみでは、公共サービスの便益を過小評価しているのは明らかです。本節では公共サービスの便益に関する評価方法をいくつか取り上げて紹介します。

　市場を通して処理されない価値を金銭的に換算して計測する方法には、**表 8-4**のように大きく分けて顕示選好法と表明選好法があります。**顕示選好法**とは、個人の実際の行動結果に基づいた分析方法であり、他のデータから間接的に便益を評価します。顕示選好法には、表 8-4 で示すような①代替法、②ヘドニック・アプローチ、③トラベルコスト法があります。また、**表明選好法**は、個人が実際に行動していない場合、仮に行動するとしたらどのような結果が想定されるかをアンケート調査等で尋ねることで便益を評価する方法です。表明選好法には

表 8-4　公共サービスの便益の分析方法

顕示選好法		表明選好法	
代替法	対象を私的財に置き換えたときに必要な費用から価値を評価	仮想評価法	現状と仮想の状況を比較させ、回答者に支払い意志額を尋ねて評価
ヘドニック・アプローチ	賃金や地代をもとに評価	コンジョイント法	整備状況を変化させた代替案と負担金を組み合わせたいくつかの仮想状況（プロファイル）の中から、回答者に選んでもらい評価
トラベルコスト法	旅行費用、時間をもとに個人の厚生を関連させ、評価	トラベルコスト法	事前評価時は表明選好法

Part4 公共部門の役割とあり方

④仮想評価法、⑤コンジョイント法等があります。

それぞれの分析方法には長所と短所があります。顕示選好法である**ヘドニック・アプローチ**は、公共施設の整備やサービスの供給によって周辺の土地需要が増加し、その結果、土地の価格（地価）が上昇することに着目した手法であり、土地の価格の上昇分が便益となります。また、レクリエーション施設や文化施設のように、生産性の向上といった人的資本の強化に結びつくものの便益評価は、公共サービスによる労働需要の増加が賃金を上昇させることに着目し、賃金の上昇分を便益とみなします。このようにヘドニック・アプローチは公共サービスがもたらす外部便益の存在を土地の価格や労働者の賃金といった代理市場のデータを使用することで検証できるため、データを集めやすいという強みを持っています。しかし、土地の価格や賃金はさまざまな要因によって決まっていることから、他の要因を取り除き、公共サービスの影響だけを抽出する作業が必要になります。その際、統計学的な多くの問題に注意を払わなければならず、それらを極力排除しなければ安定的な結果が得られないという弱みも持っています。ヘドニック・アプローチのより詳しい解説は第12章で行います。

表明選好法である**仮想評価法**は、公共サービスの利用者に対してアンケート調査等の手段を用いて現状と仮想の状況を比較させ、仮想の状況を達成する、もしくは現状を保つために支払ってもよいと考える金額を尋ね、それを便益とする方法です。公共サービスの直接的な私的便益を計測するのに適していると言えます。具体的な例を挙げると、所在するレクリエーション施設がなくなるという仮想の状況に対して、その状況を変えるための寄付金額を便益と考えます。仮想評価法の強みは、アンケート調査票の作り方によってより詳細な分析が可能になることです。例えば、どのような要因で便益が大きくなり、その要因の便益額がどのくらいになるのかという計測も可能です。

しかし、アンケート調査によって情報を収集しなければならないことから弱みも生じます。例えば、質問者（本調査の実施者や調査スタッフ）を喜ばすような回答をする「追従バイアス」などのバイアスが発生するかもしれません。したがって、仮想評価法はさまざまなバイアスに対しての留意が必要であり、対象への事前調査や調査の試行などを踏まえた調査設計が重要です。また、スピル・オーバーのように受益範囲が明らかでない場合、非利用者へのアンケート調査は容易ではありません。この場合、仮想評価法のように詳細な分析はできませんが、土

地の価格によって便益を計測するヘドニック・アプローチが計測方法として適しているといえます。仮想評価法のより詳しい解説は第12章で行います。

このように各分析方法は長所と短所を持っています。したがって、便益の計測には（1）対象とする便益の内容を慎重に見極め、（2）各手法の強みと弱みを踏まえて、その便益に適した計測方法を選択しなければなりません。

4.2　便益の評価―事例研究―

前節ではさまざまな便益の評価方法を取り上げ、簡単に紹介しました。ここでは分析から得られる結果などをより具体的にイメージできるように、これまで行われてきた研究をいくつか紹介しましょう。なお、分析のより詳細な方法等に関しては第12章で解説します。

兵庫県の神戸市立博物館を対象に顕示選好法である**ヘドニック・アプローチ**を使い、外部性を計測した結果が**図8-4**です。地価上昇額の計測に用いた**公示地価**のポイントと、神戸市立博物館からの距離ごとの地価上昇額が示されています。この図から博物館までの距離が近いほど博物館整備による住宅地地価の上昇額が大きく、離れるにつれて小さくなること、そして便益は神戸市域を越えて芦屋市・西宮市・宝塚市等にも及んでいることが分かります。また神戸市内では約3551億円の地価上昇総額を生じ、開館前の地価を約3.5%押し上げました。この上昇分が**外部性**であり、博物館による生活環境の改善効果といえます。神戸市外では開館前の地価が約1.5%上昇しました。このように神戸市立博物館の便益は市域外にも及んでいます（林（2014））。神戸市域外からの博物館の訪問者は入館料を払っていますが、施設の維持に必要な入館料以外の財源は神戸市が負担していますので、受益と負担の不一致が発生していると言えるでしょう。この問題は第9章で取り上げる**広域連携**の必要性にも関係してきます。

また、インフラが産業活動に対して外部便益を与えることを検証した研究もあります。新幹線開業の環境改善の便益が地価に帰着することに着目し、ヘドニック・アプローチによって九州新幹線の開業が企業の収益性に及ぼす影響を商業地の地価から検証した結果、全線開業による地価上昇効果は、鹿児島中央駅を中心とした半径221.66メートル以内の地点では30%以上にのぼっていることが明らかになりました（林（2015））。

公共サービスの便益は地理的範囲が限定され、最適な供給を実現するためには

Part4　公共部門の役割とあり方

図8-4　博物館からの距離と外部性の関係

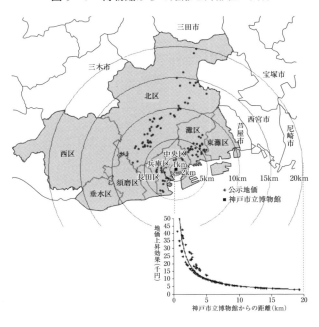

出所）林（2014）

　受益地域と負担地域を一致させることが必要です。しかし、これらの分析結果からも行政区域が受益地域と一致する保証はなく、行政区域を越えて**スピル・オーバー**が生じる場合があります。したがって、便益や費用の広がりといった空間の要素を取り入れた最適供給を目指すためにも、便益の大きさと範囲を分析することは重要です。なお、便益の大きさは人口分布や地域属性、立地環境といった多くの要因によって決まっていると考えられます。実際にそれらが便益の決定要因なのかを検証することによって、今後の公共サービスの最適供給戦略に結びつけることができます。
　次に表明選好法である**仮想評価法**を用いた研究（林（2016））を紹介します。神戸市立博物館の便益を計測すると、来館者は将来世代に残したいという動機から生じる価値（遺贈価値）や他者の利用を期待することから発生する価値（代位価値）のような利他的な動機によって便益を大きくしていることが明らかになり

ました。このように多様な価値を詳細に評価できることはアンケート調査を用いる仮想評価法の強みです。また、施設維持管理費（光熱費、管理委託費、事務費などの管理コスト＋改修・増設費用の資本コスト）と比較すると、**費用・便益比**は1.19でした。これらの結果は、神戸市立博物館の運営は少なくとも文化政策としての投資に耐えうることや、将来にわたって残したいと思わせる施設作りの必要性を示唆しています。財政難で多くの博物館や美術館が閉鎖されていますが、その背景には、以上のような便益の計測が実施されていないために、地域社会にとっての必要性が十分に認識されていないことも原因があると考えられます。

　以上のように、さまざまな便益を数値で把握することは、最適な供給量の実現に加え、誤った政策判断を避けるのにも役立つことになるのです。

Part4　公共部門の役割とあり方

第9章

地域政策におけるガバナンスとマネジメント

これまで国や自治体は政策の最重要課題として地方経済の活性化に取り組んできました。しかし、地方経済の衰退に歯止はかかっていません。そこには、地方経済の構造上の問題と時代の動きを的確に捉えた政策を選択してこなかったことに加えて、政策の進め方にも問題があったと考えられます。地域活性化政策を成功させるためにはどのような条件が満たされるべきかとともに、政策を実行するためのガバナンスとマネジメント改革について考えましょう。

1　地域活性化と地方分権

1.1　地方分権のメリット

　第5章では、地域を取り巻く環境の大きな変化の中で、地域政策のパラダイムも変わらなければならないこと指摘しました。このパラダイム・シフトを実現するうえで大きな鍵を握るのが地方分権という環境整備の成否です。

　地方分権は公共サービスの供給を効率化する（第2章の図2-6でいえば、X財とY財の供給量をc点に持って行く）ためだけに必要なのではありません。地域政策のパラダイムが大きく変化している現在、地方分権は地域活性化を成功させるための環境整備（図2-6の**生産可能性フロンティア**F_1F_1をF_2F_2に拡大させること）でもあるのです。地域活性化にはなぜ地方分権が必要なのでしょうか。

　第1は**政策の総合性**を確保するためです。貧困問題、経済・産業の停滞、インフラの不足、医師不足、人口減少と高齢化による空き家の増加、中心市街地の空

174

第9章　地域政策におけるガバナンスとマネジメント

洞化、環境破壊等々、地域は多くの問題を抱えていますが、経済・産業の停滞による失業の発生が貧困の原因になる等、地域で発生する問題は相互に密接な関連を持っています。これらの問題を解決するためには相互作用に配慮した地域政策が必要です。地域経済の活性化も成長エンジン間の相互作用を十分に考慮しなければなりません。相互作用を身近に見ることのできる自治体だからこそ地域政策の総合性を確保でき、政策に優先順位を付けることもできるのです。各省の縦割り行政構造を持つ中央集権システムでは総合性の確保は困難です。

　第2は地域を取り巻く社会経済環境の変化を正しく認識し地域特性を踏まえた政策を実施するためです。高度経済成長期の人口移動は地方から東京・大阪・名古屋の三大都市圏に向かって発生しました。したがって、大都市 vs. 地方という比較的単純な構図を前提に、**工場等制限法**（「首都圏の既成市街地における工業等の制限に関する法律」（1959年制定）と、「近畿圏の既成都市区域における工場等の制限に関する法律」（1964年制定）の2つの総称。区域内での一定面積以上の工場（原則1,000m^{2}以上）、大学の新設・増設などを制限。いずれも2002年7月に廃止）をはじめとした大都市抑制と、**工業再配置促進法**（工業が集積する地域（移転促進地域）から集積が低い地域（誘導地域）に工場を移転・新設する場合、補助金等の支援措置を実施（1972年制定、2006年に廃止））による地方への誘導という国土政策で格差問題に対応することが可能でした。

　しかし、**図9−1**に示すように、現在の人口移動は、全国的には東京に、地方では札幌や福岡といった地方中枢都市に、県内では県庁所在都市にというように、集中が重層化・複雑化していますから、全国画一的な国の政策で対処することは困難になってきています。また、かつては地方で発生した過疎問題は、大都市における過密問題と裏表の関係にありました。したがって、大都市から地方への人口や産業の分散は、大都市、地方の双方にとって利益となったのです。

　しかし、少子化によって大都市ですら人口が減少する今日では、**過密と過疎の同時解消**という、大都市と地方の双方を同時に満足させる「解決策」を見出すことが困難になっています。それは同時に、国が主導する、大都市から地方への地域間再分配政策をこれまで通り実施することが難しくなっていることを意味しているのです。全国的な問題としての東京一極集中には国が対応する必要がありますが、各地で起こっている人口問題や格差問題は、地元の事情を踏まえて対処しなくてはなりません。

175

Part4　公共部門の役割とあり方

図9−1　人口移動の複雑化

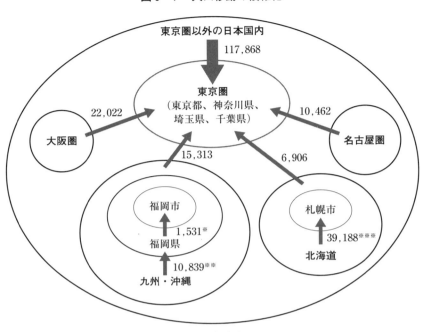

注1）数値は矢印方向への純転出（＝転出−転入）（人）
　2）※福岡市以外の福岡県
　3）※※福岡県以外の九州・沖縄
　4）※※※札幌市以外の北海道
資料）総務省「2016年住民基本台帳人口移動報告」

　第3は地域の環境変化に迅速に対応するためです。地域を取り巻く環境が大きく変化している中で、家計や企業の活動の場として十分に機能しなくなっている地域が全国のいたるところに生まれています。地域の環境と民間活動との間にミス・マッチが起こった場合、地域を民間ニーズに合わせるように再構築する必要があります。しかし、中央集権システムでは**図9−2**に示すように、政策の実行が遅れる可能性があるのです。まずは、地域問題の発生に関して**認識ラグ**が生じます。地方の詳細な情報が東京では入手できないからです。国がようやく認識したとしても国として政策を考えて予算化し、実行する間に**実施ラグ**が起こります。さらに、政策に必要な財源の多くを国に依存すると、国の財政事情によっては実施すらできないこともあります。

図9-2 地域政策におけるタイムラグ

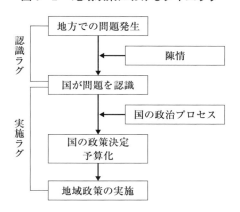

　第4は、地方が国に依存してしまい、主体的な取り組みが十分に行われない可能性があるためです。地域の活性化は本来、地方自らが取り組むべき課題です。ところが、事後的な地域間格差是正策が国によって展開されると、地方の側としては、既存の地域資源に付加価値をつけて発展させることによって活性化を図るというよりは、むしろ地方への分散政策の力を借りて成長産業をいかに地元に誘致するかにエネルギーを注ぐことになりかねません。

　以上のように、地方分権は地域経済を活性化するための環境整備と言えるでしょう。ヨーロッパの都市政策に関わってきたParkinson他（2012）は次のように言っています。「重要な点は、地方分権が地方により大きな自治と政治的な余地を生み出したことであり、そのことがヨーロッパの最もダイナミックな都市や地域の多くのリーダーに対して、自らが新たな政治的役割を展開し、地域のための新たな経済戦略を発展させたのである。対照的に、地方分権が余り進まなかった国では、都市や地域の権限は小さく、経済の再構築に対する地方の対応力は小さいままであった。」この主張には耳を傾ける価値があるでしょう。

1.2　国と地方の連携

　地方分権時代だからといって、地域活性化のための取組みのすべてを自治体に委ねるわけにはいきません。OECDの地域政策の新パラダイムが指摘するように（第5章を参照してください）、地域政策は国、地方を含めた複数段階の政府

Part4　公共部門の役割とあり方

が担うべきだと考えられます。ただし、かつてのように、国が意思決定と財政負担を主に担当し、地方はそれを受けて政策を実行するという関係ではなく、国と地方が対等の立場で、役割分担と**協働**によって地域活性化を進めるという新しい関係を構築しなければなりません。

　地域を活性化するためには国と地方の関係がうまく管理されなければならないのですが、その関係を維持する上で重要な役割を果たすものとして**契約**があります。契約とは当事者が上下の関係ではなく、対等の関係であることを前提として結ばれるものです。国と地方の契約を、OECD（2007）によって紹介しましょう。

　契約とは、関係する個人や団体が相互の利益を守るために、合意した決定に従うことを確かなものにするための一連の約束です。したがって、民間の場合には契約者が約束を守れなかった場合のペナルティを内容とすることが多いのですが、国と地方間の契約は、両者の協力関係を強めることを目的として結ばれます。**地域政策の新パラダイム**では、政策の分権化が必要となりますが、契約は、制度を変更することなく、政策に関する権限を地方に移管したり、共同で権限を保有したりすることによって、政策目標をより効率的かつ効果的に達成しようとするものです。つまり、国と地方の契約は、地方分権を進めるとともに、国と地方の協力関係を強化するためのものなのです。

　日本と同様に中央集権的な国であったフランスでは古くから契約が使われており、都市政策の分野ですでに1970年代に活用されていました。フランスでは地方分権改革が進んだのですが、分権改革が国と地方の関係を統治するために契約の活用を促し、国と自治体（地域圏）の契約である**国・地域圏計画契約**（Contrat de plan État-région）が1982年の地方分権改革の結果として創設されています。地域圏行政庁長官によって代表される国と、地域圏の代表である議会議長とが圏域内の整備・振興について複数年の活動プログラムを結ぶのですが、その過程で国と自治体としての州との間で、優先的な戦略に関連して国土整備開発に関する行動プログラムや財政支出についての合意が形成されます。現在、教育・研究・イノベーションの向上、ブロードバンド環境の整備促進、将来性のある分野や工業のイノベーション、多様なモビリティ、環境にやさしいエネルギーへの転換の5つのテーマが提示されています。

第9章　地域政策におけるガバナンスとマネジメント

2　政策効果を最大にするためのマネジメント改革

2.1　政策効果を高める－マネジメントサイクルの活用－

　これまで、地域政策が成功を収めるための環境整備について考えてきました。しかし、その環境をうまく活用するためには地方（とくに自治体）の取り組みの改善が不可欠です。限りある地域資源を用いて政策効果を高めるためには、PDCAを公共政策に取り入れるべきだと言われています。第8章では、最小の経費で最大の効果を生み出す政策プロセスを取り上げましたが、そのプロセスを実行する際のマネジメントに焦点を当てたものが**PDCAサイクル**です。

　施策に関する意思決定を科学的基準に基づいて行い、政策目的を効果的に達成するマネジメント・システムとしてイギリスで取り入れられているのが**ROAMEFサイクル**（Rationale → Objectives → Appraisal → Monitoring → Evaluation → Feedback）です。ROAMEFサイクルは**図9-3**に示すように、プロジェクトの必要性・妥当性のチェックから始まり、見直しのステップを経て必要性・妥当性に戻ってきます。PDCAサイクルと異なる点は、**事前評価**がプロセスの中に明示的に組み込まれ、その役割が重視されることです。日本でも行政評価の必要性が言われていますが、どちらかというとプロジェクトの**事後評価**に力点が置かれ、プロジェクトを実施するかどうかを判断するための事前評価が不十分なままになっています。

　ROAMEFサイクルについて説明しましょう。

● **ステップ1：必要性（正当性）**

　政府が行おうとしている活動が必要（正当）かどうかについて大まかな検証を行います。政府活動が必要とされるためには、①活動に対してニーズが存在することが確認され、②提案される活動がコストを上回る便益を生むことが前提条件となります。

● **ステップ2：目的の設定**

　「目的（objectives）」を設定し、それに基づいて「ターゲット（target）」を設けます。目的は、「経済活力のあるまちを創造する」といったように、「どんなことを達成しようとしているのか」を表すものであり、ターゲットはその目的を具

179

図9-3　ROAMEF サイクル

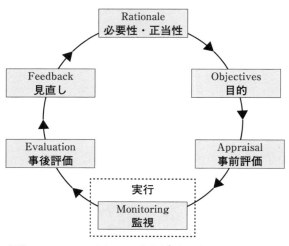

出所）UK Treasury（イギリス大蔵省）(2011)

体的に数値化したもので、後に解説する **SMART ターゲット**であるべきだと言われています。

- **ステップ3：事前評価**

　政府活動の無駄を省くためには、最も効率的で効果的なプロジェクトを選択し、予算化しなければなりません。したがって、事前評価はマネジメントサイクルにおいて最も重要なステップとも言えます。第8章でとりあげた**費用・便益分析**がここで活かされることになります。

- **ステップ4：実行と監視**

　プロジェクトの望ましい実施方法を選択し、プロジェクトが効果的、効率的に進むように**モニタリング**（監視）します。後にとりあげる広域連携や公民連携による事業の実施を利用すべきかどうかはこのステップで検討されます。

- **ステップ5：事後評価**

　プロジェクトのパフォーマンスを改善するために、活動が所期の目標を達成しつつあるかどうか、どのような点で修正が必要か等を知るために行われるものです。事前評価によって最適なプロジェクトが選択されたとしても、その後の社会経済状況の変化や予期しないトラブルによって最初に設定した目的が達成できな

いことも十分に考えられ、事後評価での教訓は次のステップに活かされます。

● ステップ6：見直し

公共政策は実施前の段階でその効果を正確に把握し、最適な施策やプログラムを構成することは困難です。したがって、評価を通じたフィードバックを重視することによって政策それ自体を修正することも必要となります。

限られた資源を有効に活用するためにも、こうしたマネジメントサイクルを活用することが求められています。

2.2 SMART ターゲット

SMART ターゲット（SMART 基準、SMART ゴールと言う場合もあります）は、行政評価（事前評価および事業評価）を実際に使えるようにするための基準です。地域政策に限らず日本では行政評価が十分に行われない原因の一つに、政策目標が抽象的であるため評価しづらいことがあります。

SMRT ターゲットは目標を明確化するための基準として、①具体性（Specific）、②測定可能性（Measurable）、③実現可能性（Achievable）、④適切性（Relevant）、⑤期限明示（Time-bound）の5つを設定します。SMART ターゲットは目標管理の元祖とも言われる**ドラッカー**（P. Drucker）が提示し、**ドーラン**（G. T. Doran）がこの基準を経営マネジメントに取り入れることで知られるようになりました。

その概略は以下のようなものです（Meyer（2003）を参照）

① 具体性：活動方針や目標が具体的であること。達成したいと考えていることを具体的かつ正確に述べること。これによって目標はより明確になり、目標達成のためにしなければならないことが分かりやすくなります。

② 測定可能性：設定したゴールがどれくらい実現したかを検証し評価できるようにすること。目標が具体的であっても、測定できなければ目標達成に向けてどの程度進んでいるかを知ることはできません。進捗状況を知ることは、物事を順調に進め、目標期日にやり遂げ、達成感を持たせるのに役立ちます。

③ 実現可能性：達成できる範囲内で最大限のゴールを設定すること。手の届かない目標や、逆にレベルの低い目標では良くありません。目標が実現可能でありかつ適正であってこそ、能力、スキル、資金調達力を高めようと努力するはずです。最初から実現困難であったり、逆に、ハードルの低いゴールを設定し

Part4　公共部門の役割とあり方

たりするなら、頑張ろうというインセンティブは生まれません。

④　適切性：適切な目標を選ぶこと。目標がたとえ具体的かつ測定可能で、実現可能なものであっても、他の政策目標との整合性を欠いていたり、能力の発揮できない仕事にスタッフをつかせたりすることは適切とは言えません。

⑤　期限の明示：目標達成の期限を設定すること。期限を設定することによって、担当者に頑張る気持ちや責任をもたせることができるし、他の仕事が割り込んでくることで目標達成が後回しにされるのを防止できます。つまり、期限を明示することは、プロジェクトの目標の重要度を強調することになるのです。

　ただ、SMART ターゲットを設定することが難しい領域もありますし、設定された目標にこだわりすぎて、環境変化への柔軟な対応ができなくなってもいけません。誰が目標を定めるかも重要なポイントです。トップダウンで目標を設定すると、無理な要求を現場に強いる可能性があるからです。しかし現場に目標設定を完全に委ねてしまうと、組織全体の戦略目標から外れたり、目標を低く設定したりする可能性が出てきます。したがって、現場とトップとの十分な協議によって目標を設定するとともに、目標の進捗状況を常に監視し、必要に応じて目標を修正することも考える必要があります。

2.3　バランスト・スコアカード─複数の視点を考慮したマネジメント戦略─

　どのような政策もその目標を達成する過程で副次的な影響を及ぼします。中には、副作用とも言えるマイナスの影響もあるかもしれません。したがって、政策を立案し実行する際には、さまざまな側面への影響に対する配慮も必要になります。例えば、地域住民の満足度を最大限に高めることが公共部門の目的であった場合、地域住民に対して公共サービスを手厚く提供することで、その目的を達成することができます。しかしながら、住民に対して公共サービスを手厚く提供するということは多額の費用がかかることを意味し、財政状況の悪化という問題を通じて地域住民に悪影響を及ぼす可能性があります。単一の結果指標だけで戦略を評価することへの疑念に応えようとする手法として**バランスト・スコアカード**があります。

　バランスト・スコアカードは、①ビジョン（将来目標）を実現するための戦略を可視化し、②戦略を実行することによって得られた結果を多面的な定量データによって評価することで、③次期のビジョンと戦略にフィードバックするという、

第9章 地域政策におけるガバナンスとマネジメント

企業の戦略マネジメント・システムとして1992年にロバート・S・キャプランとデビッド・P・ノートンによって開発されました（Kaplan and Norton（2000））。バランスト・スコアカードの特徴は、いくつかの「視点」を設定し、その視点に基づいて戦略を導出し評価することで、その名の通りバランスの取れた戦略の展開を可能にする点にあります。

例えば、最もオーソドックスなバランスト・スコアカードでは、①利用者に対してなすべきことは何かを考える**顧客の視点**、②財務の成功を考える**財務の視点**、③どのようにしてスタッフの能力を維持、向上させるかを考える**学習と成長の視点**、④どのように業務を行うと効果的、効率的かを考える**内部（業務）プロセスの視点**という４つの視点が設定され、これらの視点に基づいてバランスの取れた戦略が展開されます。複数の視点を設定した上で戦略を展開していくという発想に至った経緯には、公共サービス水準という結果指標だけをみて戦略を展開するのではなく、さまざまな視点を相互にトレード・オフの関係と理解し、バランスよく戦略を展開していくことが重要であるという考えが、バランスト・スコアカードの根底にあるのです。

また、利潤の最大化という財務上の成功が目的である企業の場合、①財務上の成功（財務の視点）を達成するためには、商品に対する顧客の満足度（顧客の視点）を高めなければなりません。そして、②顧客の満足度を高めるためには、企業の業務のあり方（内部（業務）プロセスの視点）が洗練されていなければなりません。また、③企業の業務のあり方が洗練されるには、従業員のトレーニング（学習と成長の視点）が必要となります。このように、学習と成長の視点を改善すれば最終的な目標である財務の視点が達成されるといったように、各視点には因果関係があることから、因果関係を重視した上で戦略をマネジメントできるところも、バランスト・スコアカードの特徴といえます。バランスト・スコアカードの実際の適用については第13章で解説します。

3　広域連携による地域活性化

3.1　広域連携と地域政策

地域政策の多くは地方が国からの支援を受けながら実施します。その場合、各

図9-4　クリティカルマスの考え方

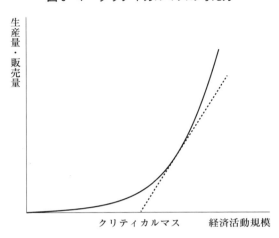

　自治体が単独で実施することがほとんどです。しかし、地域政策の効果を高めるには、これまでのように各自治体が単独で実行するのでは限界があります。OECDの地域政策の新パラダイムでも指摘されているように、地域政策の地理的範囲は経済活動という機能上のエリアを対象とすべきであり、政策における**自治体連携**つまり広域連携の必要性が高まっています。その理由は以下のとおりです。

　第1は、**行政区域**と経済活動圏域との間に食い違いが生まれていることです。行政区域は歴史的な経緯によって決まっていることが多いのに対して、家計や企業といった民間経済主体の活動は、道路整備や交通機関の発達によって行政区域を越えて広がっています。その結果、行政区域と経済活動圏域とが一致しなくなり、自治体単位の地域政策ではその効果が十分に発揮されない可能性が大きくなってきました。第8章でとりあげた、公共サービスの便益の**スピル・オーバー**も同様の現象です。

　第2は、個々の自治体が行政区域内を対象に、単独でしかも類似の産業政策を近隣自治体と競合するように実施しているために、事業規模が小さく共倒れになる可能性があることです。それは各自治体の経済活動規模がクリティカルマスを実現できないからです。**クリティカルマス**とはマーケティングに関する用語で、ある商品やサービスの普及率が一気に跳ね上がるための分岐点となっている普及

率のことです（**図9-4**）。地域経済にあてはめるなら、各自治体が強みを発揮できる産業に重点的に資源を投入することによってクリティカルマスを実現する必要があるのです。つまり複数の自治体が役割分担を行うことによって特定の政策に特化し、**規模の経済**（economies of scale）を発揮させるわけです。

第3は、産業の活性化のためには、地域経済の多様性が求められることです。単一の企業が複数の財・サービスを生産したほうが、個々の企業がそれぞれ個別に生産するよりも総費用が低くなり、効率性が良くなることを**範囲の経済**（economies of scope）と言います。この考えからすれば、各自治体が多くの産業をフルセットで発展させようとしている現状は理にかなっていることになります。しかし、現実には各産業の規模が小さいために、範囲の経済が発揮されていないのです。他の自治体と役割を分担し、圏域全体で範囲の経済を実現する道をめざすべきです。

第4は、財政事情が厳しい中にあって限られた予算を有効に活用しなければならいことです。第8章では公共施設の地域配置の最適化が必要であることを指摘しましたが、今日では最適配置は行政区域を越えたエリア単位で考える必要があります。同種の小規模な施設を複数建設するよりもグレードの高い施設を整備しアクセスを良くすることによって、集客力がアップするだけでなく、地域の中核施設として住民の交流や情報発信などにより、広域連携やネットワーク形成のコア施設として機能させることができるはずです。

3.2　大都市圏域における広域連携

圏域全体としてその実力を強化することが広域連携の目的であり、地方圏においてその必要性はとくに大きいと考えられます。しかし、大都市圏においては中心都市とその周辺都市との連携が重要です。

大都市圏では、経済活動は主に中心都市で行われていますが、それはあくまでもビジネスの側面であって、ビジネスを実行する労働力の多くは周辺自治体に住んでいます。**図9-5**は大都市の昼間人口と夜間人口を示したものです。例えば大阪市には毎日100万人を超える人びとが通勤や通学目的で市域外から流入していますし、名古屋市でも昼間流入人口は50万人に上ります。その他の大都市も大なり小なり労働力を周辺都市に依存しているのです。

中心都市の関係者は、「昼間流入口に公共サービスを提供しているにもかかわ

Part4　公共部門の役割とあり方

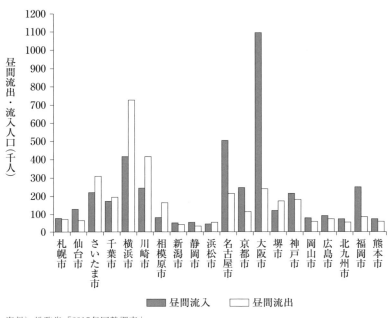

図 9-5　大都市の昼間流入人口と流出人口

資料）総務省「2015年国勢調査」

らず、住民税や固定資産税といった主要な地方税は居住地に入るために、受益と負担の不一致が生じている」と不満をもらします。これは古くから「**郊外による大都市の搾取**（exploitation）」として取り上げられてきた問題です。ところがこれに対して、周辺自治体の関係者は、「周辺自治体が子供の教育、福祉等、生活に必要な公共サービスを提供することによって中心都市の労働力を支えているにもかかわらず、法人関係の税は中心都市に入っている」と考えます。財政の受益と負担という面から見れば確かに両者の言い分はそれなりに筋が通っています。しかし、このように不満をぶつけ合うのではなく、中心都市と周辺都市とが連携して大都市圏としての実力を強化することの重要性はますます高まってきています。

近年、大都市都心部にタワーマンションが建設され、子育て世代をはじめとした**人口の都心回帰**が進んでいます。しかし、地域経済の推進力である高度な技術と専門性を持った労働力の居住環境を大都市だけで用意することはできません。

第9章 地域政策におけるガバナンスとマネジメント

図9-6 大都市圏における広域連携

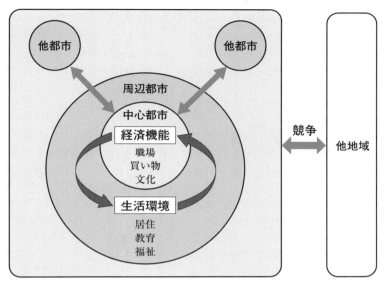

出所）林・中村（2018）、191頁。

依然として多くの労働者は周辺都市から通勤しているのです。企業のビジネス活動と、それを支える労働者の生活は不可分であり、大都市と周辺都市とが補完関係を維持していくことが、大都市圏の広域連携の最も重要なポイントなのです。

地域経済の中枢を担う大都市の雇用創出力が弱まれば、周辺自治体の住民の働く場が失われ、人口は減少します。中心都市が圏域全体にとっていかに重要であるかについて、イギリス政府の報告書は次のように指摘しています。「都市圏においては、主要な都市資産をフルレンジで供給し国際的な地位を持っている圏域のコア（核）となる都市、独自の生産活動やサービス供給活動を行う都市、その周辺の町村が、相互に依存しながらヒエラルキーを形成している。そして、このヒエラルキーが有効に機能し、圏域が発展可能かどうかは、通勤、買い物、娯楽といった行動に関しての各都市の結びつきの強さによって決まるが、こうした種々の活動の連関の強さや多様さは、主として中心都市の経済的な強さによって決定される。つまり、中心都市は地域全体としての活動量の上限を決めるのである。」（UK Treasury（2003））

Part4　公共部門の役割とあり方

　また、Parkinson 他（2012）は次のように言っています。「競争力のある地域には競争力のある都市が存在する。逆に、競争力のある都市を「核」として持たない地域で成功したところはない。」と。いずれも、地域経済にとって中心都市の発展が重要だというわけです。

　このように、大都市圏においては中心都市と周辺都市のどちらが欠けても地域は衰退します。大都市圏における広域連携とは、**図 9 - 6** に示すように中心都市と周辺都市が「運命共同体」であることを強く認識し、補完関係を築くことによって、単独では実現できない付加価値をもたらし、大都市圏としての競争力を強化するものでなければなりません。とくに首都圏に経済機能が集中している日本では、他の地域の衰退は国全体の活力を削ぐことにつながるため、都市圏としての競争力を強めるべきなのです。

3.3　日本の広域連携制度

　日本には自治体連携のための制度は存在します。しかし**表 9 - 1** に示すとおり、**一部事務組合**をはじめとする現行の広域行政制度の主な目的は行政の効率化や経費の節減であり、廃棄物処理や消防のように各自治体が単独でも供給しなければならない公共サービスを対象としたものが多くなっています。近年、**関西広域連合**のように新たな広域連携の形が生まれてきてはいますが、具体的に機能しているのはやはり従来の行政の守備範囲にとどまっているのです。

　公共サービスの効率的供給を目的としていた広域連携に、新しく地域づくり型の制度が加わりました。**連携協約**です。首相の諮問機関である地方制度調査会は第31次答申（2016年 3 月）「人口減少社会に的確に対応する地方行政体制及びガバナンスのあり方に関する答申」（以下、「31次答申」とします）を提出しました。

　「31次答申」は「とりわけ、地方圏において、早くから人口減少問題と向き合ってきた市町村は、中山間地や離島等の条件不利地域を中心に、すでに厳しい現状に直面しており、行政サービスの持続可能な提供を確保することが喫緊の課題であると言える」との警鐘を鳴らしました。基礎的な公共サービスを供給できなくなれば住民生活に支障をきたし、その結果、人口がさらに減少する可能性があるからです。たしかに人口減少が公共サービスの供給に及ぼす影響は本書の第 2 章でもとりあげたように極めて深刻な問題であり、以前から指摘されてきたところです。

第9章　地域政策におけるガバナンスとマネジメント

表 9-1　広域連携制度

種類	制度の特徴等	主な事務	件数
協議会	地方公共団体が、共同して管理執行、連絡調整、計画作成を行うための制度。	消防、救急、広域行政計画の策定	202
機関等の共同設置	委員会又は委員、行政機関、長の内部組織等を複数の地方公共団体が共同で設置する制度。	介護区分認定審査、公平委員会	444
事務の委託	事務の一部の管理・執行を他の地方公共団体に委ねる制度。	住民票の写し等の交付、公平委員会	6,443
一部事務組合	地方公共団体が、その事務の一部を共同して処理するために設ける特別地方公共団体。	ごみ処理、し尿処理、救急、消防	1,493
広域連合	地方公共団体が、広域にわたり処理することが適当であると認められる事務を処理するために設ける特別地方公共団体。国又は都道府県から直接に権限や事務の移譲を受けることができる。	後期高齢者医療、介護区分認定審査、障害区分認定審査	116
連携協約	地方公共団体が、連携して事務を処理するに当たっての基本的な方針及び役割分担を定めるための制度	連携中枢都市圏の形成に係る連携協約	175

出所）総務省「地方公共団体間の事務の共同処理の状況調（平成28年7月1日現在)」

　しかし、地方は「持続可能性」あるいは「消滅」という根本的な問題に直面していることから、「31次答申」は、地方圏については、「特定の課題にとどまらず、幅広い分野の課題について総合的に検討することを通じて圏域のビジョンを協働で作成すべきである」と指摘し、従来の公共サービスの供給を主たる目的とした広域連携から、地方創生のための広域連携へと踏み出した内容となっています。

　ここで注目されるのが**連携中枢都市圏**です。これは、連携中枢都市となる圏域の中心市と近隣の市町村が、連携協約（地方自治法252条の2第1項）を締結することによって連携中枢都市圏を形成し、圏域の活性化を図ろうとする構想であり、ヨーロッパで活用され、実績を上げている **City-Region 政策**（圏域の中心となる都市とその周辺が連携によって圏域全体の経済活性化に取り組む政策）の日本版と言えます。地域において、大きな規模と中核性を備える中心都市が近隣の市町村と連携し、コンパクト化とネットワーク化によって「経済成長のけん

189

Part4　公共部門の役割とあり方

引」、「高次都市機能の集積・強化」、「生活関連機能サービスの向上」を行うことにより、人口減少・少子高齢社会においても一定の圏域人口を有し活力ある社会経済を維持するための拠点を形成することを目的としています。

人口が減少する中で地方圏において生活関連サービスを維持することは住民生活を守る上で必須の条件です。しかし、連携中枢都市圏において求められるのはより根本的な地域経済の活性化であるべきです。活性化が実現できれば生活関連機能サービスはおのずと向上するからです。

このように、地方圏においては地域づくり型の広域連携の必要性を国も認めるようになったのですが、この制度が実績を上げるかどうかは今後の地方の取り組みにかかっています。また、大都市圏においては広域その必要性を認めながらもまだ制度化されてはいません。今後、大都市圏、地方圏にかかわりなく、広域連携は地域活性化の重要な戦略として展開される必要があります。ところが、公共サービスの供給の効率化を目的とした広域連携に比べて、地域づくり型広域連携には乗り越えなければならない多くの壁があり、成果を上げることは簡単ではありません。

3.4　新時代の広域連携―技術的連携から政治的連携へ―

Himmelman（2002）は、連携の障害となる要素として、
①交渉と合意に至るまでに要する「時間（time）」、
②合意が形成されるために必要な相互の「信頼（trust）」、
③現存する「縄張り（turf）」
をあげ、これらの要素にどの程度配慮しなければならないかによって連携を**図9-7**のように、ネットワーク（Networking）、協調（Coordinating）、協力（Cooperating）、協働（Collaborating）の4つに整理しました。右に行くほど連携の密度は濃く、これら3つの要素を強く意識しなければならなくなります。内容を簡単に説明しましょう。

● **ネットワーク**：「情報の交換」程度の最も非公式な連携の形態であり、実現しやすいものです。お互いがそれほど信頼していなくても連携は可能であり、また連携を実現するのに時間はそれほどかかりません。各パートナーが互いの縄張りに立ち入られることにためらいがあるときに使われます。
● **協調**：情報の交換だけでなく、共通の目標を達成するために各パートナーは自

第9章　地域政策におけるガバナンスとマネジメント

図9-7　連携の深化

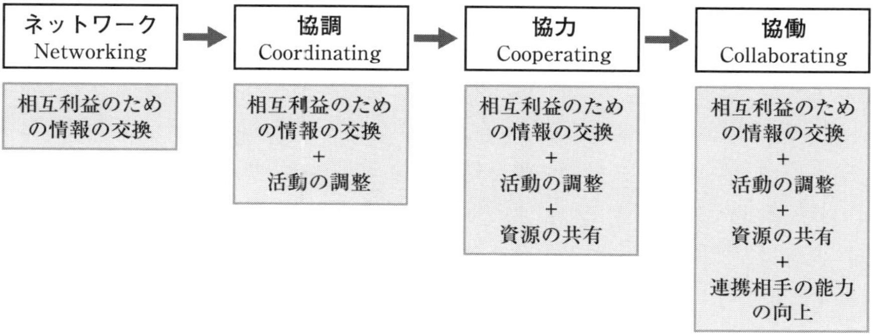

ネットワーク Networking	→	協調 Coordinating	→	協力 Cooperating	→	協働 Collaborating
相互利益のため の情報の交換		相互利益のため の情報の交換 ＋ 活動の調整		相互利益のため の情報の交換 ＋ 活動の調整 ＋ 資源の共有		相互利益のため の情報の交換 ＋ 活動の調整 ＋ 資源の共有 ＋ 連携相手の能力 の向上

らの活動に修正を加える必要がでてきます。具体的には、イベントの共同開催、トレード・フェア（見本市）における共同の販売促進等です。ネットワークの段階に比べると、自治体間の結びつきは明確になりますが、より組織的な取組みが求められ、戦略も思い切った変更が必要となります。それだけに連携実現に要する時間はネットワークに比べて長くなり、より高い信頼関係が必要とされます。

●協力：相互の利益と共通目標の達成のために、情報の交換、活動の修正に加えて、「（人、資金、技術などの）資源の共有」も行われ、無駄な競争や重複を回避するために、自治体活動を監視することも含まれます。ネットワークや協調よりもさらに大がかりな組織的取組みが必要とされ、連携を実現するためには多くの時間、高い信頼、相互の縄張りの利用権限の拡充が必要です。

●協働：情報の交換、活動の修正、資源の共有に加えて、「相互の能力の向上」を図ることが重要なポイントとなります。したがって、協働を実現するためには、連携の参加者が相互に他の参加者の能力を高めたいという「強い意志」が存在しなければなりません。各パートナーが政策にともなうリスク、責任、連携から生まれる利益を単に共有するだけではなく、連携相手が最善の状態になるような関係を築こうとする意志の下に、合意に基づいた新たな政策や戦略を立て、実行する必要があります。したがって、他の3つの連携に比べて実現に時間を要し、極めて大きな信頼関係、広範囲の縄張りの共有化が必要になります。

Part4　公共部門の役割とあり方

　これからの**広域連携**は、政策効果の最大化を目的として戦略を作成し、各自治体が役割を分担する方式に転換することが求められます。つまり、地域の活性化につながる新時代の広域連携は、政策によって生み出される利益だけでなく、政策にともなうリスクや責任を分配することによって圏域全体の利益獲得を達成するものでなければなりません。そのためにも、構成自治体は圏域全体の発展ビジョンと資源を共有し、自らの活動を修正しながらパートナーの能力の向上を図るという協働型であるべきなのです。従来の広域連携を**技術的連携**と呼ぶなら、新しい連携は首長や議会の関与を強めた**政治的連携**と呼ぶことができるでしょう。

4　地域政策と公民連携

4.1　インフラ整備と公民連携

　道路、港湾、空港、教育、文化、上下水道をはじめとした生活インフラは人や企業の活動にとって不可欠なものです。多くの公共インフラがすでに整備された日本ですが、人口や企業の転出が進む地方においては地域力を強化するためのインフラ整備は今後も必要です。また、都市部を中心に高度経済成長期に整備されたインフラの更新時期も迫っています。更新投資を怠ると、住民生活や企業活動に支障をきたすようになります。

　インフラは今後も必要ですが、厳しい財政状況下で、インフラ需要に対応できないという**インフラギャップ**が生じています。インフラギャップは発展途上国でとくに顕著なのですが、最近では日本（先進国）でも同様の現象が起こっているのです。こうした問題を解決するためには、財源調達を含めた整備の方式が大きく変わらなければなりません。その中で、今後のインフラ整備推進の鍵を握っているのが**公民連携**です。伝統的なインフラ整備方式は、民間企業はインフラの建設のみに携わり、建設後は公共部門が管理運営するというものです。近年では、コスト節減のために公共施設の管理運営を民間事業者に委託するという**指定管理者制度**が採用され広がってきました。これまで公共施設の管理を外部に委ねる場合は、公共的団体（いわゆる外部団体）に限定されていたのですが、指定管理者制度によって民間事業者、NPO法人などへの委託が可能になったのです。

　公共インフラの整備と公共サービスの供給における民間企業の関わり方につい

第9章 地域政策におけるガバナンスとマネジメント

図9-8 都道府県別に見た自治体実施のPFI事業数（平成29年5月31日現在）

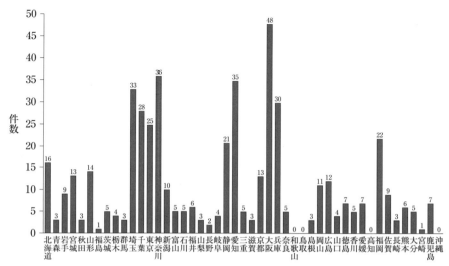

資料）内閣府「PFIの現状について」
http://www8.cao.go.jp/pfi/pfi_jouhou/pfi_genjou/pdf/pfi_genjyou.pdf

てはさまざまな形が考えられ、そこに公共部門の創意工夫が活かされることになります。**PPP**（Public Private Partnership）は、公民が連携して公共サービスの提供を行う方式であり、**PFI**（Private Finance Initiative）、指定管理者制度、国や自治体が独占供給してきた公共サービスを、民間事業者を含めた競争入札によって供給者を決定する**市場化テスト**等が含まれます。

　欧米諸国ではインフラ整備にPPPが積極的に活用されています。フランス、イタリア、スペインといったEU加盟国は、古くから交通インフラ等の建設をコンセッション方式のPPPによって進めてきました。**コンセッション方式**とは、インフラの所有権は公共部門に残したままで、民間事業者にインフラの事業運営に関する権利を長期間にわたって付与する方式です。営業権を与えられて事業を実施する民間企業は、有料道路の料金のように利用者からの収入を得て事業にかかるコストを回収することになります（独立採算型）。イギリスは公民連携の考えをより広い公共インフラに拡大し、利用者からだけでなく、政府自らがサービスを購入するという形態（サービス購入型）をPFIとして積極的に活用しています。

Part4　公共部門の役割とあり方

　日本でも、1999年7月に公布されたPFI法（「民間資金等の活用による公共施設等の整備等の促進に関する法律」）の施行以降、インフラ整備にPFIが活用され始めました。しかし、**図9-8**に見るように実施件数はそれほど多くはなく、しかも実績は大都市圏に偏っています。また、日本のPFI事業は、行政がPFI事業者に建設、維持管理の報酬を支払う**サービス購入型**が大半であり、独立採算型は皆無に等しい状況でした。その後、2011年にPFI法が改正され、「公共施設等運営権」が新たに追加されました。これによってコンセッション方式が拡大していくことが期待されています。

4.2　PPPのメリット

　PPPと、公共部門が民間建設会社にインフラの建設のみを発注し、完成後は公共部門が運営するという従来型調達方式（以下は従来方式とします）との間には大きな違いがあります。従来方式の場合、民間企業のリターン（報酬）はインフラの建設に対してのみ発生しますが、PPPの場合のリターンは、インフラが生み出すサービスの量や質に連動して決まります。また公民の責任分担も異なっています。従来方式では民間部門はインフラの建設に対してのみ責任を負い、管理運営の責任は公共部門が負います。一方、PPPでは建設だけでなく、管理と運営全体に民間企業が責任を負うのです。

　プロジェクトの実施にともなって発生する費用やリスクを誰が負担するかも従来方式とPPPでは異なっています。従来方式では、建設にともなって発生する資本費と管理運営に必要な費用は公共部門が支払います。そして、費用が見積もりを上回ったり、サービス対する需要が予想を下回ったりするというリスクは公共部門が負担します。これに対してPPPでは、民間部門は財源を借金と民間からの株式投資でまかない、株式へのリターンはサービスの質に依存して決まります。プロジェクトの収益があがらなければ、損失は民間が負うのです。このようにPPPにおいてはプロジェクトにともなって発生する費用やリスクの多くが民間に移ることになります。

　PPPには従来方式に比べてさまざまなメリットがありますが、主要なものは以下のとおりです。

　第1は**ライフサイクルコスト・マネジメント**によって費用の節減が図れることであり、これが最大のメリットだとも言えます。従来方式では、インフラの設計、

第9章 地域政策におけるガバナンスとマネジメント

図9-9 PPPとVFM

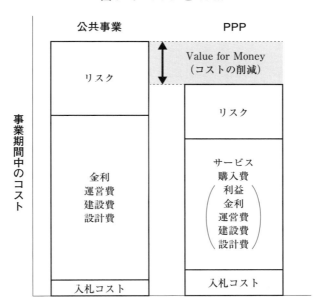

建設、保守（メンテナンス）、運営が別の事業者によって行われるのに対して、PPPではこれら一連の業務を単一の事業者が責任を持って実施することになりますから、工夫次第で、事業期間全体を通じて発生するライフサイクルコストを抑えることができるのです。

　第2はVFM（Value for Money）を高めることです。**図9-9**は従来方式（公共事業）とPPP（PFI）方式を比較したものです。インフラ整備の効率性を従来方式による総コストと、PPPで供給した場合に公共部門が支払う総コストとを比較し、従来方式に比べてPPPのコストが小さければVFMがあるとされます。

　とくに、従来方式では公共部門が負っていたプロジェクトに関わるリスクを、PPPは最もうまくコントロールし吸収できる主体が負うことになり、リスクを公民間に最適に配分することによってリスクによるダメージを小さくできます。これによってVFMが高まるのです。

　第3は地域経済の活性化につながることです。PPPは従来、公共部門の仕事だと考えられてきた領域に民間企業が参加できるという点において、民間部門に

Part4　公共部門の役割とあり方

ビジネスチャンスを提供することになります。とくに地域経済が停滞しているため民間部門に活動余力が存在している場合、その余力を有効活用すれば地域経済の活性化に結びつくことが期待できます。PPPによる新たなビジネスチャンスは、地元で活用されない民間資金の有効活用にも結びつき、地域の金融市場の発展に寄与し、ひいては地域経済の活性化につながるはずです。このことは、PPPに参加しない民間企業にとっても地域経済の発展を通じた間接的な利益として還元され、自治体には税収をもたらすことにもなります。

　ただし、PPPにも注意しなければならない点があります。PPPは民間資金を活用するものですから、苦しい財政状況にある公共部門にはありがたい方式であるように見えます。しかし、ここで重要なポイントは、投資家の資金が必ずしも地元に落ちるとは限らないことです。地元投資家がPPPに関心を示さない可能性もあるのです。というのも、民間資金はリターン（収益）の大きいところに向かっていくのであり、今日のようにグローバル化した経済では、投資家は国境を越えて有利な投資先を探しているからです。これが市場のメカニズムです。したがって、投資家の資金が地元で活用されるためには、プロジェクトが、ビジネスとしてまた投資先として有利な条件を提示できるものでなければなりません。

　このように公民連携が成功するためには、公共部門と民間部門が最高のパートナーを見いだし、パートナーを相互に尊重し、相手の発展を願って連携することが必要なのです。それは、広域連携のところで指摘した協働型であるべきなのです。

Part5

地域経済分析の手引き

第10章

地域経済の実態を把握しよう
正しい政策を立案するための第一歩

> 地域を活性するためには地域経済の実態を知り、課題を明らかにする必要があります。地域経済の実態を知る最も基本的な方法を紹介しましょう。この方法をマスターすることが正しい政策を立案するための第一歩です。

1　回帰分析を使う─地域で発生している問題の背景（決定要因）を探る─

　本書では回帰分析という分析手法と、分析結果から導き出された決定要因をもとに地域経済問題を説明してきました。この方法を知っておくと地域経済の分析にはとても役に立ちます。

　地域で発生している問題を解決したいと考えているとします。思いつくままにあらゆる解決策を実施していくのは非効率です。問題解決の近道は、問題を発生させている原因を知ることです。原因が分かれば、問題解決の糸口を効率的に見いだすことができるようになります。このときに役立つのが地域で発生しているさまざまな現象の決定要因分析です。例えば第１章では、給与水準に存在する地域間格差は、①労働生産性、②就業者の男子比率、③第三次産業比率の３要因で84％が説明できるという分析結果を紹介しました（結果は第１章の図１−２を見てください）。

（1）回帰分析の手法

　本書ではいくつかの決定要因分析を取り上げましたが、すべて「回帰分析」という計量経済学の手法を用いています。回帰分析の方法を知っておくと、問題解決に大きな力になりますので、具体的な方法を少し詳しく解説します。ここでは

第10章　地域経済の実態を把握しよう

表10-1　データ入力

	被説明変数	説明変数		
	現金給与月額 （1000円）	労働生産性／ 人・時間 （1000円）	男子比率 （％）	第三次産業 比率 （％）
北海道	282.3	6.0	62.7	9.9
青森	245.7	6.0	59.6	8.7
岩手	257.0	6.0	63.3	8.6
宮城	298.2	6.0	65.6	10.2
—	—	—	—	—
—	—	—	—	—
東京	409.5	7.6	68.6	14.9
神奈川	371.1	6.9	71.4	11.9
—	—	—	—	—
—	—	—	—	—
大分	281.2	6.1	61.9	8.7
宮崎	259.3	6.1	56.3	8.7
鹿児島	271.3	6.1	60.1	8.9
沖縄	246.4	5.7	58.9	9.0
全国平均	329.6	6.3	67.2	10.4

給与の例を用いていますが、皆さんも関心のあるテーマで分析してみてください。

　回帰分析では結果（ここでは現金給与月額）を「**被説明変数（従属変数とも言います）**」、その結果を決めている要因（ここでは労働生産性、男子比率、第三次産業比率）を「**説明変数（独立変数とも言います）**」と言います。最初の作業は、「どのような現象の因果関係を分析するのか」を明確にし、結果に影響していると考えられる要因を推測することです。このとき、理論的に考えることが必要です。例えば、県別の平均身長は現金給与月額に影響しているとは考えにくいからです。

　次に被説明変数、説明変数のデータを**表10-1**（データ入力）のように北海道から沖縄県まで入力します。データを「サンプル（標本)」と呼び、サンプルが多いほど正確な結果が導かれます。また分析の目的によって時系列データ、クロスセクションデータ、パネルデータを使い分けます。例えば、時系列は年々変化している要因を検証できますし、クロスセクションデータは都道府県で結果が異

Part5 地域経済分析の手引き

表10-2 分析結果

概要				
回帰統計				
重相関 R	0.922350905			
重決定 R^2	0.850731191			
補正 R^2	0.840317088			
標準誤差	13.1169054			
観測数	47			

分散分析表				
	自由度	変動	分散	観測された分散比
回帰	3	42165.23421	14055.07807	81.69029969
残差	43	7398.287916	172.0532073	
合計	46	49563.52213		

	係数	標準誤差	t	P－値
切片	－125.4922182	32.0036487	－3.921184718	0.000311988
労働生産性／人時間	13.68365386	4.230149829	3.234791771	0.002342929
男子比率	3.370808656	0.563447995	5.982466322	3.87752E-07
第三次産業比率	12.91032975	1.847362113	6.98852145	1.33697E-08

なる要因を検証できます。複数の地域や企業などを複数時点にわたって観察したパネルデータは、サンプル数を増やすことができ、時系列データやクロスセクションデータを用いた分析に比べて多くの情報を読み取ることができます。図1-2はクロスセクションデータ（都道府県レベル）を用いたものです。

　次に入力したデータを用いて分析結果を導き出します。本書では一般的に使われているマイクロソフトの表計算ソフト「Excel」を使用しました。Excelによる回帰分析の具体的手順については省略し、最終の分析結果の読み取り方法のみを解説します。**表10-2**がExcelに示される分析結果です。

　分析結果の読み取りには「①t値の検定（t検定）」、「②補正 R^2（自由度修正済み決定係数）の確認」、「③係数の確認」の３つが重要です。**①t検定**とは、結果に影響を及ぼすと考えている原因（説明変数）が本当に影響を及ぼしていると言い切って良いのかどうかを調べるものです。影響を及ぼす場合を「有意」とい

います。t検定には、両側検定と片側検定の２種類があります。係数の符号条件が明らかである場合は片側検定を、明らかでない場合は両側検定を選択します。ここでは、男子比率や第三次産業比率などは現金給与に与える影響が正負か明らかでないと考え、両側検定を採用しましょう。そして、両側検定、片側検定に注意しながら、t分布表の自由度（観測数−説明変数の数−１）に基づいた判定値を見ます（本書ではt分布表を掲載していませんが、t分布表はインターネットで検索すれば手に入れることができます）。例えば、自由度43（観測数47−説明変数の数３−１）の有意水準５％の判定値は約2.017、１％の判定値は約2.695になります。t値の絶対値が判定値よりも大きければ、その変数は「有意」と考えます。つまり、上の表から３要因とも１％の判定値（2.695）よりも大きいことから、99％以上の確率で影響を及ぼす原因であると判断してよいと言えます。

　もしt値が低く、有意ではないと判定せざるを得ない変数があったなら、「なぜそうなるのか」を考えなければなりません。どう考えても有意であるはずの変数のt値が低いという結果が出た場合には、例えば第１章の例のように複数の説明変数を使用した回帰分析（これを重回帰分析と言います）では、説明変数間に相関があることによって結果が不安定になっているかもしれません。こうした現象を「**多重共線性**」と呼びます（多重共線性については**Column8**を参照してください）。重回帰分析で使用する説明変数は、変数間に関連性のない独立した変数（独立変数）でなければならないのです。

　次に②**補正 R^2（自由度修正済み決定係数）**を確認します。補正 R^2 は０から１の値を取り、回帰分析の結果得られたモデルの説明力を示します。今回の結果では補正 R^2 は0.84ですので、上述のように３要因で約84％が説明できます。また約16％が３要因以外によって決まっていると言え、もし補正 R^2 が低い場合、結果の大部分を説明していないことになり、他の要因を探すことが求められます。

　最後に③**係数**を確認しましょう。原因と結果が正（負）の関係にあることが明らかである場合、得られた係数の符号を確認する必要があります。もし理論上の符号と分析結果による符号が異なる場合、有意でなかった際と同じように「なぜそうなるのか」を考える必要があります。もしかすると重回帰分析の場合、「多重共線性」によって結果が不安定になっているかもしれません。

　以上の検定をくぐり抜けた場合、回帰分析によって得られた結果から、図１−２のように現金給与の要因をモデル化（定式化）することができます。以上が回

Part5　地域経済分析の手引き

Column8　多重共線性

　重回帰分析は結果（被説明変数）に影響を与えていると思われる原因（説明変数）を選び、補正 R^2 を大きくすることが求められます。しかし、選択した説明変数間に強い相関関係があると、有意に出るはずの説明変数が有意でなかったり、符号の逆転現象が起こったりするなど、推定結果に影響を及ぼします。このような状況を多重共線性（またはマルチコリニアリティ（マルチコ）、multicollinearity）といいます。多重共線性は2つの変数間の相関関係に限らず、3つ以上の変数間の関係によっても生じます。

　いま、表に示された車の所有台数の決定要因を探るため、重回帰分析を行うとします。世帯数や所得額が多い市は車の所有台数も多いことが予想できます。したがって、「車の所有台数」を被説明変数、「世帯数」と「所得額」を説明変数とし重回帰分析を行うと、次の結果が得られました。

$$車の所有台数 = 908.1 - 0.12 \times (世帯数) + 2.25 \times (所得額)$$
$$(19.59)(-2.08) \qquad (3.60)$$
$$補正\ R^2 = 0.83$$

この式を見ると、世帯数が多い市ほど車の所有台数は少なくなる（係数の符号がマイナス）ということになります。このような予想と異なった結果が得られた理由として、世帯数と所得額の間に相関関係があることがあげられます。相関関係を明らかにするために相関係数を見てみると、両変数の間の相関係数は0.94でした。相関係数が高い理由として、所得額が世帯数によって決定されているという背景があると考えられます。このように相関係数が1に近い変数を入れることで、信頼性の低い重回帰式が求まることがあります。

車の所有台数の決定要因分析

	車の所有台数	世帯数	所得額（億円）
A市	1150	2640	223
B市	1125	2400	225
C市	1060	3600	265
D市	990	1560	124
E市	950	1800	100
F市	930	1200	80

第10章　地域経済の実態を把握しよう

帰分析の手順です。

（2）決定要因の分解

　上の分析結果を式の形にまとめると、第1章でも示したように、

　　　現金給与月額 ＝ −125.5＋13.68×（労働生産性）＋3.37×（男子比率）
　　　　　　　　　　（−3.92）　（4.23）　　　　　　　　　（5.98）
　　　　　　　　＋12.91×（第三次産業比率）
　　　　　　　　　（6.99）

自由度修正済み決定係数＝0.84

となります。

　この式は、労働生産性（県内総生産÷（雇用者数×実労働時間））が1000円高くなると1万3680円、男子比率が1％ポイント高いと3370円、第三次産業比率が1％ポイント高いと1万2910円、それぞれ現金給与月額が高くなることを示しています。そして地域によって給与に差があるのは、労働生産性、男子比率、第三次産業比率が地域によって異なるからです。第1章では、東京都の給与水準が高いのは第三次産業比率が高いことが最大の要因であることを突き止めました。このような給与水準格差の要因分解は以下の方法で行うことができます。

　例えば、神奈川県の現金給与は37万1100円と、全国平均の32万9600円より4万1500円高くなっています。その差は、労働生産性、男子比率、第三次産業比率の全国平均値との差（**表10-3**の「全国平均との差の算出」）に原因があります。次に、これら3つの要因の差が現金給与の全国平均との差にどのくらい影響しているかを計算します。結果は**表10-4**の「全国平均との差の決定要因分解」の通りです。例えば労働生産性については8866円、男子比率要因は1万3984円、第三次産業比率は1万9495円だけ全国平均よりも神奈川県の給与を高くしています。

　これら3つの要因の合計は4万2345円となり、実際の全国平均との差4万1500円よりも大きくなります。これは3つの要因以外の「その他要因」が神奈川県の給与を845円引き下げる方向に影響したからだと考えられます。なお、表10-3、表10-4の数値は四捨五入しているため、計算はExcelの正確な数値を使ってください。

Part5 地域経済分析の手引き

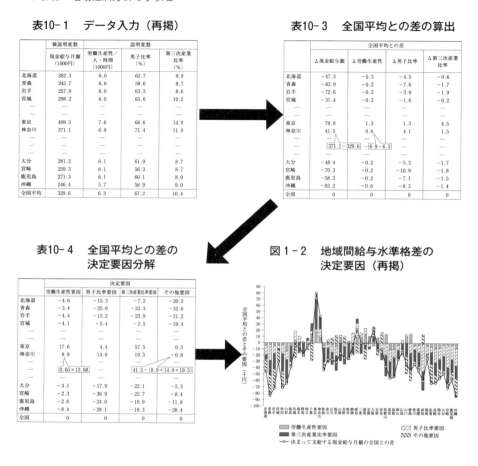

2 主成分分析を使う―地域の総合力と特性を知る―

　第1章では、地域力の総合ランキングを示しました。その際、主成分分析という手法を用いたのですが、この分析は数多くの指標をいくつかの総合指標に要約することを可能にしてくれる便利な手法です。また、決定要因分析のところで解説したように、回帰分析において多くの説明変数があるときには、説明変数間の相関が存在することで発生する多重共線性の問題を回避する方法でもあります。主成分分析について解説しましょう。

第10章　地域経済の実態を把握しよう

（1）主成分分析とは

　いま、地域の経済環境を表す「事業所密度」という指標と、地域の生活環境を表す「持ち家世帯比率」という指標についてのデータがあるとします。これらのデータを用いて各地域の地域力（地域の豊かさを生み出す力）を把握したい場合、どのような方法を採れば良いでしょうか。事業所密度が高く持ち家世帯比率が高い地域ほど地域力が高いと考えられますが、事業所密度が高い地域が必ずしも持ち家世帯比率が高いとは限らず、また、各指標の単位が異なるため、単純にそれぞれの値を合計するわけにもいきません。したがって、事業所密度が高く持ち家世帯比率が低い地域や、その逆の地域が存在した場合、どちらの地域力が勝っているかを判断することは困難です。上記の例では2つしか指標をあげていませんが、地域力は経済、社会、文化など、さまざまな要因で決まることから、各地域の地域力を把握するためには複数の指標を用いることになるでしょう。そうなれば、地域力の把握はより困難になります。仮に、複数の指標を集約した総合指標を導き出すことができれば、各地域の地域力を容易に把握することができるはずです。

　また、地域によっては生活環境に強みを持つ地域や、経済環境に強みを持つ地域が存在します。各地域がどのような特性を有しているかを判断する際、判断材料となる指標の数が多ければ多いほど、より精緻に地域の特性を掴むことが可能になります。しかしながら、10や20といった指標を一つ一つ観察しながら、地域の特性を掴むことは極めて困難です。先ほどと同様、複数の指標を集約した総合指標を導き出すことができれば、各地域の特性を捉えることができるはずです。

　以上のように、複数の指標が持つ情報をできる限り損なわずに、少ない数の総合指標に集約したいときの分析手法が**主成分分析**です。主成分分析を用いることで、①複数の指標を集約したいくつかの総合指標を作成し、②総合指標ごとに得点を求めることができ、③得点の多少によって地域力の把握や地域がどのような特性を持っているかを明らかにできます。主成分分析は、データの解釈を容易にする便利な分析ツールであるといえるでしょう。

（2）主成分分析の仕組み

　それでは、主成分分析はどのようにして複数の指標を集約していくのでしょうか。**図10-1**を用いて、主成分分析の仕組みをみていきましょう。いま経済環境

205

Part5 地域経済分析の手引き

図10-1 主成分分析の仕組み

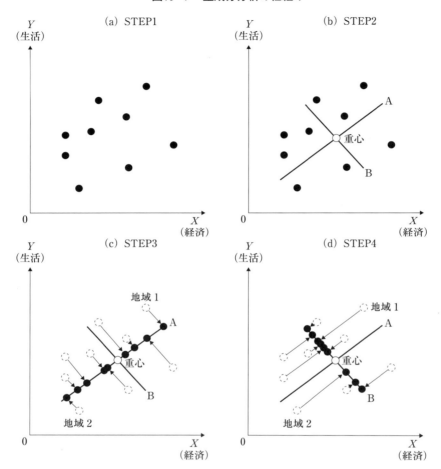

を表す X と生活環境を表す Y という2つの指標があり、横軸に X の値、縦軸に Y の値をとった結果、各地域の点が (a) のように分布しているとします (STEP 1)。(b) のように、X の平均値と Y の平均値からなる点を重心とし、重心を通る直線A (各点から直線に下した垂線の長さの2乗和の値が最も小さくなる直線) と、重心を通り直線Aに直交する直線Bを引きます (STEP 2)。各地域の点を直線Aに向けて垂直に移動させると、(c) のように直線A上に点が並べられることになります。この直線A上に並べられた各点が、X と Y とい

第10章　地域経済の実態を把握しよう

Column9　主成分得点

　主成分分析における主成分得点は、各指標の値（x）と各指標のウエイト（a）の積和で表されます。重要な指標ほどウエイトが高く設定されており、各指標を単純に合計することで得点を求めるより優れた手法であることがわかります。また、回帰分析において数多くの説明変数を用いる際には、各指標を集約した主成分得点を用いることで多重共線性の問題を回避することが可能となります。

第 1 主成分の主成分得点：$z_1 = a_{11}x_1 + a_{12}x_2 + \cdots + a_{1p}x_p$
第 2 主成分の主成分得点：$z_2 = a_{21}x_1 + a_{22}x_2 + \cdots + a_{2p}x_p$
第 m 主成分の主成分得点：$z_m = a_{m1}x_1 + a_{m2}x_2 + \cdots + a_{mp}x_p$

う 2 つの指標を集約した総合指標となり、重心から右に位置する地域ほど総合力が高く、左に位置する地域ほど総合力が低いことを教えてくれます。つまり、地域 1 は経済環境と生活環境の総合力（地域力）が最も高く、地域 2 は総合力が最も低いことがわかります。なお、重心から直線 A 上に並べられた各点までの距離を**主成分得点**（Column9）と呼び、重心から左に位置する点はマイナス、右に位置する点はプラスの値をとり、主成分得点が高い地域ほど総合力が高いことを表しています（STEP 3）。

　各地域の点を直線 A 上に並べることでデータの解釈が容易になりました。その一方で、この方法では「各地域の点から直線 A までの距離」という情報が捨てられています。この捨てられた情報の中にも重要な意味が含まれている可能性があるため、この情報を別の総合指標を作成することで読み取っていきましょう。今度は各地域の点を直線 B に向けて垂直に移動させます。すると、（d）のように直線 B 上に点が並べられることになります（STEP 4）。この直線 B 上に並べられた各点は、各地域の点から直線 A までの距離という情報に基づいて並べられていることから、先ほどの捨てられた情報をくみ取っていることが分かります。いま、直線 B 上に並べられた点を観察すると、地域 1 は X の平均値と Y の平均値からなる重心より上に位置し、地域 2 は重心より下に位置していることが分か

207

Part5 地域経済分析の手引き

ります。つまり、地域1は X の値が平均値より低く Y の値が平均値より高いのに対し、地域2は X の値が平均値より高く Y の値が平均値より低くなっているのです。このことは、地域1は X（経済環境）よりも Y（生活環境）に地域特性があること、地域2は Y（生活環境）よりも X（経済環境）に地域特性があることを表しています。直線 B に基づいて得られた総合指標は、地域がどのような特性を持っているかを教えてくれるのです。そして、重心から直線 B 上に並べられた各点までの距離が主成分得点となり、主成分得点が高い地域ほどより強い特性を持っているといえます。

　(c) と (d) を比較すると、直線 A 上に並べられた各点のバラツキの方が直線 B 上に並べられた各点のバラツキよりも大きいことがわかります。主成分分析では直線 A や直線 B を**主成分**と呼び、直線 A のようにデータのバラツキが最も大きい直線を第1主成分、直線 B のように直線 A に次いでデータのバラツキが大きい直線を第2主成分と呼びます（ここでは、第1主成分と第2主成分の2つでデータを読み取っていますが、第1章で行った分析のように、第3主成分、第4主成分と複数の主成分を設定することも可能です）(**Column10**)。繰り返しになりますが、第1主成分（直線 A）に基づいて得られた総合指標は、地域の「総合力」を表しており、主成分得点が高い地域ほど地域の総合力が高いことを意味しています（第1主成分は総合力、第2主成分以下は特性を表すという原則がありますが、第1主成分が総合力を表さないケースもあります）。第2主成分（直線 B）に基づいて得られた総合指標は、地域の「特性」を表しており、主成分得点が高い地域ほどその特性が強いことを意味しています。

　しかしながら、主成分分析は主成分や主成分得点を導き出してくれますが、主成分や主成分得点が何を意味しているかまでは教えてくれません。第2主成分以降の主成分に基づいて得られる総合指標は「特性」を表していると一般的に考えられていますが、どのような特性を表しているかについては分析者自身の解釈に委ねられているのです。上記の例では、生活環境を表す指標 Y の値が大きな地域ほど主成分得点が大きくなることから、第2主成分に基づいて得られた総合指標は「生活環境」という特性を表す総合指標であると判断しました。また、第1章で行われた主成分分析では、「1住宅当たりの延べ面積」や「持ち家世帯比率」といった指標（第1章では「変数」と呼んでいます）が大きな地域ほど主成分得点が大きくプラスなることから、第2主成分は「住宅・生活環境」という特性を

208

第10章　地域経済の実態を把握しよう

Column10　主成分と寄与率

　主成分分析の対象となったデータが持っている情報を、各主成分がどれだけ集約しているかを表す「寄与率」というものがあります。第1主成分は最も大きなバラツキを説明していることから、データの解釈に最も大きく寄与しているという意味で「寄与率」が最も高くなります。そして寄与率は、第2主成分、第3主成分、第4主成分の順に低くなっていきます。

表す総合指標と判断し、第3主成分では「人口千人あたり医師数」や「人口千人あたり病院病床数」といった指標が大きな地域ほど主成分得点が大きくプラスになることから、第3主成分を「医療・福祉環境」という特性を表す総合指標と判断しました。このように、主成分分析の結果を見ながら、各主成分に基づいて得られた総合指標が何を意味しているか分析者自身が解釈をしなければならないのです。

　各総合指標がどのような意味を持つかの解釈が難しいというデメリットはありますが、主成分分析を用いることでデータが持つさまざまな情報をいくつかの総合指標に集約することができ、その結果、一度に読み取ることができない多種多様な情報を容易に把握していくことが可能になるというメリットを持っています。近年、地域政策を考える上でビッグデータの重要性が指摘されています。地域に関するビッグデータを取り扱う際、指標を一つ一つ観察して地域特性を捉えていくことは極めて困難です。情報の損失を最小限に抑えつついくつかの総合指標に集約をする主成分分析は、地域を分析する上で有用な分析手法であるといえるでしょう。主成分分析に関心のある読者は、上田（2010）、菅（2005）を参考にして分析を行ってみてください。

3　シフト・シェア分析を使う─地域経済構造の特徴を知る─

　第4章では地方の経済構造の特徴を明らかにするためにシフト・シェア分析を用いました。数値例として、産業は X 産業という成長産業（期間中の全国平均成長率10％としておきます）と Y 産業という成熟化し、したがって成長が望め

Part5　地域経済分析の手引き

表10-5　シフト・シェア分析の構造

	産業構造		成長率が全国と同じと想定したときの期待成長率	実際の成長率	シフト・シェア分析結果	
	X 産業（成長産業）	Y 産業（成熟産業）			産業構造要因	地域要因
国全体	60%	40%		6 %		
A 地域	80%	20%	8 %	4 %	+ 2 %	− 4 %

ない成熟産業（同 0 ％とします）の 2 産業のケースを考えてみます（**表10-5**）。全国の産業構造が、X 産業が60％、Y 産業が40％であったとします。このとき、全国の全産業の成長率は 6 ％（X 産業の成長率10％×0.6＋Y 産業の成長率 0 ％×0.4）となります。

　ここで、A 地域の産業構造が、成長産業である X 産業の割合が80％、Y 産業が20％というように、成長産業に特化した構造を持っていたとします。このときには、A 地域の全産業の成長率の期待値は 8 ％（10％×0.8＋ 0 ％×0.2）となります。A 地域の成長率が全国平均よりも高いのは成長産業をより多く抱えているという産業構造によるのです。A 地域の成長率の期待値から全国の成長率を引いた値である 2 ％（ 8 ％− 6 ％）が「産業構造要因」です。

　8 ％は期待値であって、実際の成長率と異なる可能性があります。ここで A 地域の実際の成長率が 4 ％であったとしましょう。成長産業を多く抱えるという有利な産業構造を持っているにもかかわらず、成長率が期待値よりも低いということは、産業構造の有利さを打ち消すほどの不利な要因が A 地域にはあることを示しています。実際の成長率 4 ％と期待値 8 ％との差（− 4 ％）が産業構造以外に A 地域の成長率に影響を与えた要因（「地域要因」）です。もし、A 地域における X 産業と Y 産業の成長率が何らかの理由で全国の成長率よりも低くなっているときには地域要因は成長率に対してマイナスに影響することになります。

　現実のデータを使って計算することで、各地域の経済成長率の差の背後にあるものを知ることができます。

4　SWOT 分析を使う―地域の強みと弱みを知る―

地域経済の活性化には発展戦略が不可欠ですが、そのためにはまず、地域を取

第10章　地域経済の実態を把握しよう

り巻く社会経済環境とともに、その環境の中で地域が置かれている状況を正確に把握し、評価することから始めなければなりません。それを行わずに戦略を立てようとすると、時間や資源の浪費が生じるだけでなく、戦略自体が地域の発展を妨げることにもなりかねません。地域の経済状況を的確に評価するためには情報の収集と分析が必要です。その分析方法の一つがSWOT分析です。この分析手法はもともと民間企業の経営戦略を立てるものとして考案されたのですが、公共部門についても適用が可能であり、欧米諸国では地域発展戦略の立案にも活用されるようになっています。

　SWOT分析は地域の経済状況を、「強み（Strengths）」、「弱み（Weaknesses）」、「機会（Opportunities）」、「脅威（Threats）」という4つの要素に焦点を当てて分析する手法です。戦略それ自体を分析するのではなく、経済開発戦略を立てるためのプロセスの一環として、地域経済の現状と課題を知ることが目的です。SWOT分析によって戦略の焦点をどこに当てるべきかを知り、問題解決への解答を効率的に導くことが期待されています。

　SWOT分析の4つの要素を要約すると以下のようになります。

　強み：組織（地域）がその目標を達成するために有効に活用可能な資源や能力。

　弱み：組織（地域）がその目標を達成することを困難にする組織内の制約や欠陥。

　機会：組織（地域）にとっての有利な社会的経済的環境。

　脅威：戦略を損なう可能性のある、組織（地域）にとって好ましくない環境。

　これら4つの要素から導かれる戦略的行動は、強みを作り出し、弱みを取り除き、機会を活かし、脅威を和らげる、ということになります。日本の地域発展戦略に欠けているのは、こうした科学的調査・分析に裏付けられた地域経済の現状把握だと言えます。

　SWOT分析の4つの要素は外的要因と内的要因に区分できます。機会や脅威は地域にとって「外部要因」であり、地域を取り巻く身近な環境とともにマクロ経済といったより遠い環境も含まれます。第4章で経済基盤説を紹介しましたが、世界経済の動向やグローバル化といった、基盤産業に影響を及ぼす要因はこの外部要因です。弱みは地域それ自体に内在する「内部要因」です。外部要因は地域自らがコントロールすることが困難であるだけでなく、予測が難しいために、地域発展戦略を立てることを難しくする可能性があります。一方、内部要因は少な

Part5 地域経済分析の手引き

表10-6 SWOTの例示（地域経済全般のケース）

		要因	
		プラス	マイナス
要因	外部	**機会** 技術革新、新たな国際貿易協定、マクロ経済／政治の発展、市場の拡大、地域空港の整備、スキルを持った労働力の出現	**脅威** 人口構成の変化、地元工場の閉鎖によるグローバルビジネスの衰退と市場の縮小、域内投資を抑制する不安定な為替相場、高学歴住民の転出
	内部	**強み** 競争力のある（安い）賃金、スキルをもった労働力、教育・研究機関、整備された交通ネットワーク、地域の安全性、元気な地元企業の存在、原材料や他の天然資源への近接性	**弱み** 劣化している土地や建物、複雑な規制・手続き、不十分なインフラ、資金の獲得のしにくさ、労働力に影響を及ぼす健康問題

出所）World Bank（2006)

くとも地域がコントロールできる範囲内にあるという点では戦略を立てる際に十分に計算に入れることができるものです。したがって、地域自らの努力によって改善できる問題と、地方の力の及ばない問題とを識別して、戦略に優先順位を付けることが重要です。

　SWOT分析は地域経済の強みと機会を活用した戦略を立て、経済の弱みと脅威を最小化するために、地域経済のさまざまな評価を行う優れた手法ですが、分析を戦略に活かすためには、分析結果の客観性が不可欠です。そのためにもデータ分析、企業の活動環境に関する調査結果、行政運営の効率性などに基づいた情報を収集しなければなりません。ただ、ここで重要なのは、客観的なデータを収集するだけでなく、現状が強みなのか弱みなのか、また強みだとしてもどのくらいの強みなのかを判断するためにも、他地域との比較が必要になります。

　表10-6は、地域経済全般に関してのSWOT分析の4つの要素です。地域の活性化に関心を持っている読者は多いと思いますが、どこか特定の地域を対象にSWOT分析を試みてください。分析を通じて活性化戦略もうっすらと見えてくるはずです。

　ここで、地域経済にとって期待が大きい観光についてのSWOT分析をGoranczewski and Puciato（2010）によって示したのが**表10-7**です。

第10章　地域経済の実態を把握しよう

表10-7　SWOT分析の例示（観光のケース）

		要因	
		プラス	マイナス
要因	外部	**機会** 観光関連法令の改善、経済成長の加速化（個人所得の増加）、観光市場の活性化、交通機関の整備	**脅威** 観光旅行客のニーズの変化、近接地域の集客力の強化（これはチャンスにもなる）、景気の停滞、外国為替の変動（自国通貨の上昇。下落はチャンス）
	内部	**強み** 自然、歴史遺産・建造物等、整備された観光インフラ、優れた人的資源、観光地としてのブランド力	**弱み** 観光政策を行う自治体の弱い財政力、貧弱なインフラ、自治体の弱い行政能力

5　地域経済の将来を予測する

（1）長期予測の重要性

　適切な地域政策を実施するためには地域経済の実態を把握し、課題をあぶりださなくてはなりません。しかし、現状把握と同じくらい重要なのは、地域が将来どのような状況になるのかという長期予測です。独立行政法人社会保障・人口問題研究所は国及び地方の人口について将来予測を公表しています。多くの政策提言は、この人口予測をもとに行われています。人は社会経済活動の根本的な担い手ですし、地域の社会経済活動の成果は人口数に反映されます。したがって、人口予測に大きな関心が集まるのは当然のことです。ところが、本書で明らかにしていたように、地域の実情や将来像は人口だけで正確に表すことはできません。政策目的に応じて適切な指標を選別し、長期予測を行うことは地域政策にとってとても重要なことです。

　とくに、何らかの政策を実施したとき、実際にどのような効果を地域に及ぼしたかは、時間が経過してからでないとわかりません。最近、新しく開発された政策技術を実際に使用し、実用化に向けての問題点を検証する「実証実験」が活用されるようになってきました。また、制度改正を「特区」で実施してみるというのも、ある種の実験とも言えるでしょう。ところが、産業政策が地域経済に与える影響といった大きな課題を実験することは困難ですし、結果がすぐに出ないも

213

図10-2　地域経済のフローチャート

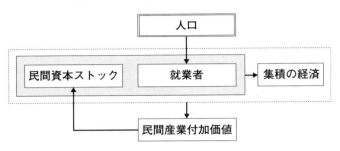

のも多いのです。

　「とりあえずやってみよう」では、取り返しの付かない悪い結果を生んでしまう可能性もあります。また、少子化によって労働力の減少が予想されているとき、10年後に地域経済はどのように変化しているかという将来像も不明です。そこで、政策の効果の計測や地域経済の将来予測を行うための方法が開発され、利用されてきました。

　地域計量経済モデルもその一つです。例えば少子化が地域経済に及ぼす影響を考えてみましょう。少子化によって人口が減少し、家計の消費額が減少することで地域の産業にどのような短期的影響を与えるかは、第11章で解説する産業連関分析で計算することができますが、長期予測では、少子化による労働力の減少が地域経済のポテンシャルにどのように影響するかを予測することがテーマとなります。

（2）モデルの設計

　モデルを作成するのに役に立つのが、地域経済の成長理論（第4章）です。実際には、地域経済の決定要因は多数存在し、それらが複雑に影響し合っていますが、最も単純な形は、地域の経済（所得）は、生産要素（生産に用いられる資源で、資本や労働のこと）の多さによって決まるというものです。**図10-2**は人口から民間経済活動に至るフローチャート（流れ図）を描いたものです。地域経済の大きさを民間産業付加価値で測ることにします。少子化によって就業者数が少なくなると経済活動が縮小します。しかし、経済活動は労働だけで成り立っているわけではなく、民間企業の工場や機械設備等の資本ストックという生産要素に

第10章　地域経済の実態を把握しよう

も影響を受けます。さらには、地域の経済活動には「集積の経済」も重要な影響を与えます。「資本や労働というインプットによって生産額（アウトプット）が決まる」とき、インプットがアウトプットに転換される技術的関係を「生産関数」と呼びますが、集積の経済の大きさが異なれば、同じ量のアウトプットでも生産規模が異なるのです。

　以上の最も単純化された経済モデルは、民間産業付加価値（被説明変数、従属変数とも言います）と、その動きを決定すると考えられた民間資本ストック、就業者数（説明変数、独立変数とも言う）に関する過去のデータから、上で説明した回帰分析を用いてモデルを作成することになります。

　回帰分析を行うためには、あらかじめ関数の形を特定化しておく必要があります。関数の形はいろいろなものが考えられますが、ここでは生産関数を次のように特定化します。

$$Y_{rt} = A_r K_{rt}{}^{\alpha} L_{rt}{}^{\beta}$$

Y は民間産業付加価値、K は民間資本ストック、L は就業者数、r は地域、t は年（度）を表します。A_r は r 地域における生産要素 (K, L) と Y の技術的関係を表し、地域によって異なった値を示します。

　Y_{rt}、K_{rt}、L_{rt} のデータさえ収集できれば、Excel の「データ分析」にある回帰分析を用いて、A_r、α、β の値を推定することができます。ただ、上の式は線形（一次式で関係を表せる）ではありませんので、Excel で推定することができません。そこで、式の両辺を対数変換することによって線形に変えたうえで回帰分析を行うことができるようになります。式全体（右辺と左辺）を「対数変換」する方法は覚えておくととても便利です。対数変換した結果、式は、

$$\ln Y_{rt} = a_r + \alpha \ln K_{rt} + \beta \ln L_{rt}$$

となり、Excel での推定が可能になります。

（3）データを集める

　回帰分析を行うためにはデータが必要です。近年、地域データ（都道府県別や市町村別）の収集はインターネットでダウンロードできるものが多くなっていますので、分析がとてもしやすくなりました。とくに政府統計の総合窓口（e-Stat）では、各府省等が登録した統計表ファイル、統計データ、公表予定、新着情報、調査票項目情報、統計分類等の各種統計関係情報が提供されており便利で

215

Part5　地域経済分析の手引き

す（https://www.e-stat.go.jp/）。データの収集については第14章で解説します。

　しかし、すべてのデータがたやすく集められるわけではなく、加工して作成したり、場合によってはそれに近い変数を代理で用いたりしなければならないこともあります。これを代理変数と呼びます。

　ここで取り上げている民間資本ストックですが、1970年度から2009年度までの都道府県別データ（製造業と非製造業）なら http://www.esri.cao.go.jp/jp/sna/data/data_list/kenmin/files/contents/main_h21stock.html から入手することができます。しかし、その後のデータについては自分で作成しなければなりません。データ作成の一例として以下で解説しましょう。

　インターネットで丹念に調べると、内閣府「国民経済計算」の中に国単位の「民間企業資本ストック」のデータが載っています（http://www.esri.cao.go.jp/jp/sna/sonota/minkan/minkan_top.html）。

　この全国データを都道府県間に配分すれば良いのです。配分するためには少しばかり経済に関する知識が必要です。それは、資本ストックはフローである「投資」を蓄積したものだということです。いま、t 期の資本ストックを K_t、$t-1$ 期の資本ストックを K_{t-1}、t 期の投資を I_t、資本ストックの除却額を R_t とすると、$K_t = K_{t-1} + I_t - R_t$ となります。内閣府「県民経済計算」には都道府県別に民間部門の「企業設備」の金額が載っていますので、2009年度の都道府県別民間資本ストックに、国単位の2009年度から2010年度にかけての資本ストックの変化（ΔK）に都道府県別企業設備額の対全国シェアを乗じたものを加算することで2010年度の都道府県別民間資本ストックを算出することができます。その後の年度についても同様の方法を用いて計算することができます

（4）推計と政策シミュレーション

　データを用いて推計結果が得られたなら、その結果を用いて「シミュレーション」を行うことができます。例えば、人口政策によって就業者数の減少を抑えることができたなら、推計された式に政策実施後の就業者数を代入することによって民間産業付加価値がどれくらいの大きさになるかを知ることができるのです。しかし、こうした結果を政策提言に利用しようとするなら、回帰分析の結果が信頼のおけるものでなければなりません。信頼度の低い結果を用いたのでは、適切な政策を提示できないのです。

第10章　地域経済の実態を把握しよう

図10-3　将来予測と推計期間

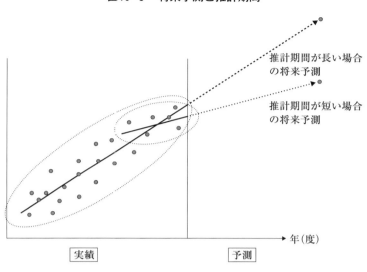

　信頼に足りる結果を導くためにはサンプル（標本）数が十分に大きくなければなりません。例えば1985年度から2014年度の期間の時系列データを用いて生産関数を推計するなら、サンプル数は30となります。サンプル数が少ないと推計結果の信頼度は低下するのです。昨日、今日の限られた事実から来年を予測するのが難しいのと同じように、過去3年の現象だけを見て10年先を予測しても信頼度は低いのです。**図10-3**には推計期間が長い場合と短い場合の、将来予測値が大きく異なることが示されています。将来予測期間が長くなればなるほど、回帰分析の期間を過去にさかのぼる必要があります。

　計量分析にはさまざまな約束事があります。これらについては「計量経済学」の講義やテキストで学んでください。計量経済学の理論に基づいた分析上の注意事項が大切であることは言うまでもありません。しかし、地域経済学を学び、それを政策提言に結びつける力を付けたいと考えている読者には、ストーリーの展開での地域計量経済分析の位置づけを明らかにするとともに、問題解決にはどのような分析が必要かを見極めるセンスを身につけてもらえればと思います。

217

Part5　地域経済分析の手引き

第11章

産業連関表で経済波及効果を計測しよう

地域政策は多種多様ですが、その効果は事業毎に異なります。新聞等のメディアでよく取り上げられる経済波及効果を計測しましょう。しかし、この計測において大切なのは、プロジェクトがもたらす最初のインパクトを的確に把握することです。

1　産業連関分析の基本的仕組み

（1）イベントの経済効果

　イベントを開催すると、どれくらいの経済効果を生み出すのかを知りたいと思う人は多いでしょう。新聞等でも経済波及効果がしばしば記事になっています。ここでは、経済波及効果を測定する方法を紹介します。

　ただ、一口に経済効果といってもさまざまな種類のものが考えられます。それを表したものが**図11-1**です。イベントの場合だと、短期的な効果としては、来場者がイベント開催地で支出する宿泊費、飲食費、土産物代等です。イベントが終わるとこの効果は消失します。「イベントの効果は一過性のものだ」と言われるのはこのためです。イベントにともなって施設が建設されたり、インフラが整備されたりすると、資材の購入や人件費等の経済効果が期待できます。しかし、施設が完成するとこの効果は消えてしまいますので、イベントと同様に短期的な効果です。

　しかし、施設が建設されると、第2章や第5章でも指摘したように「事業効果」が発生し、その効果は継続して発生します。例えばイベントの集客力を見越してホテルが建設された場合、ホテル事業がイベント終了後も継続すれば事業効

218

第11章　産業連関表で経済波及効果を計測しよう

図11-1　イベント開催による短期効果と中長期効果

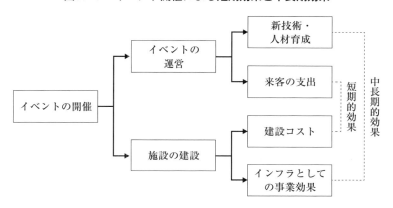

果という中長期的な経済効果を発生させるのです。イベントそれ自体にも新技術を生み出したり、人材を育てたりしたことによる効果がイベント終了後に持続され、経済効果を発揮します。以上の短期効果と中長期効果とは、経済効果の大きさの計測には違った方法が用いられます。

　短期効果を計測する方法として多く用いられるのが「産業連関分析」です。第2章では、公務サービスを供給するために用いられている、情報通信、対事業所向けサービス等の中間投入の規模を東京都、神奈川県、愛知県、大阪府、兵庫県について比較しました。これは各地域の産業連関表を使ったものです。しかし、地域の企業は単独で活動を完結させているわけではなく、相互に依存しながらビジネスを営んでいますし、給与を得た労働者は消費を行います。こうした中間投入や、賃金の支払い等が需要となり、経済効果が累積していきます。このような効果の累積を産業連関分析によって知ることができます。産業連関分析とは、経済循環の過程の中で各産業部門の相互依存の関係を分析するものなのです。

（2）経済波及効果の計算過程

　産業連関分析において作成される主要な表は、①取引基本表、②投入係数表、③逆行列係数表です。それぞれについて説明する前に、産業連関表による経済波及効果の計算過程の概略を以下に示しておきます。

219

1．イベント開催等による最終需要の増加額の予測
2．直接効果（新たな需要発生額のうち域内で自給できる額）の計測
　　　直接効果額＝需要増加額×自給率
3．一次波及効果（直接効果によって発生した中間需要による波及効果）の
　　計測
　3－1　第一次波及効果（生産誘発額）
　　　ただし、第一次波及効果には直接効果が含まれる。
　3－2　一次波及によって増加した雇用者所得の計算
　　　雇用者所得の増加額＝生産誘発額×雇用者所得の投入係数
4．二次波及効果（一次波及にともなう雇用者所得が生み出す消費需要によ
　　る生産波及）の計測
　4－1　雇用者所得のうち、消費される金額の計算
　　　民間消費誘発額＝雇用者所得の増加額×消費転換係数
　4－2　消費の増加による各産業への二次波及効果（生産誘発額）の計測
　4－3　二次波及による雇用者所得増加額の計算

（3）取引基本表

　取引基本表は産業相互間や産業と最終需要（消費、投資（政府、企業等）、移出・輸出等）との間の取引を表したものです。表11-1で説明しましょう。タテに見ると、各産業が財・サービスを生産するに当たって用いられた原材料や労働力への支払いが示されており、これを**投入**（input）と言います。ヨコに見ると、各産業部門で生産された財・サービスの販売先が示されており、これを**産出**（output）と言います。産業連関表は「**投入産出表**」（Input-Output Table 略してIO表）と呼ぶこともあります。表11-1の事例では、A産業は原材料等の中間投入としてA産業から50、B産業から150を購入し、それに労働等の付加価値を加えて500の生産を行ったことを示しています。次に表をヨコに見てみます。A産業は生産額500のうち、中間需要としてA産業に50、B産業に300販売され、150は最終需要（消費、投資、政府支出等）として販売されたことを示しています。

220

第11章　産業連関表で経済波及効果を計測しよう

表11-1　取引基本表

| | | 中間需要 | | 最終需要 | 生産額 |
		A 産業	B 産業		
中間投入	A 産業	50	300	150	500
	B 産業	150	200	650	1000
粗付加価値		300	500		
生産額		500	1000		

表11-2　投入係数表

	A 産業		B 産業	
A 産業	0.1	$\left[=\dfrac{50}{500}\right]$	0.3	$\left[=\dfrac{300}{1000}\right]$
B 産業	0.3	$\left[=\dfrac{150}{500}\right]$	0.2	$\left[=\dfrac{200}{1000}\right]$
粗付加価値	0.6	$\left[=\dfrac{300}{500}\right]$	0.5	$\left[=\dfrac{500}{1000}\right]$
計	1.0	$\left[=\dfrac{500}{500}\right]$	1.0	$\left[=\dfrac{1000}{1000}\right]$

（4）投入係数表

　投入係数表は取引基本表の中間需要の産業部門毎に原材料、粗付加価値等の投入額を生産額で除して得た係数を表したものです。A 産業について**投入係数**を求めると、**表11-2**のように各部門の投入額を生産額500で除して、A 産業の投入係数は0.1、B 産業は0.3、粗付加価値が0.6、合計は1.0となります。ここで粗付加価値とは、労働者の雇用に対する報酬である雇用者報酬、企業の儲けである営業余剰等のことです。

（5）逆行列係数表

　ある産業部門に対して新たな最終需要（新規需要とする）が発生したとします。そのインパクトは**図11-2**のように波及していくのです。この新規需要を満たすためには、各産業は新たな投入が必要となります。いま、A 産業に1単位の新規需要が発生したとします。するとA 産業は1単位の生産を増やします。これはA産業への「直接効果」です。ところがA 産業は生産を1単位増やすために、新たにA 産業から0.1単位（＝1×0.1（投入係数））の投入物を購入します。これは

221

Part5　地域経済分析の手引き

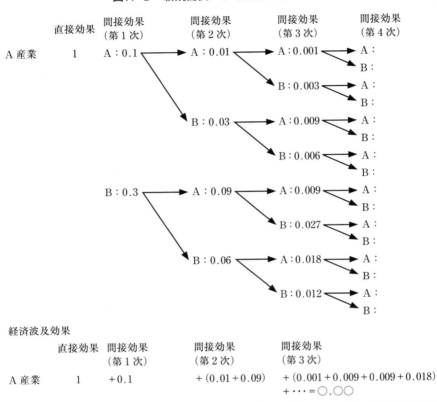

図11-2　新規需要による生産の波及効果

新規需要の「間接効果」ですが、新規需要はB産業から0.3単位（＝1×0.3）を購入し、B産業はこの0.3単位の生産を増やすためにA産業から0.09単位（＝0.3×0.3）を購入します。このように、A産業への1単位の新規需要は、図11-2に示すように投入係数を介して生産の波及効果をもたらすことになります。そして、この波及効果の総和が逆行列係数で表され、これを産業別に一覧表として示したものが逆行列係数表です。

この表では、産業Aに1単位の新規需要が発生したとき、それが産業Aに及ぶ経済波及効果（直接効果と間接効果の合計）は〇.〇〇、B産業への波及効果

第11章　産業連関表で経済波及効果を計測しよう

表11-3　逆行列係数表

	A 産業	B 産業
A 産業	○.○○	□.□□
B 産業	△.△△	×.××
列和	○.○○ ＋ △.△△	□.□□ ＋ ×.××

は△.△△、産業全体（A＋B）への波及効果は○.○○＋△.△△となります。B産業に1単位の新規需要が発生したときには、A産業への波及効果は□.□□、B産業への波及効果は×.××、全産業への波及効果は□.□□＋×.××です。

　逆行列係数表は投入係数表から求めることができるのですが（**表11-3**）、自治体が公表している産業連関表には逆行列係数表が掲載されているので、これを利用することができます。

（6）移入と輸入の存在

　地域経済の場合には、新規の最終需要が発生して、各産業部門に波及効果をもたらしたとしても、その産業が地元になければ他地域から調達してこなくてはなりません。他地域に流れる効果（移入・輸入）は域外での波及効果になってしまいます。したがって、地域経済への波及効果を計測するためには、移入・輸入を考慮に入れる「地域間産業連関表」が必要になるのです。しかし、A地域の最終需要の効果がB地域の産業の生産を増やしたとします。その場合、B地域の産業がA地域から原材料・中間生産物を調達しているかもしれません。その場合には、B産業の増産効果の一部が再びA地域に還元されることになります。このように、地域経済への波及効果を計測するためには、地域経済構造（産業連関構造）の中の地域間連関の部分を重視する必要があるのです。

　しかし、公表されている逆行列係数表は自給率（したがって移入・輸入）を考慮に入れた値となっていますので、そのまま経済波及効果を計算することができます。

（7）産業連関分析の限界

　産業連関分析は、①企業の生産能力には限界がなく、すべての需要に応えられる、②財・サービスの生産に用いられる原材料・中間生産物の費用構成（投入構

223

Part5　地域経済分析の手引き

造）は一定である、といった前提のもとで行われます。つまり、需要が増えれば供給側はそれに完全に応えられることを前提にしています。

　このように産業連関分析は現在の地域経済構造が維持されることを前提とした短期的な経済効果の分析です。したがって、中長期的に労働力が減少して生産能力が低下したり、産業が衰退して漏れが大きくなったりする場合には波及効果は小さくなってしまいます。したがって、地域経済を成長させるという政策目標を実現するためには、第10章で解説した中長期予測を可能とする分析モデルが必要になります。

2　産業連関分析の事例—観光のケース—

（1）経済波及効果計算のプロセス

　いま全国的に観光を地域経済の成長エンジンにしようとする地域が多くなっています。観光への期待が大きいのは、裾野の広い経済波及効果が期待できるからでもあるのですが、ここで、観光を事例に産業連関分析を用いた経済波及効果を計算する際の留意点を考えてみましょう。経済波及効果の計算において最も重要なのは、観光客がどのような内容の支出をどれくらいの規模で地域に行ってくれるかという最初のインパクトを的確に把握することです。観光の場合ですと、（a）どれくらいの観光客数（宿泊客と日帰り客）が見込まれ、（b）宿泊、飲食、交通、レジャー、土産物等にどの程度の支出をしてくれるかを正確に把握しなければなりません。政策担当者はどうしてもこの前提を甘く見積もりがちです。しかし、それでは経済波及効果が過大に計測されてしまうことになります。この前提さえきちんとしていれば、あとの計算は産業連関用に作られた分析ツールがありますので、それを利用すれば答えは出ます。

　観光政策の実施によってどれくらいの経済波及効果が発生するかを計算するプロセスが**図11-3**で示されています。

①観光客数の予測

　観光の経済波及効果を計算する上で最も重要なのは政策によってどれくらいの観光客の増加が見込めるかを正確に予測することです。第4章でとりあげた**経済基盤説**で考えるなら、観光は域外から稼げる「**基盤産業**」の性格を強く持っています。基盤産業に対する需要は外生的に決まりますが、観光に関する地域の強み

第11章　産業連関表で経済波及効果を計測しよう

図11-3　観光政策の波及効果

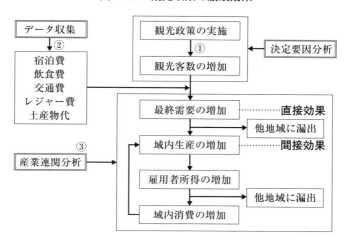

を大きくすることができれば、観光客を惹きつけることは可能です。とくに近年のように地域振興政策の対象として観光を考えるのなら、「どのような政策を採用すればどれくらいの観光客を増やせるか」を的確に予測しなければなりません。「観光客が10万人増えてくれれば」といった期待や、何の根拠もなく「55万人増えれば」と予想して波及効果を計算しても、(もちろん計算はできますが) 意味があるとは言えません。

　観光客の増加を予測するためには、第10章の「決定要因分析」が役立ちます。観光の観光に関するデータは「宿泊旅行統計調査」等、観光庁のホームページ http://www.mlit.go.jp/kankocho/siryou/toukei/index.html で数多く紹介されています。例えば、**訪日外国人旅行（インバウンド）者**の延べ宿泊者数は2015年には全国で6561万人、これを都道府県別に見ると、多いところとしては東京都1756万人、大阪府897万人、京都府458万人、沖縄県368万人、少ないところは島根県4万3千人、福井県5万6千人となっています。

　宿泊者数のこのような差の背景には、東京・箱根・富士山・名古屋・京都・大阪という「**ゴールデンルート**」から外れていることや、自然、歴史、文化といった観光資源、宿泊施設等といった要因が影響している可能性があります。都道府県別データを用いて、各地のインバウンド宿泊客数の違いがどのような要因によって生じているかを決定要因分析で検証すれば、観光に関する地域の強みと弱み

225

Part5　地域経済分析の手引き

表11-4　旅行者の支出と産業連関表

旅行・観光消費動向調査 （観光庁）	北海道産業連関表	
	33部門	104部門
参加費	その他の対個人サービス	その他の対個人サービス
交通費	運輸	鉄道輸送 道路輸送 航空輸送
宿泊費	宿泊業	宿泊業
飲食費	飲食サービス	飲食サービス
土産・買物代	商業	商業
入場料・娯楽費・その他	娯楽サービス	娯楽サービス

出所）北海道の産業連関分析は、
http://www.hkd.mlit.go.jp/ky/ki/keikaku/u23dsn0000001ma0.html

を知ることができます。これによって観光政策の方向性が見えるとともに、政策を変更するというシミュレーションを行うことで宿泊者数をどのくらい増やせるかが予測可能になります。また、宿泊者数の増加目標を立てて、目標を実現するためにどのような政策をどれくらいの規模で実施すべきかのヒントを手に入れることもできます。

　科学的根拠のない達成不可能な目標を立てて経済波及効果を計測しても、それは「絵に描いた餅」に終わってしまう可能性があります。重要なことなので繰り返しますが、経済波及効果の計測は単なる興味に答えるためのものではなく、政策の是非を判断する一つの評価方法だということと、その評価のためには、政策の目標とその実現が不可欠なのです。

②最終需要の計算

　産業連関分析は、地域の産業活動に対して「最終需要」が増加したときの経済波及効果を計算します。したがって、観光政策によって観光客が増加したとき、どの産業の最終需要がどれだけ増えるかを計算しなければなりません。

　観光庁「旅行・観光消費動向調査」では日本人国内宿泊旅行者、訪日外国人旅行者の旅行単価やその内訳等のデータを手に入れることができます。旅行者の支出は**表11-4**のように分類されて金額が出ています。この金額を産業連関表の分類に移しかえなければなりません。北海道を例に取りますと、産業連関表は、統合大分類（33部門）、63部門分類（63部門）、統合中分類（104部門）、統合小分類

第11章　産業連関表で経済波及効果を計測しよう

（188部門）の4種類が用意されています。表には33部門、104部門の産業分類に
旅行支出を対応させたものを参考までに載せています。ここでは観光を事例とし
て取り上げていますが、その他のイベントや施設の建設についても、同じように
各産業に対する最終需要の増加分を計算すれば良いのです。

③産業連関分析の実施

　②までの作業ができれば、あとは③で実際に産業連関分析を行うことができま
す。ここからの作業は、自治体によっては、計算シートを作ってくれていますの
で、該当する産業に最終需要の増加額をインプットすれば、経済波及効果を計算
してくれます。以上のように、重要なのは①、②の作業であることが分かったと
思います。

（2）観光政策の費用対効果

　経済波及効果の計測は、本来、何らかの政策を行ったときの短期的な経済効果
というプラス面を評価するためのものです。だからこそ、政策を実施すること
によって発生する経済効果とそれにともなって発生する税収増と、政策の実施に際
して自治体が負担する経費とを比較することで、このイベントが自治体の財政に
とってプラスなのかマイナスなのかの判断ができるようになります。

　観光政策によって発生した経済効果は、賃金（雇用者報酬）や企業の利潤（営
業余剰）を生み、自治体の税収を増やします。賃金の増加は個人の住民税を増や
し、企業の利潤は法人の住民税を増やすことになります。賃金等の課税ベースと
税収との関係を**税収関数（租税関数）**と呼びますが、これも決定要因分析で紹介
した回帰分析を利用すれば導くことができます。観光政策には費用がかかります
が、それを上回る税収が手に入るなら、少なくとも観光政策が地方財政にはプラ
スであったと言えるでしょう。もちろん、税収を増やすことが目的であれば、他
の政策に資金を投じた方が、税収増加効果が大きい可能性があります。しかしこ
の場合も、他の政策による経済波及効果の計算と、税収に及ぼす効果を計算した
うえで比較する必要があります。

Part5　地域経済分析の手引き

第12章

政策の効果を計測しよう

第11章では政策の短期的な経済波及効果の計測方法を紹介しましたが、政策
の効果はもっと複雑かつ多岐に及んでいます。政策の成否を判断するために
は、こうした政策効果を量的に把握する必要があります。政策効果の代表的
な計測方法を紹介します。

1　仮想評価法で直接便益を計測する

　公共財・サービスのほとんどは無償あるいは低料金で提供されているため、利
用者にどれくらいの便益を与えているかが不明です。便益が評価できれば、公共
財・サービスの供給が費用に見合ったものかを判断できますし、利用者から適正
な料金を徴収することにも使えるはずです。**仮想評価法**（Contingent Valuation
Method, CVM）は便益を評価する方法の一つであり、第8章では博物館に適用
した事例研究を紹介しました。

　仮想評価法とは、例えば所在の施設がなくなるという仮想の状況に対して、
「失うことなく将来にわたって維持・存続させるためにどの程度の寄付を行う用
意があるか」をアンケート調査によって尋ねることで、**支払い意思額**（Willing-
ness to Pay, WTP）を明らかにする方法です。環境経済学の分野を中心に発展し
ており、現在、海外では歴史遺産や劇場、図書館の適用事例も増えています。

　仮想評価法によって正確な便益を計測するにはアンケート調査によるバイアス
の存在や恣意性を排除しなければなりません。そのことを踏まえ、**図12-1**の手
順で分析を行います。まず、調査票の作成（STEP 1）です。支払い意思額の尋
ね方として回答者に支払い額を自由に答えてもらう方式もありますが、この場合、

228

第12章　政策の効果を計測しよう

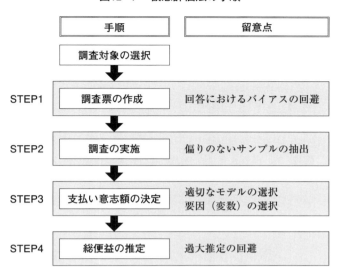

図12-1　仮想評価法の手順

　無回答や極端な金額の回答が多く見られる可能性があることなどから、回答者に対してある金額を提示し、提示額以上を支払うかどうかを尋ねる二項選択方式が望ましいと言えます。さらに、**図12-2**のように「支払う」と答えた者にはより高い金額を提示し、「支払わない」と答えた者にはより低い金額を提示する**二段階二項選択方式**を採用することによって、少ないサンプルで効率的に支払い意思額を推定できます。

　次はサンプルに偏りのないようアンケート調査を実施し（STEP 2）、アンケート調査から得られた情報を用いて支払い意思額の代表値（平均値、または中央値）を決定します（STEP 3）。支払い意思額の尋ね方が二項選択方式の場合、支払い意思額が提示額より高いか低いかのデータのみを得ることになるため、支払い意思額を直接知ることはできません。そこで、支払い意思額の代表値を求める方法の一つとして、各提示額に対する受諾率を基にモデルを用いて、**図12-3**のような受諾率曲線を描くパラメトリックな方法があります。パラメトリックな方法の1つに恣意性を排除でき、効用最大化という経済理論に基づいた**ランダム効用モデル**があります。ランダム効用モデルとは、回答者が効用の高いものに「はい」と答える特性を使用し、提示額とその受諾率から効用関数を推定するこ

229

図12-2　二段階二項選択方式

図12-3　パラメトリック法による受諾率曲線のイメージ

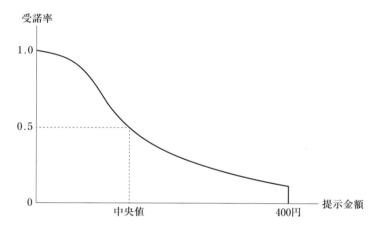

とで、支払い意思額を算出する方法であり、最も多く使用されています。この方法を使用した支払い意思額の推定は、栗山（2013）「Excelでできる環境評価」（http://kkuri.eco.coocan.jp/research/introtxt/index.html）の「ExcelでできるCVM Version.4」を参考にしてください。他にも支払い意思額関数モデルや生存分析といったパラメトリックな方法があり、どのモデルが調査目的にとって適切かを判断する必要があります。（栗山（2002）や肥田野（2011）等に詳しい解説が記されています。）

　次の作業は支払い意思額の代表値から総便益を推定（STEP 4）することです。総便益は支払い意思額の代表値に受益者数を乗じて求めます。まず支払い意思額の代表値として図12-3の受諾率曲線と座標で囲まれた面積に相当する平均値を

適用すべきか、**中央値**が良いのかという問題があります。どちらが良いかは必ずしも断定できず、意見が分かれていますが、過大推定をしないためには、支払っても良いと回答する人がちょうど50%になる金額である中央値が望ましいでしょう。こうして得られた支払い意思額（中央値）に総利用者数を乗じることで総便益を求めることができます。

　仮想評価法にはさまざまなバイアスの存在が指摘されていますが、方法によってバイアスを軽減することが可能です。バイアスの回避については NOAA（アメリカ海洋大気庁：The National Oceanic and Atmospheric Administration）ガイドラインや仮想評価法の文献（栗山（2000）や肥田野（2011）等）が参考になります。できる限りバイアスを避ける方法を使いながら便益を評価することは、公共財・サービスの適正な供給を実現する重要な方法と言えます。仮想評価法を利用した研究については林（2016）を参照してください。

2　ヘドニック・アプローチで外部性を計測する

（1）ヘドニック・アプローチとは

　第8章でヘドニック・アプローチを使って神戸市立博物館や九州新幹線の間接便益を分析した結果を示しました。ヘドニック・アプローチ（hedonic approach）は、例えば博物館が周辺地域に及ぼす外部性のような、市場を通して取引されない財・サービス（非市場財）の便益や費用を金銭的に評価する方法の一つです。これまで自然環境や歴史的遺産など多くの分野で活用されてきました。具体的には、非市場財の価値はそれと関連のある市場で評価される財やサービスの価格、とくに土地の価格や賃金水準に反映されることを前提とし、非市場財の価値の変化を代理市場の価格の変化額によって求める手法です。例えば、博物館の建設によって周辺地域の生活環境が改善されると、土地需要が増加し地価が上昇します。博物館の便益は測れなくても、地価の変化によって評価できることに着目するわけです。ヘドニック・アプローチには Rosen（1974）によって確立された理論的枠組みがあります。関心のある方は「**理論で考える：ヘドニック・アプローチ**」を参考にしてください。

Part5　地域経済分析の手引き

☞**理論で考える**：ヘドニック・アプローチ

土地は構造や立地環境等の多様な特性を持ち、需要者は土地の市場価格に基づいて自らの効用を最大にする特性を持つ土地を選択します。したがって、需要者は多様な特性を持つ土地 $\boldsymbol{Z} = (z_1, z_2, \cdots, z_i \cdots, z_n)$ と、その他の全ての財 X（価格は1）を所得 I のもとで購入する場合、効用関数は、

$$u = U(X, \boldsymbol{Z})$$

で表され、予算制約式は、

$$I = X + P(\boldsymbol{Z})$$

で示すことができます。そして、与えられた予算制約のもとで効用を最大化し、$\dfrac{\partial U}{\partial z_i}$ を U_{z_i}、$\dfrac{\partial U}{\partial X}$ を U_X とすると、次の最適化条件が得られます。

$$\frac{\partial P}{\partial z_i} = \frac{\dfrac{\partial U}{\partial z_i}}{\dfrac{\partial U}{\partial X}} \equiv \frac{U_{z_i}}{U_X}$$

つまり、市場価格の特性 z_i に対する限界的価値は、特性 z_i と X（他の財）の限界代替率を表しています。

　ここで Rosen は特性 $\boldsymbol{Z}$ を持つ土地に対して需要者の**付け値**（需要価格、bit price）を表すものとして、付け値関数を導入しました。付け値とは、一定の効用水準を達成しなければならない場合に、$\boldsymbol{Z}$ の特性を持つ土地に対する最大の支払い意思額を表します。したがって、付け値を θ、達成しなければならない任意の効用水準 u^* のもとで選択された土地の特性を $\boldsymbol{Z}^*$ とすると、

$$u^* = U(I - \theta(\boldsymbol{Z}^*), \boldsymbol{Z}^*)$$

となり、$I - \theta = X$ であることから、この式を微分することで付け値関数は以下の条件を満たします。

$$\frac{\partial \theta}{\partial z_i} = \frac{\dfrac{\partial U}{\partial z_i}}{\dfrac{\partial U}{\partial X}} \equiv \frac{U_{z_i}}{U_X}$$

つまり、特性 z_i に対する需要者の潜在的な限界評価は特性 z_i と X の限界代替率を表します。したがって、効用最大化行動をとった需要者にとって、付け値と市場価格が等しくなります。次に所得や嗜好が異なる消費者が存在する場合、それぞれの需要者に付け値関数が存在します。その結果、全ての需要者の付け

値関数が市場価格関数に一致しなければならないので、**図12-4**のように、市場価格関数は付け値関数の上側の包絡線として描かれます。この点に着目し、Pを各指標で回帰し、市場価格関数を推定する方法がヘドニック・アプローチです。詳しい解説は、肥田野（2008）を参照してください。

図12-4　付け値関数と市場価格関数

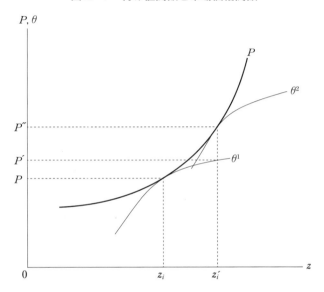

（2）実際の推計

いま、公共財・サービスの外部性によって需要者にとっての地域環境が改善されたとしましょう。環境が改善されると需要者の付け値（つまり支払い意思額）は上昇します。したがって、付け値の変化が環境改善の価値となります。付け値は目に見える形では出てきません。そこで実際の推計では、上の理論から導かれた「付け値と市場価格が等しくなる」という点を利用するわけです。具体的には市場地価を被説明変数とし、回帰分析（第10章第1節を参照してください）により地価関数を推定し、説明変数の係数から環境改善の価値を求めるのです。

第6章でも示しましたが、都市経済学における最も一般的な地価理論（第6章では「地代」としていますが、将来の地代収入の現在価値が地価ですので、地価

Part5　地域経済分析の手引き

と読み替えても差し支えありません）では、地価は都心からの距離の減少関数としてとらえられています。このように地価は都心からの距離の影響を受けますが、その他にも、最寄り駅からの距離などの立地特性、生活関連施設の整備状況などの地域環境特性から影響を受けることが考えられます。そこで、実際にヘドニック・アプローチを使う際には、これら地域特性の影響を取り除き、環境改善の価値だけを正確に抽出するために、以下の式のように他の要因でコントロールしなければなりません。つまり、重回帰分析が求められます。

$$y = \alpha + \beta x + \gamma_1 z_1 + \gamma_2 z_2 + \cdots$$

　　　y：被説明変数（地価）

　　　x：分析対象の公共財・サービス水準

　　　z_i：説明変数（地価に影響を及ぼす立地特性や地域環境特性）

しかし、コントロールするために過大に変数を選択することは、多重共線性（第10章の「決定要因分析」のColumn8を参照してください）を発生しやすい等の問題を引き起こすため、注意も必要です。

　回帰分析（第10章）の手順の通り、被説明変数や説明変数を検討できたら、回帰分析を行うために、データ収集を行います。被説明変数である各地価ポイントの詳しい情報は国土交通省の「土地情報総合システム」（www.land.mlit.go.jp/webland/）の「地価公示・都道府県地価調査」から利用できます。また、各地価ポイントと中心業務地区（CBD: Central Business District）や分析対象の公共財・サービスまでの距離を明らかにするには、GIS（地理情報システム）のフリーソフトである「MANDARA」（ktgis.net/mandara/）や有料ソフトである「Arc GIS」などが使えます。このように第8章で紹介をした表明選好法と異なり、データ入手が比較的容易であることもヘドニック・アプローチの強みといえます。なお、データ収集の方法については第14章で詳しく解説します。

　では、回帰分析によって得た係数から便益を求めましょう。係数は他のすべての特性を一定として公共財・サービスのみを1単位だけ増加させた時の被説明変数（この場合、地価）の平均的な増加量を意味します。したがって、公共財・サービスの変化量が決まれば、その変化量による便益は係数×変化量で算出できます。例えば、第8章のように博物館を例とした場合、距離が離れるほど改善効果は小さくなり、いずれは0に近づくという考え方に基づいて、$\dfrac{1}{\text{博物館からの距離}}$

第12章　政策の効果を計測しよう

図12-5　差の差の手法

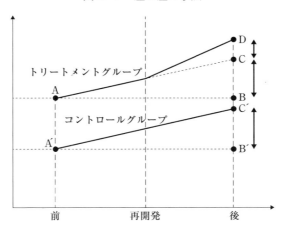

を博物館の改善効果を表す変数とすれば、博物館からの距離に応じた効果の大きさと効果の広がりを導くことができます。

説明変数として観察されなかった変数による誤差や説明変数間の多重共線性、そして便益の過大評価など、手法の限界や課題が存在することも念頭に置く必要がありますが、以上のようにヘドニック・アプローチは、非市場価値を代理市場データから推定する有効な方法ですので、関心のある読者は林（2014）を参考に研究を進めてください。

3　「差の差」の手法を使う

第7章では再開発を例に、政策効果の検証結果を示しました。さまざまな外生的ショックの影響を算出するときによく用いられる**「差の差」の手法**を紹介しましょう。外生的なショックを再開発と考えた場合、その影響を地価でみたいとします。単純に再開発後の地価から再開発前の地価を引き、その値を再開発の影響とすると、再開発がなかったとしても変化したであろう、地価の変動分を含んでしまっています。地価は景気などさまざまなマクロ的な影響により変動します。その分を取り除くことで、再開発の純粋なインパクトを計測できるのです。

図12-5のA点が、再開発が行われる地域の再開発前の地価としましょう。こ

Part5　地域経済分析の手引き

表7-2　平均年収と地価の「差の差」の値（再掲）

	平均年収(万円)			地価(万円/m²)		
	2005年	1990年	差(年度間)	2011年	1993年	差(年度間)
再開発促進地域	467.91	467.34	0.57	305,321	490,857	−185,536
その他の地域	462.09	516.02	−53.93	283,884	490,607	−206,724
差(地域間)	5.82	−48.68	54.50	21,438	250	21,188

　の再開発が行われる地域、すなわち政策の影響が及ぶ地域を**トリートメントグループ**と呼びます。さて、この地域の再開発後の地価がDまで上昇したとします。では単純に再開発後のDから再開発前のAの地価を引くことによって求められるBDの値が再開発によってもたらされた影響の大きさになるでしょうか。実はこの値には、そもそも再開発がその地で行われていなかったとしても上昇したであろう地価の増分（BC）が含まれてしまっています。ですので、純粋な再開発の影響を見るには、BDからBCの大きさを除く必要があります。このBCを除いた値、すなわちCDの大きさが再開発の影響の大きさになります。

　では、このBCはどのように計測すれば良いのでしょうか。再開発が行われた地域から、仮に再開発がなかったら、地価がどれだけ変動したのか、を算出することは不可能です。そのために必要なのが、再開発はされていないけれど、再開発が行われた地域と似ている地域の地価の変動です。この地域を**コントロールグループ**と呼びます。このコントロールグループの地域では、同じ時期の地価は、A′からC′に上昇したとしましょう。この差B′C′は、再開発以外のマクロ的な要因による地価変動と考えることができます。そして、両地域は非常に似た特徴をもつわけですから、B′C′をBCの代わりとすることができます。ですから、先ほどのBDの値からこのB′C′を除くことで、CDの値を求めることができます。第7章の**表7-2**の右下の網掛け部分は、両グループの時間による差を求めた後に、グループ間の差をとることで純粋な政策のインパクトを算出できるというわけです。

第13章

正しい政策を選択しよう
政策の効果を高めるために

限りある資源を有効に使うためには、正しい政策を選択しなければなりません。日本の地域政策における最大の問題点は政策の評価が不十分なことです。正しい政策を選択するための評価方法を中心に具体的なマネジメント戦略を紹介します。

1 費用・便益分析を利用する

　費用・便益分析とは、国や地方自治体が政策や事業を実施する際に「便益」と「費用」を貨幣測度で比較評価することで、採択の可否を判断する手法です。第8章で示したように、公共財・サービスは、技術的外部性と金銭的外部性を与えます。市場における変化である金銭的外部性は、完全競争を仮定すると、市場の中で相殺（キャンセルアウト）されることから、費用・便益分析においては考慮する必要はありません。つまり、費用・便益分析における便益は直接便益や技術的外部性を意味します。そのような便益を貨幣測度で計測する方法として、第12章での仮想評価法やヘドニック・アプローチなどがあります。経済厚生の観点から便益を評価することによって、財務分析では赤字になったとしても、費用・便益分析では採択されることは十分に考えられます。

　費用と便益を比較する方法として、代表的な3つのアプローチがあります。第1は、総便益を総費用で除した**費用便益比**（Cost Benefit Ratio; CBR）を用いる方法です。一般的に公共事業は初期時点で整備のための大きな投資費用がかかり、その後、便益が長期にわたって発生するという性質を持ちます。また、国や自治体が提供する公共財・サービスは便益も費用も長期にわたって発生するため、費

237

Part5　地域経済分析の手引き

表13-1　費用便益比

	事業A		事業B	
期	費用	便益	費用	便益
0	500		500	
1		200		50
2		200		200
3		200		400
費用・便益比	0.995		1.023	

用と便益はそれぞれの**現在価値**でなければなりません（現在価値は第7章の「Key Word　現在価値」を参照してください）。したがって、事業実施の総期間をT、iを割引率、評価の基準年からt年後に生じる便益をB_t、t年後に生じる費用をC_tとすると、費用便益比は次式のB/Cとして定義されます。

$$B/C = \frac{\sum_{t=0}^{T} \dfrac{B_t}{(1+i)^t}}{\sum_{t=0}^{T} \dfrac{C_t}{(1+i)^t}}$$

B/Cが1よりも大きければ、事業は採択されることを意味します。

　今、**表13-1**のように500の費用を投資し、便益が異なるAとBの公共事業が行われたとしましょう。いずれも初期（時点0）に投資費用がかかり、その後は費用が発生せず3期間の供用ができるとします。事業Aは毎期に同じ便益をもたらしますが、事業Bは供用直後には便益が少なく、期間が経つにつれて便益が増加します。割引率（現在価値に変換するときの金利）を10%とすると、各事業の費用便益比は事業Aが0.995、事業Bが1.023になります。事業Aと事業Bを比較すると、事業Bが効率的であるという結果が得られますし、1を超えていることから事業Bは投資に耐えうるため、採択されます。もし割引率が低ければ、総便益の高い事業（ここでは事業B）が有利ですし、割引率が高いと早い時期に便益が発生する事業（ここでは事業A）が選ばれるといったように、割引率によって採択される事業が異なります（仮に割引率が20%の場合、事業Aの費用便益比は0.843、事業Bの費用便益比は0.824となります）。このように、費用・便益分析では時間的な視野も考慮して現在価値での費用と便益を比較することが重要です。

第13章　正しい政策を選択しよう

第2は各年の便益から費用を引いた純便益を各年の割引率を用いて現在価値に換算し、総期間の総便益と総費用を比較する方法で、**純現在価値法**と呼ばれます。期間中の純便益（Net Present Value: NPV）は、

$$NPV = \sum_{t=0}^{T} \frac{B_t}{(1+i)^t} - \sum_{t=0}^{T} \frac{C_t}{(1+i)^t} = \sum_{t=0}^{T} \frac{B_t - C_t}{(1+i)^t}$$

と定義され、この値が正なら、事業は採択されることを意味します。

第3は**内部収益率法**です。純便益をゼロにするような割引率の値を内部収益率（Internal Rate of Return: IRR）といい、言い換えると事業の平均的な収益率そのものと解釈することができます。具体的には、

$$NPV = 0 = \sum_{t=0}^{T} \frac{B_t - C_t}{(1+IRR)^t}$$

と定義され、内部収益率が割引率（市場利子率など）よりも高いと、NPV が正となるため、事業が採択されることを意味します。

費用便益比を含めた3つのアプローチのどれを使うかによって、事業間の効率性の順位が異なる可能性があることに留意しなければなりません。また、内部収益率法はやや複雑であることから、費用と便益の比較の多くは第1の方法である「費用便益比」が用いられています。費用・便益分析をより深く勉強したい方には、石倉・横松（2013）、伊多波（2009）等を参考にしてください。

2　包絡分析（DEA）─生産の効率性を実現するために─

（1）DEA とは

営利を目的としていないことから評価が困難な公共サービスであっても「最小の経費で最大の効果をあげる」工夫は不可欠です。**包絡分析**（Data Envelopment Analysis、以下 DEA とします）は、最も効率的に事業を行っている事業体を基準として、その他の事業体の相対的な非効率性を計測する手法であり、近年、公共事業などの特定分野を扱うものから組織全体を扱うものまで適用可能性が広がっています。DEA の大きなメリットとして、①効率性の具体的な改善策を提示できること、②複数のインプットでアウトプットを生産している際の効率性の計測も可能であることがあげられます。

DEA の考え方を、第8章の生産の効率性の第1条件の概念を用いて解説しま

図13-1 インプット指向型の DEA

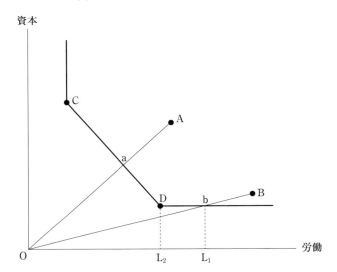

す。第8章と同様に労働と資本という2つのインプットを用いて、自治体Aから自治体Dまでの4つの自治体が同量の公共サービスを生産するとしましょう。**図13-1**のように点Cの組み合わせで生産する自治体Cと点Dの組み合わせで生産する自治体Dは、最低限のインプットで公共サービスを生産していることから効率的であり、これらを結ぶ直線を効率的フロンティアと呼びます。つまり、このフロンティアは言い換えると等産出量曲線（第8章、p.163の図）です。それに対して、点Aの組み合わせで生産する自治体Aは同量の公共サービスを生産するにあたり、生産に投入する労働と資本の比率を変えなくても効率的フロンティア上の点aまで削減可能であることから、非効率的であると言えます。このときの自治体Aの効率値はOa/OAであり、労働と資本の比率を変更せず効率的な生産を行ったときの効率値はOa/Oa =1となります。つまり、自治体Aは2つのインプットをAa/OAの割合で比例的に削減することで、効率的な生産が実現できます。このようにDEAとは対象とする自治体が効率的フロンティアからどれだけ乖離しているかを計算し、相対的な効率性を得ることを目的としています。また、同量の公共サービスを生産する際に過剰に投入された非効率的なインプットをradialスラック（slack）と呼びます。

第13章　正しい政策を選択しよう

　一方、自治体 B ですが、2 つのインプットを Bb/OB の比率で削減し（つまり、radial スラックを削減し）、点 b の組み合わせでの生産を実現できたとしても、効率的な生産とは言えません。なぜなら、自治体 D の組み合わせを示す点 D と点 b は同量の資本投入量ですが、点 D の労働投入量の方が点 b よりも少なく、自治体 B は L_1 から L_2（つまり線分 Db）までさらに労働を削減することができるためです。このようなさらに削減が必要なインプットを**非 radial スラック**と呼び、radial スラックと非 radial スラックを削減することによって効率的な生産が実現するのです。

　これらのスラックは自治体が制御不可能な非裁量要因の影響を受けることで、大きくなっている可能性があります。例えば、空港運営の効率性を DEA によって検証した林・林田（2015）では、空港の効率性に影響を及ぼす非裁量要因として「空港までのアクセス時間」をあげており、空港までのアクセスという空港自体には制御不可能な要因を取り除かずに空港運営の真の効率性評価はできないことを指摘しています。自治体においても、非裁量要因を取り除かずに効率性を評価することは、自治体の実態を把握する上で適切ではありません。スラックに対する非裁量要因の影響を考慮した上で DEA を実施することで、自治体の努力で改善できる裁量部分に基づいた技術的効率性を計測し、真の効率性評価が可能になるのです。

　なお、DEA には、第 8 章の技術的効率性の第 1 の条件（161頁）に示したように、一定のインプットでいかに多くのアウトプットが生み出されているかに着目をした「**アウトプット（出力）指向型**」、一定のアウトプットをより少ないインプットで生み出せているかに着目をした「**インプット（入力）指向型**」があります。上述した例はインプット指向型に該当しますが、アウトプット指向型の概念を勉強したい方は、中井（2005）を参考にしてください。

（2）分析のプロセス
①アウトプットとインプットの設定
　それでは、DEA の分的手順を具体的に解説しましょう。図13-2 に示されている分析の流れにしたがい解説します。まず効率性を計測する分析対象について、アウトプットとインプットを設定します。アウトプットとインプットは、①データの入手が可能で、②効率性の特徴をよく表しているものを選ばなければなりま

241

Part5　地域経済分析の手引き

図13-2　DEAの流れ

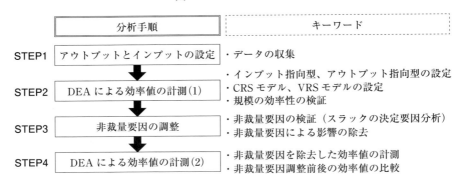

せん。例えば、図書館の場合、インプットとして職員数や蔵書冊数、アウトプットとして貸出冊数などがあげられるでしょうし、上水道の場合、インプットとして従業員数や有形固定資産、アウトプットは有収水量などが考えられます。上述したように、DEAとは「複数の事業体の効率性を効率的な事業体を基準に相対的に比較する手法」です。したがって、評価対象となる事業体は複数個でなければならず、伊多波（2009）によると、対象とする事業体数は一般的に3×（インプットの項目数＋アウトプットの項目数）以上であれば十分とされています。

② DEAによる効率値の計測

　アウトプットとインプットを設定できたら、次は各事業体の効率値を計測します。その際、効率値を計測するために最適なDEAモデルを選択しなければなりません。上述したようにDEAには「アウトプット指向型」と「インプット指向型」があります。例えば、図書館の場合は、一定のインプットから貸出冊数などのアウトプットを大きくすることが求められることから「アウトプット指向型」を選択することが望ましいでしょう。また、上水道はアウトプットである有収水量を事業体がコントロールできないため、労働や資本などのインプットをできるだけ少なくすることが効率的であり、「インプット指向型」が望ましいモデルであると言えるでしょう。また、効率値を計測する際、「規模に関して収穫一定」を仮定した**収穫一定**（CRS: Constant Returns to Scale）**モデル**と、「規模に関して収穫可変」を仮定した**収穫可変**（VRS: Variable Returns to Scale）**モデル**があります（詳細については刀根（1993）を参照してください）。

　DEAは無償の分析ソフト「DEAP」（http://www.uq.edu.au/economics/cepa/

deap.php）などで行うことが可能です。DEAP ではインプット指向型、もしくはアウトプット指向型といった DEA の条件を設定する必要がありますが、ここでは詳しい手順は省略し、結果の読み取りを解説します。まず「効率値」ですが、効率値は 1 を最大値として表され、0 に近づくほど非効率的であることを表します。VRS モデルの効率値を見ることで、規模に関して収穫可変を仮定した上で、最も効率的な事業体や非効率であり効率性を改善する余地のある事業体を確認できます。また CRS モデルと VRS モデルの間には、

CRS モデルの技術的効率性/VRS モデルの技術的効率性 ＝ 規模の効率性

が成立し、規模の効率性を見ることで規模に関して効率的かどうかを検証できます。規模の効率性が収穫逓増型であると判定された事業体は、規模を拡大することによって効率性が高まり、収穫逓減型であると判定された事業体は、規模を縮小することで効率性が改善されることを示します。また規模に関して収穫一定である事業体は、適正な規模であることを意味します。このように CRS モデルと VRS モデルを比較することで、分析対象の規模が効率性にどのように影響するのかを確認できます。

③非裁量要因の調整

　事業体が非効率性の改善努力を行っていたとしても、制御不可能な非裁量要因によって効率値が低くなっているかもしれません。したがって、各事業体がおかれている非裁量要因の有利不利を取り除いた上で効率性を評価する必要があることは、上述した通りです。ここでは DEA の拡張として非裁量要因の除去方法を解説します。

　効率的フロンティアからの乖離、すなわち、スラック（インプット指向型であればインプットの過剰分、アウトプット指向型であればアウトプットの不足分）が非裁量要因によって影響を受けている可能性があることから、まず、①スラックを被説明変数、考えられる非裁量要因を説明変数として決定要因分析（回帰分析）を行い、非裁量要因がスラックに与える影響を検証します。なお、効率的な事業体のスラックは 0 の値を取ることから、トービットモデル（0 以下にならず 0 以上のときには実数値をとる非線形回帰式）に基づいた分析が望ましいといえます。以上の決定要因分析から効率性に影響を与える非裁量要因とその影響の仕方が明らかになります。

　続いて、②有意となった（影響が確認できた）非裁量要因の影響部分をそれぞ

れの観測値（インプット指向型の場合はインプット、アウトプット指向型の場合はアウトプット）から取り除き、非裁量要因による影響を調整した後の観測値を求めます。林（2012）から、インプット指向型の非裁量要因調整後の観測値（以下、調整値とします）は次のように算出できます。事業体 $k = (1, \cdots, K)$ におけるインプット $i = (1, \cdots, I)$ の観測値を x_i^k、非裁量要因 $j = (1, \cdots, J)$ の値を Q_j^k、決定要因分析によって得られた係数を β_{ij} とすると、非裁量要因を観測値から取り除いた調整値 x_i^{kA} は、

$$x_i^{kA} = x_i^k - \left\{ \sum_{j=1}^{J} \beta_{ij} Q_j^k - \min_{k} \left(\sum_{j=1}^{J} \beta_{ij} Q_j^k \right) \right\}$$

によって求められます（なお、アウトプット指向型の場合は、アウトプットの不足分に対する非裁量要因の影響をアウトプットの観測値を加える必要があります）。しかし、上述の方法だけでは x_i^{kA} がマイナスの値を取る可能性があり、非裁量要因を調整した後に再度 DEA を行う際に支障をきたします。そのため、③調整値 x_i^{kA} をさらに次の式によって再調整し、再調整値 x_i^{kAA} を算出します。

$$x_i^{kAA} = \frac{\max_{k}(x_i^k) - \min_{k}(x_i^k)}{\max_{k}(x_i^{kA}) - \min_{k}(x_i^{kA})} \left\{ x_i^{kA} - \min_{k}(x_i^{kA}) \right\} + \min_{k}(x_i^k)$$

このように算出された再調整値を用いて再び DEA を行うことで、非裁量要因の影響を取り除いた効率値を得ることができます。以上のように、DEA は効率性の相対評価と効率化に必要な視点を具体的に指摘することから、自治体や公営事業などのパフォーマンスに関する情報を与えてくれる手段として有用です。

3　バランスト・スコアカード─多角的視点を考慮したマネジメント戦略

（1）バランスト・スコアカード作成の手順

　第9章では正しい政策を立案するために、複数の視点を考慮したマネジメント戦略であるバランスト・スコアカードを取り上げました。ここで、実際に活用するための手順について見ていきましょう。バランスト・スコアカードは、**図13-3**に示されているように、①ビジョンの策定、②視点の設定、③戦略目標の設定、④重要成功要因の設定、⑤価値指標の設定、⑥目標値の設定、⑦施策の設定というプロセスを経て完成します。それでは、各ステップのポイントについてみていきましょう。

第13章 正しい政策を選択しよう

図13-3 バランスト・スコアカード作成の手順

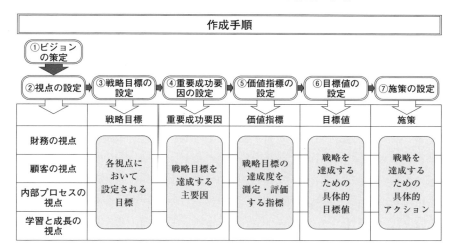

　バランスト・スコアカードは将来目標を達成するための戦略マネジメント・システムです。したがって、「**ビジョン（将来目標）**」を策定することがバランスト・スコアカード作成の第1ステップとなります。策定したビジョンが不明瞭であった場合、バランスト・スコアカードの効果が損なわれてしまうことから、明確で具体的な表現でビジョンを策定することが重要です。なお、ビジョンを策定した後、SWOT分析を行い現状を把握することで、以下のステップを進めていきやすくなります。SWOT分析については第10章を参照してください。

　ビジョンを策定した次は、ビジョンを実現するために必要な「**視点**」を洗い出すことが第2ステップとなります。上述した「財務」「顧客」「内部（業務）プロセス」「学習と成長」の4つの視点が最もよく用いられる視点になりますが、これらの視点は不変なものではなく、他の視点を加えたり、他の表現に言い換えたりするなど、戦略を立てる対象に応じてどのような視点が必要かを考え抜くことが重要です。バランスト・スコアカードの意義は視点の間に因果関係を想定している点にあり、各視点の連携を強く意識することも重要です。オーソドックスな4つの視点を設定すると仮定して話を進めると、①民間企業の場合は「学習→業務→顧客→財務」の因果関係が考えられますし、②非営利であり住民の満足度を最大にすることを目的とする公共サービスの場合、「財務→学習→業務→顧客」

245

Part5 地域経済分析の手引き

や「学習→業務→財務・顧客」の因果関係が想定できるかもしれません（この点については本節の「公共部門に導入する際の注意点」で詳しく解説します）。このように対象によって因果関係は異なることから、それぞれに適した視点と因果関係を検討しなければなりません。

　視点を設定した次は、ビジョンを実現するために着手すべき「**戦略目標**」を立てることが第3ステップとなります。「○○を検討する」や「○○を充実させる」とった戦略目標を、各視点に3～4項目設定することが望ましいとされています。例えば、大学図書館にバランスト・スコアカードを適用した赤澤（2010）では、①「利用者の視点」に対し、利用者への優れたサービスの提供や利用者のニーズを満たす質の高い蔵書の構築など4つの戦略目標を掲げ、②「業務プロセスの視点」は、情報資源の収集、作成、組織化、保存、提供を迅速、効率的かつ適切に行うこと、③「財務の視点」は、外部資金の獲得や支援の増強などを戦略目標としています。バランスト・スコアカードの本質は、ビジョンまでの因果関係を明確にすることです。したがって、戦略目標間の因果関係を整理することで戦略がより論理的になります。**図13-4**は第8章の博物館を例とした場合の戦略目標間の因果関係を示しており、ビジョンの実現までの道筋が明らかになります。

　戦略目標を立てた次は、各戦略目標を達成するために何が決定的に重要かを分析し「**重要成功要因**」を洗い出すことが第4ステップになります。先ほどあげた赤澤（2010）では、①「利用者への優れたサービスの提供」という戦略目標に対しては「サービスの機能、技量、速さ」を挙げ、②「情報資源の提供等の効率化」は「図書の受入業務に対する所要時間の短縮」などが挙げられています。

　重要成功要因を洗い出した次は、活動の成果とプロセスを継続的に測定し評価するための「**価値指標（業績評価指標）**」を、各重要成功要因に対応して設けることが第5ステップとなります。重要成功要因と関係性の深い価値指標を設けることが重要です。例えば、最もオーソドックスな4つの視点に対しては、財務の視点の価値指標として「ROI（Return On Investment：投資利益率）」「SVA（Shareholders Value Added：株主付加価値）」、顧客の視点の価値指標として「顧客満足度」「ロイヤルティ」、内部（業務）プロセスの視点の価値指標として「品質」「コスト」「時間」、学習と成長の視点の価値指標として「従業員の満足度」「情報システム能力」「組織の成熟度」などが一般的に用いられています。先ほどあげた赤澤（2010）では、①戦略目標「利用者への優れたサービスの提供」

第13章　正しい政策を選択しよう

図13-4　博物館の視点同士の関係性の例

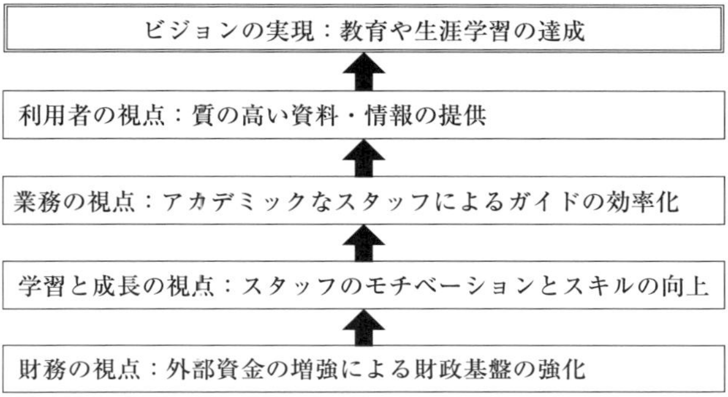

ビジョンの実現：教育や生涯学習の達成

↑

利用者の視点：質の高い資料・情報の提供

↑

業務の視点：アカデミックなスタッフによるガイドの効率化

↑

学習と成長の視点：スタッフのモチベーションとスキルの向上

財務の視点：外部資金の増強による財政基盤の強化

注1）因果関係を想定する際は「ビジョン実現のためには、質の高い情報の提供が必要」というように矢印の逆をたどります。
注2）ここでは簡潔に例示するため、視点ごとに戦略目標を1つしか挙げていません。

の重要成功因「サービスの機能、技量、速さ」に対しては「利用者実態調査の満足度」、②戦略目標「情報資源の提供等の効率化」の重要成功要因「図書の受入業務の所要時間の短縮」に対しては「1ヶ月以内の図書の処理件数」が価値指標として挙げられています。

　価値指標を設けた次は、各価値指標に対して「**目標値**」を設定することが第6ステップとなります。具体的な数値目標を立てることが望ましく、赤澤（2010）で行われているように①価値指標の完全な達成を意味する「達成目標1」、②目標値を下げた「達成目標2」の2段階の達成目標を設定し段階的な評価を行うことも効果的であるといえるでしょう。

　目標値を設定した次は、作成したバランスト・スコアカードを周知し、戦略目標・目標値を達成するための具体的な「**施策**」を設定することが第7ステップとなります。これら第1から第7までのステップを通じて、バランスト・スコアカードは作成されます。

　バランスト・スコアカードは1回限りのものではありません。**PDCA サイクル**を循環させることによりバランスト・スコアカードを絶えず評価し、実施した結果と計画が異なる場合、戦略目標の因果関係、戦略目標と重要成功要因の関係、重要成功要因と価値指標の関係などを直ちに軌道修正をするという反復的なプロセスが必要です。

247

Part5　地域経済分析の手引き

（2）公共部門に導入する際の注意点

　バランスト・スコアカードは企業の戦略マネジメント・システムとして開発されましたが、近年では、アメリカのシャーロット市、オーストラリアにおけるセンターリンク（オーストラリアの社会保障を管轄している機関）、わが国では姫路市や四国中央市、三重県の病院事業庁や神戸市の西市民病院など、公共部門の戦略マネジメント・システムとして導入されている事例が確認できます。しかしながら、企業活動と公共部門の活動にはいくつかの相違点があることから、公共部門にバランスト・スコアカードを用いる際にはいくつかの点で注意が必要です。

　例えば、バランスト・スコアカードの特徴である「視点」の中で、最も重視すべき視点を選択する際、企業は「利潤の最大化」を目的に活動していることから「財務の視点」を最も重視する傾向にあります。しかし、「地域住民の効用最大化」を目標に活動している公共部門の場合、「財務の視点」はあくまで制約条件であり、「財務の視点」よりはむしろ「顧客の視点」を重視すべきかもしれません。また、公共部門でも民間に近い事業である場合、「顧客の視点」とともに「財務の視点」も重要になるでしょう。公共部門にバランスト・スコアカードを用いる際は、公共部門の特性を見極めながら、どの「視点」を重要視すべきか検討する必要があるでしょう。

　上記であげたオーソドックスな４つの視点（財務・顧客・内部プロセス・学習と成長）についても、公共部門の戦略マネジメント・システムとしてはふさわしくない可能性も考えられます。例えば、企業活動が取り扱う財・サービスの場合、「サービスの受益者」と「サービスの負担者」が一致するのに対し、公共部門が取り扱う公共財・サービスの場合、税を財源としていることから「サービスの受益者」と「サービスの負担者」が必ずしも一致するわけではありません。したがって、企業活動を対象とした場合は「顧客の視点」という単一の視点で良かったものが、公共部門の活動を対象とした場合は、より質の良いサービスを安価で享受したいと考える「顧客」と、税の最適な配分を望む「納税者」の各視点が求められることになるでしょう。**表13- 2**には、公共部門の活動に焦点を当てたバランスト・スコアカードで用いられている「視点」を掲載していますので、参考にしてください。

　その他にも、民間企業では業績や成果を貨幣額によって測定することが可能であるのに対し、公共部門の場合は貨幣測定することが難しいという点にも注意す

第13章　正しい政策を選択しよう

表13-2　公共部門を対象としたバランスト・スコアカードで用いられた「視点」

先行研究	対象	視点	
Phillips（2004）	公共輸送システム	効率、効果、影響	活用できる最小限の資源によって生み出されるアウトプットの量を表す「効率」、生み出されたアウトプットと目標とするアウトプットを比較した「効果」、外部性や間接的な効果を説明する「影響」の3つの視点が用いられている。
Joseph（2006）	図書館	財務、学習と成長、業務プロセス、情報資源、利用者	図書館の物理的なコレクションと電子資源へのアクセスは公立図書館の存在理由であることから、「情報資源」という新しい視点が用いられている。

る必要があります。このようなバランスト・スコアカードを作成する段階での技術的な困難性や、稲生（2004）で指摘されているように、①既存の長期計画や行政改革大綱等と整合性を取ることの難しさ、②業務測定システム（政策評価・事務事業評価制度）導入が優先される、③職員の意識（組合との関係）、④評価指標の設定困難性、⑤予算・人事制度との連動確保の困難性といった運用段階での問題が理由となり、わが国の公共部門ではバランスト・スコアカードの導入があまり進んでいません。しかしながら、上述したようにバランスト・スコアカードはビジョン実現までの戦略を可視化することでコミュニケーション・ツールとしても使用でき、バランスの取れた視点から包括的・多面的に評価できるという点において優れた戦略マネジメント・システムであるといえます。海外ではバランスト・スコアカードを戦略マネジメント・システムとして取り入れている公共部門が数多く存在しますので、文献や海外での事例を参考にしながら、バランスト・スコアカードの導入に挑戦してみてください。

249

Part5　地域経済分析の手引き

第14章

都市・地域経済分析のための
情報（データ）収集

> Part5のこれまでの章で述べてきたように、地域経済の分析を行うことが正しい政策判断を実現するための前提となりますが、分析を行うには情報（データ）が不可欠です。近年、地域分析のデータが数多く公開されるようになってきました。本章では、地域分析に必要なデータ収集の方法を解説します。

1　空間データ

　都市・地域経済学が他の経済学と根本的に違うのは、人びとの合理的な行動に「距離」の概念を取り入れている点です。世帯や企業が立地場所を選ぶ場合でも、駅からの距離、公園からの距離、繁華街からの距離など、同じ市町村内であってもその居住環境は、特定の地点からの距離によって大きく変わります。そして距離に応じて、土地などの価格も変化していますので、人びとの行動も距離に応じて異なるのです。都市・地域経済学では、距離や空間的な塊といったものを明示的に取り扱うことがとても多いのです。

　このような特徴をもった都市・地域経済学について、実際のデータを使って分析する場合にとても役に立つのが地図です。たとえば、ある地域で、1年間の間に子供が犯罪に巻き込まれた場所の住所リストがあったとしましょう。そこには、発生地点とその犯罪の内容が書かれています。地域の住民が、子供たちを犯罪から守るために何かできないか、と考えています。けれどもたとえ自分が居住している地域であっても、その住所リストを眺めているだけではなかなかよいアイデアは浮かんできません。いったいどのような地域で犯罪が多発しているのかが、住所の羅列ではみえてこないのです。しかし、それを地図にすると、公園の近く

250

第14章 都市・地域経済分析のための情報（データ）収集

でよく起こっている、駅の近くや狭い路地でよく起こっている、コンビニエンスストアの周りではほとんど起こらないなど、瞬時に多くの情報に気づき始めます。そして、今後の地域住民の人たちのパトロールや、学校での児童の通学路の決定に役立つのです。

このように、距離や空間上の位置関係といったことが重要になる分析には、地図による可視化がとても役立ちます。この空間上の位置情報をもったデータのことを「空間データ」と言います。そしてその空間データを扱うためのシステムが**地理情報システム（GIS; Geographic Information System）**です。GIS は空間データを地図上に可視化し、そこからさまざまな空間的な分析を可能にする技術なのです。この GIS は近年とても身近なものとなり、費用をかけずに（無料で）かなりの分析を行うことができるようになっています。ではどうすればよいのでしょうか。そこで以下では 2 つのパートにわけて説明します。一つ目は、GIS で用いるデータはどこにあるのか、二つ目はデータを表示する方法について、です。

2　GIS で用いるデータはどこにあるのか

近年、GIS で用いる地図データの整備は急速に進み、無料で多くの地図を利用できるようになりました。GIS で用いるファイル形式は**シェープファイル**と呼ばれるもので、このシェープファイルがあれば専用のソフトウエアを用いて地図を表示することができます。自分が表示したい地図のテーマのシェープファイルさえ見つければ、専用ソフトを用いてすぐに地図に表示し、分析を始めることができます。専用ソフトもあとで紹介しますが無料のものがあります。では、もっとも多くの情報がそろっている国土交通省の GIS のポータルサイト http://nlftp. mlit.go.jp/ のページをみてください。ここから 3 つのページにいくことができます。3 つのページとは、

・国土数値情報ダウンロードサービス（さまざまな主題の地図が置いてあるページ）
・位置参照情報ダウンロードサービス（自分で地図を作る場合におとずれるページ）
・国土情報ウェブマッピングサービス（Web 閲覧ソフトで地図を見る場合）

です。GIS のエッセンスにはほぼこの 3 つのページで理解することができます。順

Part5　地域経済分析の手引き

番に説明していきましょう。

（1）国土数値情報ダウンロードサービス

　国土数値情報とは、「国土形成計画、国土利用計画の策定等の国土政策の推進に資するために、地形、土地利用、公共施設などの国土に関する基礎的な情報をGISデータとして整備したもの」です。このページをみてみると小学校、中学校、病院、都市公園などの立地場所で、1つの地点を表しているポイントデータ、湖沼、過疎地域、人口集中地域など範囲で表されている面データ、河川、道路、鉄道などのように線で表されているラインデータの3つのカテゴリーに分かれて、日本全国の範囲に対して、さまざまな年度のデータが100種類ほど置かれています。たとえば日本の病院の位置を地図に表示したいとすると、施設の中から、「医療機関」を選択すればよいのです。このデータの説明には、「全国の医療機関の内、医療法に基づく「病院」「（一般）診療所」「歯科診療所」の地点、名称、所在地、診療科目、開設者分類をGISデータとして整備したものである」となっています。このシェープファイルをダウンロードして専用ソフトウエアで開けば、全国の病院、診療所、歯科診療所の位置が、名称、所在地、診療科目、開設者の情報を含んで、点で描かれるのです。GIS専用のソフトウエアについては後述します。このような形でのさまざまなデータが100種類近く置いてあります。ぜひ一度みてください。地図にしたいと思うデータが必ず見つかるはずです。

（2）位置参照情報ダウンロードサービス

　100種類もの国土数値情報にデータがなかったらどうすればよいのでしょうか。たとえばよく授業で、コンビニエンスストアの立地状況を地図に表す、ということを行います。残念ながら、現在国土数値情報のページの施設には、コンビニエンスストアがありません。そのような場合には、とにかく自分が分析したい対象エリアのコンビニエンスストアの位置情報、すなわち住所情報を入手しましょう。「××ストア、○○町△丁目□番」という情報を手に入れたら、それを地図に表示するために必要な緯度経度などの座標情報へ変換します。座標に変換できれば、地図上に描画することは専用ソフトを用いて簡単に行えます。住所を、地図上の位置情報である座標に変換するために必要な情報を置いてあるのが、位置参照情報ダウンロードサービスのページになります。ここに置いてある情報は、日本全

252

第14章　都市・地域経済分析のための情報（データ）収集

国の都道府県、市町村、街区（○○町△丁目□番）の座標値です。これを、住所を基準にして、マッチングさせることで地図にしたいものの座標値を手に入れるのです。ただし、全国のリストから、自分が必要なコンビニの位置情報を抜き出す、あるいはマッチングさせるという作業が必要です。この作業が不要で、自分に必要な分だけ、座標値を自動的につけて戻してくれるサービスもあります。こちらは東京大学空間情報科学研究センターの「CSV アドレスマッチング」というサービスです。自分にあった方法で文字の住所情報を地図上の座標値に変換してみてください。自分の家、親戚の家、友達の家など、住所情報があればなんでも地図に描写できるようになります。

　このサービスを利用すると、実は政府統計のポータルサイト、e-Stat のデータも地図化ができるようになります。e-Stat は、国勢調査、住宅・土地統計調査、経済センサスなど政府がとりまとめている統計情報を集めたサイトですが、これらの統計にも住所情報を含んでいるものが非常に多くあります。これらを都道府県、市町村、街区レベルで地図に表示することも可能になります。第6章の大阪市の地図も、国勢調査や住宅土地統計調査のデータを e-Stat からダウンロードして、GIS で地図にしたものなのです。

（3）国土情報ウェブマッピングサービス

　最初に述べました、「国土数値情報ダウンロードサービス」のデータを、ウェブブラウザ上で地図にすることができるのがこのページです。わざわざ GIS 専用のソフトウエアを使わなくても、ざっとした位置関係をみたり、集積の度合いをみたりしたい程度であれば、このページを用いるのも便利でしょう。またこのページのメリットは、国土数値情報として置かれている過去のデータについても簡単に表示し、閲覧できる点でしょう。市町村合併により行政区域の境界線も変化していますが、このページでは、大正8年（1919年）から対応しています。50年前の様子を、その当時の行政区域地図の上に描写することもできます。またこの地図で表示したデータをダウンロードすることも可能です。その場合には、先ほどの国土数値情報ダウンロードサービスのページへ移動してダウンロードすることになります。

253

Part5　地域経済分析の手引き

（4）その他の空間データ

　代表として、国土交通省が整備しているデータをご紹介しましたが、その他、国土地理院でも国土基本情報を置いてありますし、活断層の位置や災害のハザードマップに関係した情報も置いてあります。また有料のシェープファイルも多く存在します。政府が整備している統計データをいくつか組み合わせて、より使いやすい形に加工してくれているものなど、有料の中にも魅力的な地図は非常に多くあります。研究費や予算などをもっている場合には、これらのデータを購入することもとても有用です。

3　GIS ソフトウエア

　GIS 専用ファイルを開くには、GIS 専用ソフトウエアを用いる必要があります。ソフトウエアの使い方をここで説明することはしませんが、無料のソフトウエアとしてもっとも簡単に導入し、使い方のテキストもでているものを紹介します。埼玉大学の谷謙二先生が開発されています MANDARA というソフトウエアです。無料でダウンロードできるだけでなく、非常に軽く操作ができ、コンピュータへの負荷がそれほど大きくありません。一度、MANDARA のページを訪れてみてください。とても興味惹かれる地図が多く掲載されており、テキストも販売されていますので、地図に表すだけでなく、そのあとの様々な分析を行うための方法も学ぶことができます。（http://ktgis.net/mandara/index.php）

　もう一つの無料のソフトウエアで、より高度な分析を行ったりする場合に最近よく使われてきているのが、QGIS というソフトウエアです。オープンソースのソフトウエアで2009年に出てきました。より詳細な分析を行ったりする場合は、こちらを試してみてください。描写の美しさに圧倒されると同時に、それが無料で使えるということに驚くと思います。

4　RESAS

　最後に、地域経済分析システム（RESAS：リーサス）について説明しましょう。経済産業省と内閣官房（まち・ひと・しごと創生本部事務局）が提供しているシステムで、こちらもデータの可視化が行えるサイトです。主に、政府が調査

第14章　都市・地域経済分析のための情報（データ）収集

している産業構造、人口動態などに関するデータが地図やグラフなどで簡単に表示することができます。もちろん、政府が行っていますので、もとになっているデータは、e-Stat にある国勢調査や経済センサスといったものがベースになっています。しかし、例えば大阪市の事業所数の1986年からの推移をグラフにする、といったことが該当の場所をクリックしていくことで、10秒以内に完成し、印刷、データのダウンロード等を行うことができるのです。RESAS のページをおとずれ、左上のメインメニューをクリックしてみてください。人口マップ、地域経済循環マップ、産業構造マップ、観光マップなど、関心のある主題をクリックしていくことで簡単に進んでいくことができます。ぜひ試してみてください。そして本書で扱ったさまざまなデータを皆さん自身でも確認してみてください。地域の様子がより具体的に理解でき、新しい発見が必ずあるでしょう。

参考文献

第1章

・林勇貴・林宜嗣（2017）「地域競争力と地域間人口移動」『経済学論究』第71巻第3号、59-81頁。

・林宜嗣・中村欣央（2018）『地方創生20の提言―考える時代から実行する時代へ―』関西学院大学出版会。

第2章

・林宜嗣（2009）『分権型地域再生のすすめ』有斐閣。

・林宜嗣・中村欣央（2018）『地方創生20の提言―考える時代から実行する時代へ―』関西学院大学出版会。

第3章

・Baumol W. J.（1963）"Urban Services; Interactions of Public and Private Decision," in Howard G. S. ed., *Public Expenditures Decisions in the Urban Community*, Resources for the Future.

・林勇貴・林宜嗣（2017）「地域競争力と地域間人口移動」『経済学論究』第71巻第3号、59-81頁。

・Walker, B.（1981）*Welfare Economics and Urban Problems*, Hutchinson.

第4章

・Armstrong H. W. and Taylor J.（2000）*Regional Economic Policy*, Blackwell Publishing.

・Dosi G.（1988）"Sources, Procedures and Microeconomic Effects of Innovation," *Journal of Economic Literature*, Vol.26, No.3, pp.1120-1171.

・Gomulka S.（1971）*Inventive Activity, Diffusion, and Stages of Economic Growth*, Aarhus.

・林亮輔（2012）「集積の利益と地域経済―企業活動に関する最適空間構造のシミュレーション分析―」『日本経済研究』第66号、88-103頁。

・Marshall A.（1920）*Principles of Economics*, 8th ed., Macmillan, London.

・McCann P.（2001）*Urban and Regional Economics*, Oxford University Press.

・Mills E. S.（1972）*Studies in the Structure of the Urban Economy*, The Johns Hopkins Press.

第5章

・Department for Communities and Local Government（2006）State of the English

Cities: The Competitive Economic Performance of English Cities.

- Flora C. et al.（2004）*Rural Communities*: *Legacy and Change*, 2nd ed., Boulder, CO: Westview Press.
- 林宜嗣・中村欣央（2018）『地方創生20の提言—考える時代から実行する時代へ—』関西学院大学出版会。
- 中村剛治郎編（2014）『基本ケースで学ぶ地域経済学』有斐閣。
- Parkinson M.（2004）*Competitive European Cities*: *Where do the Core Cities Stand ?*, Office of the Deputy Prime Minister.
- Porter M. E.（1998a）*On competition*, Harvard Business School Press.
- Porter M.E.（1998b）"Clusters and the new economics of competition," *Harvard Business Review*, Vol.76, No.6, pp.77-90.
- Scottish Government（2012）*Investment in Rural Community Development*: *A Community Capitals Approach*.

第6章

- Alonso W.（1964）*Location and Land Use*: *Toward a General Theory of Land Rent*, Harvard University Press.
- Klaassen L. H. and Paelinck, J.（1979）"The Future of Large Towns," *Environment and Planning*, Vol.11, No.10, pp.1095-1104.

第7章

- Harvey, J.（1996）*Urban Land Economics*, Macmillan.
- Otto D. and Andrew W.（1961）"Economics of Urban Renewal," *Law and Contemporary Problems*, Vol.26, pp.106-17.
- 顧濤・中川雅之・齊藤誠（2018）「地方中核都市の老い：人口動態と地価形成の多様な関係」齊藤誠編著『都市の老い—人口の高齢化と住宅の老朽化の交錯』勁草書房、47-85頁。
- 中川雅之・齊藤誠（2018）「都市圏の縮小と広域行政の必要性」齊藤誠編著『都市の老い—人口の高齢化と住宅の老朽化の交錯』勁草書房、277-303頁。
- 山鹿久木（2011）「密集市街地の再開発の影響—ジェントリフィケーションの可能性を考える—」『都市住宅学75』、138-140頁。

第8章

- Florida R.（2012）*The Rise of The Creative Class*, Revisited（10th Anniversary Edition）, Basic Books.（井口典夫訳（2014）『新クリエイティブ資本論—才能が経済と都市の主役となる』ダイヤモンド社。）
- 林亮輔（2015）「鹿児島市内における企業活動に対する九州新幹線開業効果の検証

―ヘドニック・アプローチを用いた実証分析―」長峯純一編著『公共インフラと地域振興』中央経済社、34-50頁。

・林勇貴（2014）「地方公共財の間接便益とスピル・オーバー――芸術・文化資本へのヘドニック・アプローチの適用―」『関西学院大学経済学論究』第68巻第2号、61-84頁。

・林勇貴（2016）「仮想評価法を用いた博物館の実証的研究」『日本経済研究』第73号、84-110頁。

第9章

・林宜嗣・中村欣央（2018）『地方創生20の提言―考える時代から実行する時代へ―』関西学院大学出版会。

・Himmelman A. T.（2002）*Collaboration for a Change; Definitions, Decision-making Models, Roles, and Collaboration Process Guide*

・Kaplan R. S. and Norton D. P.（2000）*The Strategy-Focused Organization: How Balanced Scorecard Companies Thrive in the New Business Environment*, Harvard Business School Press.（櫻井通晴訳（2001）『キャプランとノートンの戦略バランスト・スコアカード』東洋経済新報社。）

・Meyer P. J.（2003）*Attitude Is Everything*: *If You Want to Succeed Above and Beyond*, Meyer Resource Group, Incorporated.

・OECD（2007）*Linking Regions and Central Governments*: *Contracts for Regional Development.*

・Parkinson, M. et al.（2012）*Second Tier Cities in Europe*: *In an Age of Austerity Why Invest Beyond the Capitals?*

・UK Treasury（イギリス大蔵省）（2003）*Cities, Regions and Competitiveness.*

・UK Treasury（イギリス大蔵省）（2011）*The Green Book: Appraisal and Evaluation in Central Government.*

第10章

・Goranczewski B. and Puciato D.（2010）"SWOT Analysis in the Formulation of Tourism Development Strategies for Destinations," *Tourism*, Vol.20, No.2, pp.45-53.

・菅民郎（2005）『多変量解析の実践（上）』現代数学社。

・上田尚一（2010）『講座〈情報をよむ統計学〉8　主成分分析』朝倉書店。

・World Bank（2006）*Local Economic Development: A Primer Developing and Implementing Local Economic Development Strategies and Action Plans*, p.5.

第12章

・林勇貴（2014）「地方公共財の間接便益とスピル・オーバー――芸術・文化資本への

ヘドニック・アプローチの適用—」『関西学院大学経済学論究』第68巻第2号、61-84頁。
・林勇貴（2016）「仮想評価法を用いた博物館の実証的研究」『日本経済研究』第73号、84-110頁。
・肥田野登（2011）『環境と行政の経済評価—CVM（仮想評価法）マニュアル—』勁草書房。
・伊多波良雄（2009）『公共政策のための政策評価手法』中央経済社。
・栗山浩一（2000）『図解環境評価と環境会計』日本評論社。
・栗山浩一（2002）『公共事業と環境の価値—CVMガイドブック—』築地書館。
・清水千弘（2004）『不動産市場分析—不透明な不動産市場を読み解く技術』住宅新報社。

第13章

・林亮輔・林田吉恵（2015）「日本の空港の効率性評価—非裁量要因を考慮したDEA効率値の計測」『日本経済研究』第72号、1-20頁。
・林宜嗣他（2012）「地方公営企業及び自治体の技術効率性—非裁量要因を考慮したDEAに基づく評価—」アジア太平洋研究所。
・石倉智樹・横松宗太（2013）『公共事業評価のための経済学』コロナ社。
・伊多波良雄（2009）『公共政策のための政策評価手法』中央経済社。
・Matthews J. R.（2006）"Balanced Scorecard in Public Libraries: A Project Summary," *Proceedings of the Library Assessment Conference*, pp.293-302.
・中井達（2005）『政策評価—費用便益分析から包絡分析まで』ミネルヴァ書房。
・稲生信男（2004）「行政経営とガバナンス型Balanced Scorecard（BSC）に関する一考察」『会計検査研究』第30号、11-30頁。
・Phillips J. K.（2004）"An application of the balanced scorecard to public transit system performance assessment," *Transportation Journal*, Vol.43, No.1, pp.26-55.

索　引

欧　字

Arc GIS　234
City-Region 政策　189
DEAP　242
e-Stat　253
MANDARA　234, 254
PDCA サイクル　165, 179
PFI（Private Finance Initiative）　193
PPP（Public Private Partnership）　193
QGIS　254
radial スラック　240
　　非──　241
ROAMEF サイクル　179
SMART ターゲット　180
t 検定　200
VFM（Value for Money）　195

あ　行

アウトカム　163
アウトプット　163
　　──（出力）指向型　241
空き家問題　129
域内総生産　37
域内調達率　66, 102
一部事務組合　188
移入・輸入代替型産業　66
イノベーション　102
インナーシティ　124
　　──問題　116
インプット　164
　　──（入力）指向型　241

インフラギャップ　192
衛星都市　108
大型ショッピングセンター　66

か　行

海外生産比率　91
回帰分析　11, 131
外部性　136, 141, 166, 169
外部便益　169
買い物弱者　24
外来型開発　89
仮想評価法　170, 172
ガバナンス　146
関西広域連合　188
完全失業者　12
完全失業率　12
機会費用　113
企業城下町　59
技術的外部性　166
基準財政収入額　14
基準財政需要額　15
期待成長率　56
基盤産業　60, 224
規模に関して収穫一定　67
規模の経済　154, 185
規模の不経済　154
逆行列係数表　221
逆都市化　110
行政区域　184
行政投資　38
拠点開発方式　86
近接性の原理　151
金銭的外部性　167

261

空間データ　251

国・地域圏計画契約　178

クリティカルマス　184

クロスセクションデータ　199

経済基盤乗数　62, 65

経済基盤説　224

経済のグローバル化　22

経済波及効果　218, 222

係数　201

限界効用逓減の法則　157

限界消費性向　40

限界生産力逓減の法則　73

現在価値　238

顕示選好法　169

県内総生産　7

県民所得　8

広域行政　153

広域連携　146, 171, 192

　　──制度　188

郊外化　110

郊外による大都市の搾取　186

工業再配置促進法　86, 91, 175

公共施設等総合管理計画　155

公共投資乗数　41

工場等制限法　175

工程革新　76

公的固定資本形成　38

公民連携　136, 146

高齢化率　125

ゴールデンルート　225

国土の均衡ある発展　86

国民所得倍増計画　85

国民大移動　106

固定資産税　137

コミュニティ・キャピタル・アプローチ　96

混雑税　53

コンジョイント法　169

コンセッション方式　193

コントロールグループ　236

コンパクトシティ構想　144

さ　行

サービス購入型　194

再建築価格　138

財政再建団体　58

財政力指数　27

最低居住水準　129

産業基盤型社会資本　75

産業クラスター　98

　　──計画　89

産業構造要因　55, 210

産業連関表　23

産業連関分析　167

ジェントリフィケーション　116, 140, 144

事業効果（ストック効果）　93, 218

時系列データ　199

資源配分

　　──の効率性　49

　　──の適正化　30

事後評価　179

市場化テスト　193

自然動態　3

事前評価　179

自治体連携　184

実施ラグ　176

指定管理者制度　192

支払い意思額　228

資本還元価値　138

資本装備率　72

資本の深化　72

社会的費用　51

　　──の内部化　53

社会動態　3

重回帰分析　201

収穫一定（CRS）モデル　242

収穫可変（VRS）モデル　242

囚人のジレンマ　136, 140

集積の経済　98
集積の不経済　83
従属変数（被説明変数）　199
受益者負担　158
主成分　208
　　──分析　15
純現在価値法　239
準公共財　166
小規模住宅用地　138
所得移転効果　93
シリコンバレー　104
新規需要　120
高度経済成長期の人口移動　6
人口集中地区（DID）　106
新古典派経済成長理論　73
新全国総合開発計画（新全総）　86
人的資本　77
スピル・オーバー　153, 184
生活保護　12
生産可能性フロンティア（生産可能性曲線）
　30
生産関数　67
生産年齢人口　3
生産の効率性　164
生産物革新　76
生産要素　21
税収関数（租税関数）　227
成長管理政策　52
政府支出乗数　42
説明変数（独立変数）　199
全国総合開発計画（全総）　86
総需要創出効果（フロー効果）　92

た　行

第三次産業　11
第三次全国総合開発計画（三全総）　87
代替法　169
太平洋ベルト地帯構想　85

ダイヤモンド・モデル　100, 103
第四次全国総合開発計画（四全総）　88
代理変数　216
多重共線性　201
単年度主義　163
地域政策の新パラダイム　178, 184
地域特化の経済　79
地域要因　55, 57, 210
地産外商　66
知識集約型・高付加価値型経済　94
地方公共サービス　150
　　──の最適供給　153
地方交付税　14
地方税　26
地方税法　163
中央集権的システム　165
中心業務地（CBD）　124
地理情報システム（GIS）　251
付け値　232
　　──地代　118
定住圏構想　87
低密度分散型都市圏　108
テクノポリス構想　87, 102
投入係数表　221
投入産出表　220
トービットモデル　243
独立採算型　193
独立変数（説明変数）　199
都市化　110
　　──の経済　79
都市のスポンジ化　144
都市発展段階仮説　110
都心回帰　119, 186
土地保有税の中立性命題　138
土地利用規制　125
トラベルコスト法　169
トリートメントグループ　236
取引基本表　220
トレードオフ・モデル　112

な 行

内生的成長理論　77
内発的発展　89
内部収益率法　239
ナショナル・ミニマム　163
21世紀の国土のグランドデザイン　88
二段階二項選択方式　229
認識ラグ　176

は 行

配分の効率性　30, 163
博物館法　158
パネルデータ　199
バブル経済　110, 114, 118, 121
バランスト・スコアカード　166
範囲の経済　185
非基盤産業　60
非競合性　148
非裁量要因　241
被説明変数（従属変数）　199
非排除性　148
費用・効果分析　168
費用便益比　237
費用・便益分析　180
表明選好法　169
付加価値　10
複合サービス事業　35
フットルース化　43
負の連鎖　58
プリンシパル・エージェント問題　167
分権化定理　153, 155
分配の公正　49
ヘドニック・アプローチ　170, 171
変動係数　38
防災再開発促進地区　142
訪日外国人旅行（インバウンド）者　225

包絡分析（DEA）　168
補完性の原理　151
補助金　153
補正 R^2　201

ま 行

マルチコリニアリティ（多重共線性）　202
密集法　141
無差別曲線　30
モラル・ハザード（倫理の欠如）　159, 167

や 行

有効求人倍率　12
夕張市　58, 60
ユニバーサル・サービス　28
用途地域制　83
予算　164
預貸率　25

ら 行

ライフサイクルコスト・マネジメント　194
ラストベルト　144
ランダム効用モデル　229
リーマンショック　121
留保需要　120
量入制出　163
累積的衰退モデル　48
ルート128　104
連携協約　188
連携中枢都市圏　189
労働生産性　102
老年化指数　125
老年人口指数　125

索　引

人　名

オーツ（W. E. Oates）　151, 155

クラッセン＝パーリンク（L. H. Klaassen and J. H. P. Paelinck）　110

ドーラン（G. T. Doran）　181

ドラッカー（P. Drucker）　181

ピグー（A. C. Pigou）　156

フロリダ（R. Florida）　168

ポーター（M. E. Porter）　99

ボーモル（W. J. Baumol）　46

マーシャル（A. Marshall）　78

265

執筆者一覧

林 宜嗣（はやし・よしつぐ）　1、3、9、10章3～5節、11章執筆
1951年生まれ。関西学院大学経済学部卒業。関西学院大学大学院経済学研究科博士課程単位取得。経済学博士。関西学院大学経済学部を退職後 EBPM 研究所を設立、現在、代表取締役。1992-93年 London School of Economics 客員研究員、1994-96年、経済企画庁経済研究所客員主任研究官を兼任。主著：『現代財政の再分配構造』（有斐閣、1987年）、『都市問題の経済学』（日本経済新聞社、1993年）、『新・地方分権の経済学』（日本評論社、2006年）、『新版地方財政』（有斐閣、2008年）、『地方創生20の提言――考える時代から実行する時代へ――』（共著、関西学院大学出版会、2018年）ほか。

山鹿久木（やまが・ひさき）　6、7、12章3節、14章執筆
1973年生まれ。2001年大阪大学大学院経済学研究科博士後期課程修了。博士（経済学）。筑波大学大学院システム情報工学研究科専任講師、関西学院大学経済学部准教授を経て、2010年から関西学院大学経済学部教授。主著・論文：『都心回帰の経済学』（八田達夫編、日本経済新聞社、2006年）、"Earthquake risks and housing rents: Evidence from the Tokyo"（M. Nakagawa, M. Saito, and H. Yamaga, *Regional Science and Urban Economics*, 2007）、『都市の老い――人口の高齢化と住宅の老朽化の交錯――』（齊藤誠編著、勁草書房、2018年）ほか。

林 亮輔（はやし・りょうすけ）　4、5、10章2節、13章2～3節執筆
1983年生まれ。関西学院大学経済学部卒業。関西学院大学大学院経済学研究科博士課程修了。博士（経済学）。日本学術振興会特別研究員、鹿児島大学法文学部准教授、甲南大学経済学部准教授を経て、現在、甲南大学経済学部教授。2013年から厚生労働省実践型地域雇用創造事業ワーキングチーム委員を兼任。主著：『地域再生戦略と道州制』（共著、日本評論社、2009年）、『公共インフラと地域振興』（共著、中央経済社、2015年）ほか。

林 勇貴（はやし・ゆうき）　2、3、8、10章1節、12章1～2節、13章1～3節執筆
1988年生まれ。関西学院大学経済学部卒業。関西学院大学大学院経済学研究科博士課程修了。博士（経済学）。日本学術振興会特別研究員、大分大学経済学部講師を経て、現在、大分大学経済学部准教授。主論文：「地方公共財の間接便益とスピル・オーバー――芸術・文化資本へのヘドニック・アプローチの適用――」『経済学論究』第68巻第2号（2014年）、「仮想評価法を用いた博物館の実証的研究」『日本経済研究』第73号（2016年）ほか。

林 宜嗣（はやし・よしつぐ）　株式会社 EBPM 研究所代表取締役
山鹿久木（やまが・ひさき）　関西学院大学経済学部教授
林 亮輔（はやし・りょうすけ）　甲南大学経済学部教授
林 勇貴（はやし・ゆうき）　大分大学経済学部准教授

地域政策の経済学

2018年 5 月25日　第 1 版第 1 刷発行
2022年12月30日　第 1 版第 3 刷発行

著　者——林 宜嗣・山鹿久木・林 亮輔・林 勇貴
発行所——株式会社日本評論社
　　　　　〒170-8474　東京都豊島区南大塚3-12-4
　　　　　電話 03-3987-8621（販売）、03-3987-8595（編集）、振替 00100-3-16
　　　　　https://www.nippyo.co.jp/
印刷所——精文堂印刷株式会社
製本所——株式会社難波製本
装　幀——林 健造
検印省略 © Y. Hayashi, H. Yamaga, R. Hayashi, Y. Hayashi, 2018
Printed in Japan
ISBN978-4-535-55868-7

JCOPY　〈(社)出版者著作権管理機構　委託出版物〉
本書の無断複写は著作権法上での例外を除き禁じられています。複写される場合は、そのつど事前に、(社)出版者著作権管理機構（電話03-5244-5088、FAX03-5244-5089、e-mail：info@jcopy.or.jp）の許諾を得てください。また、本書を代行業者等の第三者に依頼してスキャニング等の行為によりデジタル化することは、個人の家庭内の利用であっても、一切認められておりません。